edition suhrkamp

Redaktion: Günther Busch

Hannelore Schlaffer, geboren 1939, ist Lehrbeauftragte für Literaturwissenschaft in Gießen und für Literaturdidaktik in Frankfurt. Publikationen: *Dramenform und Klassenstruktur* 1972; Aufsätze und Rezensionen zur Literatursoziologie und Literaturdidaktik. Heinz Schlaffer, geboren 1939, ist Professor für Neuere deutsche Literatur in Marburg. Publikationen: *Lyrik im Realismus* 1966; *Musa iocosa. Gattungspoetik und Gattungsgeschichte der erotischen Dichtung in Deutschland* 1971; *Der Bürger als Held* 1973; (Hrsg.) *Erweiterung der materialistischen Literaturtheorie durch Bestimmung ihrer Grenzen* 1974; Aufsätze und Rezensionen zur Literaturwissenschaft.

Das historische Denken, das sich in der widersprüchlichen Konsequenz von Aufklärung und Revolution im 18. Jahrhundert bildet, stellt der Anschauung Bilder von ungültig gewordenen Vergangenheiten zur Verfügung. Im historischen Museum des bürgerlichen Bewußtseins werden gleichzeitig die Erfahrung von Kunst geschichtlich und die Erkenntnis von Geschichte ästhetisch. Entstehung, Struktur und Wirkung des ästhetischen Historismus stellt dieses Buch in exemplarischen Studien dar: über die idealistische Geschichtsphilosophie, die romantische Kulturkritik, die historistischen Kunstformen, die Kulturgeschichtsschreibung und den Kulturkonservativismus.

Hannelore Schlaffer,
Heinz Schlaffer

Studien zum ästhetischen Historismus

Suhrkamp Verlag

edition suhrkamp 756
Erste Auflage 1975
 Satz, in Linotype Garamond, Druck Nomos Verlagsgesellschaft, Baden-Baden. Gesamtausstattung Willy Fleckhaus.

Inhalt

Die Einleitung, der II. und III. Aufsatz sind von Heinz Schlaffer, der I. und IV. Aufsatz von Hannelore Schlaffer verfaßt.

Einleitung

Eine Sammlung von Aufsätzen unter dem ungeläufigen Titel ›Ästhetischer Historismus‹ kann nicht mit dem vom Selbstverständlichen der Sache beruhigten Vorverständnis des Lesers rechnen. Es ist deshalb die Aufgabe dieser Einleitung, den Gegenstand ›ästhetischer Historismus‹ in einem systematischen Problemzusammenhang vorzustellen, wie er in keinem der folgenden Aufsätze für sich erscheint. Dieser Zusammenhang bildet zwar die thematische Einheit der einzelnen Studien, er war aber erst sachlich *aus* und zeitlich *nach* ihnen zu gewinnen. Daß sich unser Interesse und Vorurteil zur Einsicht in den inneren Aufbau des Gegenstandes präzisiert und revidiert haben, ist nicht durch die logische Deduktion entstanden (deren Nähe manche Formulierungen dieser Einleitung aus systematischer Absicht nicht scheuen), sondern nur durch die detaillierten Untersuchungen möglich geworden. Die in der Einleitung vorweggenommene Einheit der Momente des Gegenstandes wird also der (geduldige) Leser in den einzelnen Aufsätzen verstreut, d. h. jedoch an ihrem sachlichen Ort wiederfinden. Es soll ihm aber bewußt bleiben, daß der Prozeß der Erkenntnis die umgekehrte Richtung – vom Detail der Phänomene zur Begriffsstruktur des Themas – nehmen mußte.

1.

Das gemeinsame Thema dieser Aufsätze könnte lauten: das Geschichtsdenken des nachrevolutionären Bürgertums in Deutschland. Als einschlägige Methode bietet sich dafür an: Ideologiekritik. Sie vermöchte Stillstand und Rückschritt der politischen Entwicklung des 19. Jahrhunderts in den konservativen oder restaurativen Umbildungen des historischen Bewußtseins wiederzufinden. Am raschen, ungefähren Einverständnis, mit dem solche Zuordnung rechnen darf, zeigt sich aber bereits der begrenzte Wert ihrer Erkenntnis. Erweitert kann sie nur werden durch eine neue und genauere Kenntnis des Gegenstandes.

Was jedoch heißt ›Gegenstand‹ bei ideengeschichtlichen Untersuchungen? Er ist nicht gegeben, wohlbegrenzt und kompakt. Deshalb nützt nicht der Hinweis auf das evidente Phänomen – er trifft nur Gegenstände, von denen die Konvention *spricht*; und deshalb nützt nicht die strenge Definition des Begriffs – durch das Feld geschichtlicher Bedeutungen legt sie einen Hohlweg, der bloß die gleichmäßigen Wände der eingefahrenen Spur vor Augen führt. Vielmehr ist unser ›Gegenstand‹ ein komplexes Verhältnis von tradierten Selbstdeutungen, kritischen Revisionen, undeutlichen Beziehungen, möglichen Erweiterungen: er ist Problem. Der meßbare Gegenstand wird zum darstellbaren Problem, indem sich seine konstitutiven Verhältnisse offenlegen. Das konstitutive Verhältnis des modernen, im 18. Jahrhundert entstandenen Geschichtsbewußtseins ist das Verhältnis von Geschichte und Kunst. Was zunächst ein Paradox zu sein scheint – etwas ist die Beziehung zwischen ihm und etwas anderem –, bildet dennoch in seinem Ursprung und in seinen Folgen eine problematische Einheit.

Am Ursprung des historischen Bewußtseins durchdringen sich historische und ästhetische Fragestellungen.[1] Es entsteht bei Winckelmann und Herder aus der Aufgabe, verständlich zu machen, weshalb die Formen der Kunst und also die Normen des Schönen in Antike und Moderne verschieden sind. Geschichte wird entdeckt als der Erklärungsgrund von Kunst – wodurch wenigstens die Genese des Paradox erhellt ist. Die Einsicht in historische Differenzen (und nur diese Einsicht heißt im modernen Sinne ›Geschichte‹), beginnt an den frühen Werken der Kunst, besonders der Dichtung, weil sie besser als die vergangenen wirtschaftlichen oder sozialen Institutionen die Zerstörungen der Zeit, Untergang und Vergessen, überstanden haben. Auf Dauer, für den Nachruhm entworfen, durch ihren gegenständlichen Charakter dem Schicksal der unmittelbaren Lebensformen entrückt, sorgfältiger bewahrt und kopiert, tragen sie noch den späten Jahrhunderten ihren Anspruch vor. In die ästhetischen Vorbilder sind, zunächst kaum bemerkt, Bilder einstiger Lebenswelten eingeschlossen. Doch von der anerkannten Form der überlieferten und kanonischen Werke löst sich der fremde Inhalt ab, sobald sich – wie in der Neuzeit – der Prozeß der Veränderung von

Lebensformen beschleunigt und damit die Entfernung zur archaischen, antiken und mittelalterlichen Welt wächst.

Soll der Anspruch aller klassischen Werke auf ideale Zeitgenossenschaft weiter gelten, so muß das Fremde an ihnen durch ihre je verschiedene Genese erklärt werden – historische Einsicht rettet sie also für die ideale Zeitgenossenschaft. (Im Vorgriff sei gesagt, daß sich in dieser Interpretation der imaginierten Genese und in dieser Rettung für die Gegenwart die Ästhetisierung des historischen Bewußtseins andeutet.) Der im 17. Jahrhundert aufbrechende Gegensatz zwischen der Geltung der antiken Formenwelt und der außer Geltung gesetzten antiken Lebenswelt, aus der diese Gestalt gebildet worden ist und an die der Inhalt erinnert, verschränkt sich im 18. Jahrhundert zu der inneren Struktur des historischen Denkens: Erkenntnis des Verschiedenen im Gleichen – dementsprechend faßt Herders Idee der Menschheitsgeschichte die historischen Differenzen als Bildungsstufen des *einen* Gattungswesens. In der Einheit der ästhetischen Anschauung liegt das tertium comparationis bereit, an dem sich die historischen Unterschiede der Werke und – als Horizont ihrer Interpretation – der Epochen hervorheben.

Die zweite bekannte Gestalt, in der sich Kunst und Geschichtsbewußtsein augenfällig verbunden haben, ist die historistische Kunst. In neugotischen Kirchen und Bahnhöfen, in tempelartigen Theaterfronten und Bankeingängen hat ästhetische Vergangenheit den greifbaren Schein von Gegenwart angenommen. Zwischen diesen beiden Extremen des historischen Bewußtseins in der bürgerlichen Gesellschaft, der Geschichtsphilosophie des 18. Jahrhunderts und dem architektonischen Historismus des 19. Jahrhunderts, ist das komplexe Verhältnis von Kunsterfahrung und Geschichtsdenken ausgespannt, dessen Wesen und Wendungen der Gegenstand dieser Studien sind.

Mit den Extremen sind keine Endpunkte bezeichnet; der Historismus ist nicht mit dem 19. Jahrhundert erloschen. Noch heute setzen ihn historische Kunstwissenschaften, Kulturbetrieb und Nostalgie in legitimer oder illegitimer, in ernster oder unterhaltsamer Gestalt fort. Er ist, wie vieles, was im 18. Jahrhundert entstand, ein grundlegendes Phänomen der Moderne geblieben, im Ursprung (aber auch in der Dauer?)

gebunden an das gesellschaftliche und gedankliche System der bürgerlichen Klasse, welche eben diese Moderne im Begleitzug ihres Aufstiegs heraufgeführt hat. Dennoch ist bei dieser naheliegenden Konnexion von Bürgertum und Historismus Umsicht angeraten: es kann die soziologische Zuordnung von Denkformen und -inhalten zwar deren Funktion erklären, aber das Recht dieser Denkformen weder begründen noch widerlegen. Die Genese von Ideen entscheidet nicht zugleich über deren Geltung. Um voreilige ideologiekritische Reduktionen zu vermeiden, soll die Kritik der historischen Denkform ihren Ausgang nehmen von deren innerer Struktur, ihrer Konsistenz und ihren Widersprüchen. Erst dann sind die Ansatzpunkte zu entdecken, welche die Ideologie zu ihrem Vorteil nutzen konnte, erst dann erscheint die – durchaus komplexe und ambivalente – Bedeutung des ästhetischen Historismus für die Geschichte des Konservativismus und der politischen Restauration zwingend.

Bereits diese ersten Annäherungen an das Thema geben zu erkennen, daß sie sich nicht in die üblichen Bestimmungen des Historismus schicken. Ihm galt eine ausgedehnte Kontroverse zwischen den beiden Weltkriegen; die offenkundige Verwirrung der bisherigen europäischen Geschichte machte auch die bisherige Form ihrer Erkenntnis zum Problem. Während die Nachfolger der historischen Schule, wie Friedrich Meinecke, die bleibende Leistung des Historismus in der Entdeckung von Individualität sahen, vermuteten die Anhänger der Wertphilosophie gerade in dieser individualisierenden historischen Hermeneutik den Anfang einer haltlosen Relativierung aller Normen. Umstritten war also lediglich die Bewertung des Phänomens, gemeinsam das Verständnis seines Wesens. An die Stelle dieser exzessiven Diskussion ist zur Zeit das karge Urteil getreten, der Historismus sei nichts anderes als die Phase des Positivismus in der Geschichtswissenschaft des 19. Jahrhunderts. – Es wird sich zeigen, daß die Kongruenzen wie die Differenzen der verschiedenen Definitionen des Historismus erst aus seiner inneren ›ästhetischen‹ Struktur herzuleiten sind.

Wie ist diese Struktur zu entdecken? Nur zum Teil aus den reflektierten Äußerungen des historischen Denkens über sein eigenes Tun. Ergiebiger sind die spontanen Produktionen des Historismus: seine Metaphern und Bilder, seine Umbildungen traditioneller Ideen, seine Folgen in den benachbarten und verwandten Gebieten, besonders der Kunst und Literatur. Der Historismus ist kein für sich abtrennbarer Gegenstand, sondern eine Veränderung in der Art zu denken und zu sehen. Daher läßt sich sein ›Wesen‹, von dem die Zeit selbst kaum einen Begriff hatte, am deutlichsten an der Wirkung ablesen, die er auf andere, vorher in sich definite Bereiche ausgeübt hat. Er bedeutet – die Romantik wurde sich dessen zuerst inne (die Romantik ist dieses Innewerden) – den Aufgang einer neuen Kultur.[2]

2.

Der Historismus ist kein Vorhaben des ursprünglichen bürgerlichen Denkens, sondern ein Resultat. Um es zu verstehen, muß man zu jenen bewußten Vorhaben zurückgehen, die den Historismus zum unvorhergesehenen Resultat hatten: Aufklärung und Revolution; nicht zu den ersten Ideen und Intentionen von Aufklärung und Revolution, vielmehr zu den historischen Widersprüchen und Paradoxien, die sich in der Geschichte des bürgerlichen Bewußtseins dauerhafter erweisen sollten als seine Ursprünge. In der unvermeidbaren Abweichung von diesen Ursprüngen liegt der Ursprung des Historismus.

Keine der Tätigkeiten seiner Gegenwart wird sich, nach Herders Urteil, so sicher und glänzend in die Zukunft fortsetzen wie die Entdeckung der Vergangenheit; es »wird sich, was noch im Staube liegt, (wenn alles von unsrer aufgeklärten Zeit so gewiß zu hoffen wäre!) gewiß bald, vielleicht in einem halben Jahrhunderte finden«.[3] Der Prozeß der Aufklärung – ›Aufklärung‹ ist nur als Prozeß zu denken – setzt die Zeitformen in ein spannungsvolles Verhältnis zueinander. Denn die Idee der fortschreitenden Aufklärung impliziert 1. daß das Bewußtsein die Gegenwart im Blick auf eine veränderte Zukunft bereits überschritten hat, 2. daß in dem Maß, in dem die menschliche Geschichte bewußt zu qualitativen Veränderungen fortschreitet, qualitativ fremde Vergangenheiten zurückbleiben. Indem Aufklärung – praktisch geworden in den industriellen und politischen Revolutionen des 18. Jahrhunderts – den Bruch mit den vorindustriellen, vorbürgerlichen Traditionen vollzieht, verwandelt sie die gebrochenen Traditionen in ›Vergangenheit‹. An der nun fremd gewordenen Vergangenheit stellt sich der Aufklärung die neue Aufgabe, eben diese Fremdheit zu erklären, zu verstehen. In der traditionellen Gesellschaft bedeutet *historia* die kontinuierliche Chronik der Zeit, die mit verschiedenen Taten und Ereignissen angefüllt ist, deren grundlegende Bedingungen aber als gleichbleibend vorausgesetzt sind; in der modernen bürgerlichen Gesellschaft bedeutet Geschichte eine Folge von Vergangenheiten, wobei die grundlegende Verschiedenheit der Bedingungen auch an den Aktionen und Geschehnissen die prinzipielle Verschiedenheit zu erkennen gibt, d. h. ihre Unwiederholbarkeit.[4] Die Kette der Taten zerreißt an den Einschnitten der Epochen.

Nicht mehr bestimmendes Moment des *Lebens* ist die außer Kraft gesetzte Vergangenheit, sondern Gegenstand des erkennenden und anschauenden *Bewußtseins*. Traditionsbruch und historisches Denken sind verschränkte Leistungen der aufklärerischen Vernunft. Historisch denkend wird sie sich ihrer selbst bewußt in der Erkenntnis des Fremden, denn eben an der Fremdheit des Vergangenen hat sie das Resultat ihrer eigenen Tätigkeit. Sie bringt, »was noch im Staube liegt«, ans Licht; sie schreitet aufklärend in die Vergangenheit fort. Je weiter historische Forschung, getreu dem eigenen Ziel wissenschaftlichen Fortschritts »in einem halben Jahrhunderte«, sich von der Vergangenheit entfernt, desto mehr Denkmäler wird sie ausgegraben, desto mehr erkannte Vergangenheit wird sie vergegenwärtigt haben. Zur Intensivierung der historischen Kenntnis kommt die Extensivierung: Wenn die eine alteuropäische Tradition als Vergangenheit entmachtet und ferngerückt ist, besitzt sie keinen grundsätzlichen Vorrang mehr vor anderen archaischen oder exotischen Vergangenheiten, die vor oder außerhalb der europäischen Tradition entstanden waren. Diese innere Gleichartigkeit der europäischen wie nicht-europäischen Vormoderne begründet den Universalismus des neuen historischen Bewußtseins, das sich gleichmütig auf primitive, chinesische, orientalische wie auf mittelalterliche und antike Kulturen erstreckt. Ins historische Bewußtsein wird hereingeholt, was aus der vorhistorischen Tradition ausgeschlossen war. Dies zeigt wiederum an, daß das historische Bewußtsein dem gilt, was keine Geltung mehr beansprucht – also nur noch in der Form des Wissens anwesend ist.

Wozu braucht die bürgerliche Moderne diese vom Wissen aufgehäuften Vergangenheiten? Stellen wir diese Frage den Historikern selbst, so scheint zunächst ihre Antwort die Frage nur zu wiederholen – Jacob Burckhardt: »Wenn wir nun die Kultur des 19. Jahrhunderts als Weltkultur betrachten, so finden wir sie im Besitz der Traditionen aller Zeiten, Völker und Kulturen. [...] Der höchste Gewinn hierbei ist auf Seiten der Betrachtenden. Es besteht eine großartige, allseitige, stillschweigende Abrede, ein objektives Interesse an Alles heranzubringen, die ganze vergangene und jetzige Welt in geistigen Besitz zu verwandeln«[5]; Wilhelm Dilthey: das »historische Bewußtsein ermöglicht dem modernen Menschen, die ganze Vergangenheit der Menschheit in sich gegenwärtig zu haben: über alle Schranken der eignen Zeit blickt er hinaus in die vergangenen Kulturen; deren Kraft nimmt er in sich auf und genießt ihren Zauber nach: ein großer Zuwachs von Glück entspringt ihm hieraus.«[6] Bereits der reine Anblick der versammelten Vergangenheit zählt für Burckhardt und Dilthey als höchster Gewinn. Was überflüssig scheint, wird als Überfluß genossen. Was verloren ist, wird zum Besitz, den die Verschwendung nicht mindern und den die Zeit nur vermehren kann.[7] Der Historismus wendet die zeitliche Struktur des Verhältnisses von Gegenwart und Vergangenheit ins Räumliche. Als ›Betrachtung‹ und ›Blick‹ charakterisieren Burckhardt und Dilthey das historische Denken. Sie vergleichen die Form der Gegenwärtigkeit des Vergangenen im Bewußtsein mit der Anschauung von Bildern. Die Frage nach dem historischen Sinn hat eine ästhetische Antwort gefunden.

Obwohl diese Ästhetisierung der Weltgeschichte zum Museum der »vergangenen Kulturen« auch die Stagnation des bürgerlichen Denkens im 19. Jahrhundert bezeichnet, so ist sie dennoch durch die immanente Logik des historischen Bewußtseins ermöglicht und vorbereitet. (Das Verhältnis von Logik und Ideologie ist dabei so zu denken, daß die ästhetischen Potenzen der Geschichtsschreibung sie deshalb zur erfolgreichen Wissenschaft des 19. Jahrhunderts werden ließen, weil sie am besten den Saturierungswünschen der bürgerlichen

Gesellschaft entgegenkommen konnte.) Um an den Ausgangspunkt zu erinnern: die historische Vergangenheit entsteht durch die Entmachtung der Tradition. Im Beitrag zu dieser Entmachtung besteht die revolutionäre Aufgabe des historischen Denkens in der bürgerlichen Aufklärung: sie erklärt das bisher Gültige für ungültig, für vergangen. Historisches Wissen ist Wissen von dem, was, zumindest tendenziell, nicht mehr gilt, in den modernen Einrichtungen des gesellschaftlichen Lebens sowenig wie in den modernen Erkenntnissen der Wissenschaften. Die *Inhalte* des historischen Denkens (im Unterschied zum *Prozeß* des historischen Denkens) können also weder der Wirklichkeit noch der Wahrheit, weder der Praxis noch der Theorie zugeschlagen werden[8] – und rücken deshalb in die Nähe der dritten Sphäre, der ästhetischen. Denn das vom historischen Denken Entmachtete verschwindet nicht nach der Entmachtung, sondern steht der Anschauung zur Verfügung, ohne Macht und ohne Anspruch auf Geltung – wie die Werke der Kunst. Der kritische Prozeß des historischen Denkens erlischt in den vergangenen Inhalten, die es aufhebt und als aufgehobene bewahrt. Daß – anders als in den ökonomischen und politischen Revolutionen – das Abgeschaffte im Bewußtsein bleibt, begründet den ästhetischen Historismus. Die vollkommen entmachtete Vergangenheit, die nicht mehr mit der Gegenwart im Streit liegt, erlaubt die vollkommene Vergegenwärtigung. Der kritische Anfang und das affirmative Ende des historischen Denkens liegen in seiner inneren Logik nahe beieinander, auch wenn das bürgerliche Bewußtsein die säkulare Spanne vom 18. zum 19. Jahrhundert benötigt, um den immanenten Gegensatz in den groben ideengeschichtlichen Differenzen von ›Aufklärung‹ und ›Historismus‹ auseinanderzulegen.

Am notwendigen Übergang der Kritik zur Anschauung nimmt die Vergangenheit ästhetische Gestalt an. Die historischen Zeugnisse gruppieren sich zu Bildern. Wie die Repräsentation der Vergangenheit sich der poetischen Produktion nähert, hat Goethe treffend beschrieben: »Das Vorübergegangene kann unserm innern Aug und Sinn als gegenwärtig erscheinen durch gleichzeitige schriftliche Monumente, Annalen, Dokumente, Memoires, und wie das alles heißen mag. Sie überliefern ein Unmittelbares, das uns, so wie es ist, entzückt, das wir aber auch wohl wieder, um andrer willen, aus hundertlei Trieben und Absichten vermitteln möchten. Wir tun's, wir verarbeiten das Gegebene und wie? als Poeten, als Rhetoren!«[9] Die streng gezogenen Grenzen zwischen (vergangenem) historischen Dokument und (stets gegenwärtigem) poetischen Text[10] werden fließend, denn auch das gelesene, vorgestellte, gedeutete Dokument erfordert Imagination und Vergegenwärtigung. Goethe hat die bildhaft-poetische Präsenz der Vergangenheit an zwei gewichtigen Stellen seiner Dichtung dargestellt, anschaulich im »Saal der Vergangenheit« aus *Wilhelm Meisters Lehrjahren*, abstrakter in den »Müttern« aus *Faust II*. Die »Schemen« aller Geschichte, welche die Mütter sehen, halten zwischen Erkenntnis und Bild die genaue Mitte: sie ist die abstrakt-konkrete Mitte des historischen Bewußtseins. Aus ihr, aus dem »Ergötzen« am »längst nicht mehr Vorhandenen«, holt Faust Helena ins scheinhafte Leben zurück[11] – die historische Vergangenheit wird ästhetische Gegenwart im Schein dramatischer Präsenz. »Dem Historismus geht es um die Photographie der Zeit. Seiner Zeitproblematik entspräche ein Riesenfilm, der die ihr verbundenen Vorgänge allseitig abbildete.«[12] Goethes ästhetisch-literarische Darstellung der historischen »Zeitproblematik« bringt deren innere ästhetische Disposition an den Tag (wie sie in den berühmten literarischen Qualitäten der Geschichtsschreibung im 19. Jahrhundert verborgen liegt).

Fausts Liebe zu Helena macht sichtbar, wie die abgelebte Geschichte mittels ihrer ästhetischen Präsenz wieder Gegenstand subjektiver Identifikation werden kann. Was die Tradition an objektiver Geltung verloren hat, holt die historische Imagination als *Erinnerung* für das Subjekt zurück. »Unser inner Aug und Sinn« verleihen dem bloß Gewußten die Farben des Lebens. Damit deutet sich die Sonderstellung des historistischen Einfühlens unter den Verfahrensweisen der neuzeitlichen Wissenschaften an. Während sich generell in der Neuzeit Wissen und Erinnern, Erkenntnis und Urteilskraft, objektive und subjektive Leistungen des Bewußtseins spalten und damit Wissenschaft und Kunst als autonome Bereiche auseinandertreten[13], vermittelt das historische Bewußtsein zwischen beiden: Wissen geht in Erinnern über, das Studium objektiver Sachverhalte ermöglicht die Erfahrung subjektiver

Identität, Geschichte wird zum Erinnerungsraum. Theorie und Eudämonie, deren antiker Zusammenhang der Neuzeit verloren gegangen war, finden hier wieder zueinander: aus dem historischen Wissen entspringt, wie Dilthey sagte, »ein großer Zuwachs von Glück«. – Dem historischen Roman ist deshalb nicht die triviale Verfälschung, sondern höchstens die naive Direktheit des historischen Interesses vorzuwerfen.

Es ließe sich gegen die Bedeutung des subjektiven Moments mit der Autorität Rankes einwenden, die Erkenntnis der Vergangenheit erfordere die Auslöschung des Ich. Doch ist das partikulare und parteiliche konkrete Subjekt, das Rankes Ausgrenzung wohl im Sinn hatte, nicht identisch mit jener Subjektivität, die sich an der Aneignung von Geschichte beteiligt. Notwendig muß diese Subjektivität in einer abgelösten, allgemeinen Form existieren, damit das partikulare Subjekt (das empirische Ich) sich in seiner Tätigkeit wiedererkennt und anerkannt weiß. Die Sphäre, in der sich die Subjektivität der Subjekte gesellschaftlich vermittelt, heißt ›Bildung‹. Sie hat in der bürgerlichen Epoche zwei Bedeutungen, die beide ans historische Bewußtsein geknüpft sind: 1. individuelle Geschichte des Lebens, 2. Aneignung objektivierbarer Inhalte, vor allem der Kunst und Geschichte. Historische Bildung stellt die exzeptionelle Synthese dar, welche die von der aufgelösten Tradition hinterlassene Lücke zwischen dem leblosen Wissen und dem nicht wissenswerten Leben zu schließen verspricht. Indem der Historismus das vergangene Leben rekonstruiert, wird das Subjektive objektiv; indem er die Ergebnisse seiner Rekonstruktion in der Vorstellung präsent hält, wird das Objektive wiederum subjektiv. Diese Dialektik der Subjektivität in der Geschichte und der Geschichte in der Subjektivität faßt Goethes Erfahrung, »daß in meinen hohen Jahren mir alles mehr und mehr historisch wird: ob etwas in der vergangenen Zeit, in fernen Reichen oder mir ganz nah räumlich im Augenblick vorgeht, ist ganz eins, ja ich erscheine mir selbst immer mehr und mehr geschichtlich«.[14]

Der Ästhetisierung von Geschichte kommt auf halbem Wege die Historisierung der Kunst entgegen. Das Vergangene ist schön, das Schöne vergangen.[15] Den Anfang des Historismus verkündet bereits Hegels berühmtes Diktum von dem Ende der Kunst: »In allen diesen Beziehungen ist und bleibt die

Kunst nach der Seite ihrer höchsten Bestimmung für uns ein Vergangenes. [...] Die Kunst ladet uns zur denkenden Betrachtung ein, und zwar nicht zu dem Zwecke, Kunst wieder hervorzurufen, sondern, was die Kunst sei, wissenschaftlich zu erkennen.«[16] Wesentlich existiert demnach die Kunst in der Moderne als Gegenstand der Kunstgeschichte. Im wissenschaftlichen Umgang mit der Kunst aller Zeiten bleibt das ästhetische Bewußtsein rein bei sich: Es stellt durch den gerechten Gleichmut gegenüber den Werken, den Kants »interesseloses Wohlgefallen« vorbereitet hat, seine eigene Solidität unter Beweis. Es vergegenständlicht seinen Reflexionsstandpunkt in der gleichmäßigen weißen Wand des Museums, welche die Reihe der Gemälde in ihren Rahmen verweist und sie dazu anhält, nichts als Kunst zu sein. Alle religiösen, politischen, sinnlichen Funktionen, die das Kunstwerk einst erfüllt hatte, sind zu bloßen Momenten seiner historischen Bestimmung herabgesetzt. Die Analogie zur historischen Denkform wird deutlich (sie basiert auf der Identität des historisch-ästhetischen Bewußtseins): die »denkende Betrachtung [...], was die Kunst sei, wissenschaftlich zu erkennen«, schneidet durch historische Reflexion die Werke von dem vergangenen Lebenszusammenhang ab und liefert sie der ästhetischen Anschauung aus.

Aber dieser Lebenszusammenhang war einst der unmittelbare Anlaß der Kunstproduktion gewesen. Wenn ihn die moderne *Ästhetik*, die ihrem Wesen nach eine Ästhetik der vergangenen Kunst ist, prinzipiell aufgegeben hat, so sieht sich die moderne *Kunstpraxis* in die problematische Lage versetzt, durch Kompromisse diesen verlorenen Anlaß zur Produktion wiederzufinden oder als wiedergefunden vorzutäuschen. Das Ende der Kunst ist der Kunst der Moderne immanent. Hegel hatte dem Zweck, Kunst »wissenschaftlich zu erkennen«, die weitere Absicht, »Kunst wieder hervorzurufen«, entgegengesetzt, und damit das Mißverständnis der historistischen Kunst abzuwehren versucht. Sie jedoch entdeckt in der wissenschaftlichen Vergegenwärtigung vergangener Kunst eine täuschende Chance ästhetischer Präsenz. Ihr scheinen die Bilder, die das ästhetisch-historische Bewußtsein als Wiederholung der Vergangenheit im Wissen besitzt, für eine zweite Wiederholung in aktueller ästhetischer Produktion abrufbar.[17] Da sie in der Gegenwart keine andere Schönheit entdeckt als die vergangene, stimmt sie dem Hegelschen Satz zu, indem sie ihm widerspricht. Sie stellt die Bilder der Bilder des historischen Bewußtseins her. Die historische Architektur ist der gebaute Widerruf ihrer scheinbaren Realität. In der Kunst formuliert sie das Ende der Kunst.

Zu einem paradoxen Ergebnis hat die Logik des historischen Bewußtseins geführt: Das Denken von Geschichte löst Geschichte in eine imaginäre Welt erinnerter Bilder auf. Die aufgehobene Zeit bietet sich der anschauenden Erkenntnis des »Betrachtenden« dar. Deshalb setzen die Hegelsche Geschichtsphilosophie wie der Historismus der Geschichtswissenschaft das Ende der Geschichte voraus – es gibt nur noch Vergangenheiten und das Bewußtsein von ihnen. Für den, der das Vergangene kennt, findet kein Vergehen mehr statt. Der Stillstand der Geschichte und die Wiederkehr der Vergangenheit sind *denkbar* geworden. Sie werden die Gedanken des Konservativismus.

3.

Nachdem die komplexe Herkunft und Struktur des Historismus entfaltet worden sind, läßt er sich nicht mehr auf den direkten ideologischen Ausdruck des politischen Konservativismus reduzieren. Statt dessen muß die Frage nun lauten: Warum konnte das historische Denken in der Gestalt des konservativen Denkens in den politischen Dienst eintreten? Zwei Momente, ein historisches und ein phänomenologisches, begründen die ›Verwandtschaft‹ (wie es zunächst vage heißen soll) von Historismus und Konservativismus: 1. der Ursprung aus den Widersprüchen der Aufklärung, 2. die Präsentation eines Vergangenen als Schein eines Konkreten.

Historisch entsteht der Konservativismus nicht erst als Reaktion auf die Französische Revolution, sondern bereits auf die vorangehende Aufklärung.[18] Auch wenn es um die Verteidigung der bedrohten Macht der vorbürgerlichen Stände von Adel, Klerus und Zünften geht – die Verteidigung muß sich auf das begriffliche Niveau der zuerst aufklärerischen, dann revolutionären Gegner der alten Gesellschaft einstellen, angesichts der Bedrohung die eigene naturwüchsige Macht zur Idee spiritualisieren. Die Tradition wird zum Argument –

und hört eben dadurch auf, Tradition zu sein. Dieses Widerspruchs war sich schon Burke bewußt: »Noch vor wenigen Jahren würde ich mich geschämt haben, einen Gegenstand, der damals keiner äußeren Stütze zu bedürfen schien, mit einem solchen Gerüste von Argumenten zu umlagern: aber jene anführerische, konstitutionswidrige Lehre wird jetzt öffentlich eingestanden, gepredigt und gedruckt.«[19] Daher ist es nicht zufällig, daß von Anfang an die Wortführer des Konservativismus Bürgerliche sind, in Deutschland etwa Möser, Rehberg, Brandes, Adam Müller, Gentz, Goethe. In einer dem historischen Denken analogen Operation präsentieren und propagieren sie mit den formalen Mitteln der bürgerlichen Aufklärung die reflektierten Inhalte der vorbürgerlichen Gesellschaft. Der Konservativismus ist nicht, wie man gewöhnlich annimmt, ein Derivat feudaler Gesinnung[20], sondern die Darstellung der feudalen Welt auf der Ebene des bürgerlichen Bewußtseins. Es ist also die Aufklärung selbst, welche die von ihr dem Begriff nach entmachtete und im Begriff zugleich festgehaltene Vergangenheit dem Gegner als Argument zur Verfügung stellt. Die Dialektik des Historismus gilt auch hier: das Resultat ist die Umkehr seiner Voraussetzung.

Sobald die Traditionen in Auflösung begriffen sind, kann die historische Reflexion aus der wachsenden Distanz die – zu ihrer Zeit unbewußte – *Gesamtheit* der untergehenden Lebensformen benennen. Diese Totalität faßt der Begriff der ›Kultur‹. Die politischen Strukturen der Vergangenheit sind dabei nur noch untergeordnete Elemente. Dies zwingt auch die konservative Ideologie zu ihrer romantischen Wendung: sie lagert ihre politischen Interessen ins Bild einer verlorenen und erhofften Kultur ein. Dabei ist schwer zu entscheiden, ob in dem so entstehenden Kulturkonservativismus Ideologie (d. h. getarnte Propaganda politischer Interessen) oder Resignation (d. h. Einsicht in die Unmöglichkeit, die vergangenen *politischen* Zustände zu restaurieren) den Vorrang hat. Zumindest wird die konservative Absicht, die Vergangenheit wieder einzurichten oder als beständig vorzuweisen, den leichtesten Beweis an den Kunstwerken und Kunstformen vorführen. Sie sind vergangen und dennoch gegenwärtig, ideal und dennoch konkret.[21] Die Restauration der Kunstwerke assoziiert die politische und macht sie auch vergessen. Die Ambivalenz des Kulturkonservativismus zwischen ästhetischem Historismus und politischer Restauration bestimmt sein Wesen.[22]

Der politische Konservativismus bezeichnet nicht die Mitte, sondern die Grenze des ästhetischen Historismus. Über seine Funktion in der bürgerlichen Gesellschaft haben wir deshalb keine Antworten, sondern nur Fragen parat:

1. Weshalb blieb der Konservativismus, der anfänglich das Programm der altständischen Partei gewesen war, in der bürgerlichen Gesellschaft erhalten, nachdem diese Partei längst verschwunden war?
2. Wie läßt sich hinter dem lauten Streit von Liberalismus und Konservativismus das gemeinsame bürgerliche Interesse fassen, das sich derart antagonistisch auseinanderlegen muß?
3. Hat der Konservativismus als Widerspruch und Komplement des bürgerlichen politischen Denkens die Aufgabe, die Sphäre des Staates zu vertreten, die der bürgerlichen Gesellschaft von Hause aus ebenso fremd wie im Verlauf ihrer Geschichte notwendig ist?
4. Ist es dabei die konservative Funktion von Kunst und Kultur, die Subjektivität der Privateigentümer mit der Allgemeinheit der Staatsbürger zu vermitteln?

Anmerkungen

1 Dieser Sachverhalt ist besonders deutlich und bekannt geworden durch die Arbeiten von Hans Robert Jauß, *Literaturgeschichte als Provokation*, Frankfurt 1970 (vor allem in dem Aufsatz *Schlegels und Schillers Replik auf die ›Querelle des Anciens et des Modernes‹*), und Peter Szondi, *Poetik und Geschichtsphilosophie*, 2 Bde., Frankfurt 1974.

2 In unseren vier Aufsätzen findet das Thema keine systematische Behandlung. Heterogen begonnen, wenngleich aus einem homogenen Interesse hervorgegangen, nähern sie sich der zentralen Problemstellung von partiellen Aspekten her. Dabei folgt ihr Aufbau der genannten Absicht, von den Selbstinterpretationen des historischen Denkens (I) und der historischen Darstellung (II) zum ›angewandten Historismus‹ der ästhetischen Produktion (III, IV) fortzugehen. Daß hier auf dem Gebiet der Kunst die Literatur in den Vordergrund tritt, hat seinen Grund in unseren begrenzten Fachkenntnissen; es mag jedoch von Vorteil sein, den ästhetischen Historismus, der bislang einzig in den bildenden Künsten praktisch geworden schien, auf einem neuen Feld unvermutet tätig zu sehen.

3 Johann Gottfried Herder, *Auch eine Philosophie der Geschichte zur Bildung der Menschheit*, in: H., *Sämmtliche Werke*, hrsg. von Bernhard Suphan, Bd. 5, Berlin 1891, S. 567.

4 Wie die Einsicht in die Unwiederholbarkeit geschichtlicher Vorgänge das frühere Verständnis von Geschichte als Vorratskammer menschlicher *exempla* auflöst, zeigt Reinhart Koselleck, *Historia Magistra Vitae*, in: *Natur und Geschichte. Festschrift für Karl Löwith*, Stuttgart 1967, S. 196-218. Zur Kritik und Überwindung der chronikalischen Geschichtserzählung in der Herderschen Geschichtsphilosophie s. den 1. Aufsatz in unserem Band.

5 Jacob Burckhardt, *Weltgeschichtliche Betrachtungen*, Darmstadt 1956 (= J. B., *Gesammelte Werke*, Bd. 4), S. 50.

6 Wilhelm Dilthey, *Die Entstehung der Hermeneutik*, in: W. D., *Gesammelte Schriften*, Bd. 5, Leipzig 1924, S. 317.

7 Die ideologische Zuordnung dieser Besitz-Vorstellung liegt nahe, vgl. bereits C. Korn, *Proletariat und Klassik*, in: *Die neue Zeit* 26 (1908), S. 415: »Tatsächlich vertritt die Historik für das Bewußtsein die Besitzkategorie, wie im Ökonomischen das Kapital die Herrschaft über vergangene Arbeit bedeutet.« Auch Benjamins Kritik der romantischen »Jagd nach dem falschen Reichtum«, »nach der Einverleibung jeder Vergangenheit« wendet die Besitz-Metapher polemisch (*Einleitung zu Carl Gustav Jochmanns Rückschritten der Poesie*, in: W. B. *Angelus Novus*, Frankfurt 1966, S. 360). Vgl. auch die Analyse der gesellschaftlichen Grundlagen und der politischen Ziele von Jacob Burckhardts Kulturgeschichtsschreibung im 2. Aufsatz unseres Bandes.

8 Es ist der Vorsatz der Geschichtsphilosophie von Herder bis Hegel, der Vergangenheit dennoch eine Wahrheit zuzusprechen, man muß sagen: wieder zuzusprechen. Gegen die geläufige Vorstellung, die idealistische Geschichtsphilosophie entstehe im Aufstieg des bürgerlichen Denkens, der Historismus bezeichne seinen Verfall, wäre wohl der Nachweis möglich, daß die Geschichtsphilosophie bereits eine Zurücknahme der frühaufklärerischen Entmachtung historisch-traditioneller Wahrheit darstellt. Ihr gilt deshalb die Polemik von Herders *Philosophie der Geschichte*. – Im späteren Historismus des 19. Jahrhunderts schlägt nachdem die geschichtsphilosophischen Konstruktionen nachgegeben haben, der anfängliche aufgeklärte Umgang mit der Geschichte wieder durch. Daß er nicht zur ursprünglichen Negativität zurückfindet, ist gerade der halben Erbschaft geschichtsphilosophischer Positivität geschuldet.

9 23. 11. 1812, an Berthold Georg Niebuhr, anläßlich dessen *Römischer Geschichte*, in: Johann Wolfgang Goethe, *Gedenkausgabe*, Bd. 19, S. 675.

10 Diese – an sich einleuchtende – Unterscheidung hat besonders Peter Szondis Traktat *Über philologische Erkenntnis* herausgearbeitet (in: P. S., *Hölderlin-Studien*, Frankfurt 1970, S. 9–34).

11 *Faust II*, V. 6278. Während Helena als präsentabler Inhalt des historischen Bewußtseins den Rang einer dramatis persona erhält, können die Mütter, weil bloßes Bewußtsein, nicht selbst auftreten, sondern nur von Mephisto bedeutet werden.

12 Siegfried Kracauer, *Die Photographie*, in: S. K., *Das Ornament der Masse*, Frankfurt 1963, S. 24. Es ist merkwürdig, daß Faust den aus der Vergangenheit zitierten Schatten Helenas in einer Art Film dem kaiser-

lichen Hof vorführt, und es ist bedeutsam, daß der ›Historiker‹ Faust selbst dem beschworenen Schein, dem »Gespenst« (V. 6515), verfällt, als wäre er Leben. Dies bewirkt allein die Macht der ästhetischen Täuschung im historischen Bewußtsein.

13 Vgl. Gisbert Ter-Nedden, *Gibt es eine Ideologiekritik ästhetischer Sinngebilde?*, in: *Erweiterung der materialistischen Literaturtheorie durch Bestimmung ihrer Grenzen*, hg. von Heinz Schlaffer, Stuttgart 1974, S. 261: »Das unübersehbare Auseinandertreten von ›Wissen‹ und ›Erinnern‹ im neuzeitlichen Aufklärungsprozeß ist eben deshalb der Einsatzpunkt eines selbstbewußten historischen und ästhetischen Bewußtseins, weil in ihm die Frage nach der eigenen Identität in neuer Weise zum Problem wird.«

14 1. 12. 1831, an Wilhelm von Humboldt (*Gedenkausgabe*, Bd. 21, S. 1024). Ausdrücklich vermerkt Goethe, daß zeitliche und räumliche Anschauung im historischen Denken austauschbar sind.

15 Vgl. Jauß, *Literaturgeschichte als Provokation*, S. 43: »Das Selbstgefühl der Modernität [...] transzendiert das Gegenwärtige, weil es das Schöne erst im Aspekt des Nicht-Mehr, das Eigentliche erst in der sentimentalen Rückwendung zum Naiven zu erfahren glaubt.«

16 Georg Wilhelm Friedrich Hegel, *Ästhetik*, hg. von Friedrich Bassenge, Frankfurt o. J., Bd. 1, S. 22.

17 Die Aporie des produktiven Historismus in der Literatur entwickelt der III. Aufsatz.

18 Vgl. das umfangreiche Material bei Klaus Epstein, *Die Ursprünge des Konservatismus in Deutschland*, Frankfurt/Berlin 1973.

19 Edmund Burke, *Betrachtungen über die französische Revolution*, Frankfurt 1967, S. 58. Vgl. Karl Mannheim, *Ideologie und Utopie*, 5. Aufl., Frankfurt 1969, S. 199 f.: »So aber bewirkt der ideologische Angriff einer aufstrebenden Welt ein Reflexivwerden dieser nur im Leben, im Vollzug zur Geltung kommenden Einstellungen und Gehalte. Angestachelt und angeregt durch die oppositionellen Theorien, entdeckt das konservative Bewußtsein erst nachträglich seine Idee.«

20 Dies ist z. B. die These von Sigmund Neumann, *Die Stufen des preußischen Konservatismus*, Berlin 1930. Dennoch muß er zugestehen, daß Bürgerliche »die konservative Gedankenwelt entscheidend mitbestimmt haben« (S. 9).

21 Zur konservativen Idee des Konkreten s. Karl Mannheim: *Das konservative Denken*, in: K. M., *Wissenssoziologie*, Berlin-Neuwied 1964, S. 424: »Eines der wesentlichsten Charakterzüge dieses konservativen Erlebens und Denkens scheint uns das Sichklammern an das unmittelbar Vorhandene, praktisch Konkrete zu sein. Die Folge davon ist ein neuartiges, gleichsam emphatisches Erleben des Konkreten, dessen Widerschein im damaligen Terminus ›konkret‹ als eine revolutionsfeindliche Note stets aufweisbar ist.«

22 Zur historischen Differenzierung dieser kulturkonservativen Zweideutigkeit s. die Untersuchungen zu Burckhardt und Stifter im II. Aufsatz, zu Hofmannsthal und Borchardt im IV. Aufsatz.

I. Der Ursprung des ästhetischen Historismus in der bürgerlichen Geschichtsphilosophie

Die bewußte Darstellung vergangener Kunst in der Kunst gibt es seit der Romantik, denken wir etwa an *Franz Sternbalds Wanderungen*, an die *Herzensergießungen eines kunstliebenden Klosterbruders*. Von früheren Renaissancen unterscheiden sich solche Werke eines ›ästhetischen Historismus‹ dadurch, daß ihnen vergangene Kunst nicht ein normatives Vorbild ist, sondern daß das Vergangensein von Kunst oder einer Kunstepoche (etwa der Dürers und Raffaels) als irreversibel begriffen ist, daß sie als in sich geschlossene geschichtliche Einheit entworfen, vorgestellt und verstanden sein will. Vergangenheit wird zitiert und nicht mehr tradiert.

Diese Kunstpraxis, in der Kunst historisch begriffen wird, legt die Frage nahe, inwieweit dem gleichzeitig entstehenden historischen Denken ein Kunstbegriff immanent ist oder, umgekehrt, inwieweit ästhetische Kategorien das historische Denken bestimmen. In der Tat entwickelte sich ein genuin historisches Verständnis zuerst aus der »Querelle des Anciens et des Modernes«, die um Fragen der Kunst geht: »Zwischen dem ersten und dem zweiten Stadium der ›Geschichten‹ liegt der Historismus der Aufklärung, an dem gerade die Kunstgeschichte einen nicht geringen Anteil hat. Die epochale Wendung, mit der sich die singularisierte Geschichte in eins mit der neubegründeten philosophie de l'histoire gegen die Pluralität der Geschichten durchsetzte, ist zu Beginn des 18. Jahrhunderts durch Erkenntnisse der Kunstbetrachtung eingeleitet worden. Der auf dem Gipfel der französischen Klassik wiederentbrannte Streit über die Vorbildlichkeit der antiken Kunst brachte die beiden Parteien der Anciens und der Modernes am Ende zu der gemeinsamen Einsicht, daß antike und moderne Kunst letztlich darum nicht am selben Maß der Perfektion (Beau absolu) zu messen seien, weil jede Epoche ihre eigenen Sitten, also auch ihren eigenen Geschmack und damit ihren eigenen Begriff des Schönen (Beau relatif) habe. Die Entdeckung der Geschichtlichkeit des Schönen und das damit beginnende historische Verständnis der Kunst gingen dem Historismus der Aufklärung voran.«[1]

»Beau relatif« meint die historische Bedingtheit und Spezifik ästhetischer Erscheinungen. Diese sind nicht mehr nach Normen zu werten, sondern aus den Umständen ihrer Entstehung zu erklären. Weil zur Begründung der Kunstformen verschiedene Faktoren herangezogen werden müssen (Klima, Sitten, Verfassung, politische Geschichte) wird aus diesem Faktorenpluralismus ein Bild historischer Totalität entworfen, das nicht mehr mit Annalistik zufriedenzustellen ist. Und in der Tat hat dieses historische Bild seine geheime Mitte im ästhetischen Bild: »Die Ästhetik ist die Vorläuferin der Historiographie. Indem sie die Individualität überhaupt begreifen lehrte, hat sie zugleich die Individualwelt der Geschichte und das Problem ihrer Erkenntnis aufgedeckt. Das 18. Jahrhundert ist die Wiege des historischen Sinnes, weil es die Heimat der Ästhetik ist.«[2]

Da Normen als Maßstab der Beurteilung verlorengegangen sind, müssen subjektive Fähigkeiten beim Rezipienten entfaltet werden, die ein Urteil über Kunst und Geschichte ermöglichen: der »bon gout«, das Einfühlungsvermögen. Ähnlich gewinnt das seit der Renaissance verwendete Motiv der historischen Lebensalter als kontinuitätsstiftender Gedanke eine neue Funktion: »Das neue Bewußtsein dieser Modernität, die sich im Zeichen des wissenschaftlichen Fortschritts gegen die Blickrichtung der Anciens auf die Antike als ihren normgebenden Anfang und damit gegen das Selbstverständnis der vollendeten französischen Klassik auflehnt, steht hier noch in dem Zwiespalt, die eigene Gegenwart als eine Spätzeit der Menschheit zu verstehen und die Geschichte andererseits im Licht der kritischen Vernunft unaufhaltsam in der Zeit des Fortschritts weiterschreiten zu sehen.«[3]

Indem die aus der Debatte um die Kunst gewonnene Erfahrung eines zeitlichen Wandels, der die Gegenwart als Spätzeit erscheint, und die Erfahrung des wissenschaftlichen Fortschritts verbunden werden, entsteht die Vorstellung einer Entelechie des gesamten Menschengeschlechts (Herder) oder eines sich zu absoluter Freiheit hin entwickelnden Geistes (Hegel). – Diese wenigen Andeutungen mögen genügen, um auf den

Zusammenhang von Kunstverständnis und neuem Geschichtsentwurf hinzuweisen.

An drei Werken der Philosophie der Geschichte soll die Entstehung des historischen Denkens gezeigt werden, in dem zunächst Kunst und politische Geschichte noch in eins gesetzt sind (Herder), dann die allmähliche Verselbständigung der Kunst innerhalb der Geschichtswissenschaft (Hegel), schließlich ihre Eliminierung aus dem historischen Prozeß und damit die Begründung ihrer ahistorischen Sakralität (Schlegel) sich entwickelt.

1. Herder und die Entstehung des ästhetischen Historismus

Nimmt man Herders Geschichtsverständnis als Ausdruck des bürgerlichen Bewußtseins im 18. Jahrhundert, so erstaunt, daß er Geschichte als zeitliches Kontinuum zwischen Vergangenheit und Zukunft denkt, da das Selbstbewußtsein der neuen Klasse vor dem Hintergrund der zu Ende gehenden feudalen Gesellschafts- und Herrschaftsverhältnisse entsteht. Worin mag das Interesse des Bürgertums an einer Vergangenheit liegen, die ihm nie ›gehörte‹ und deren Untergang es betreiben muß, um seine eigene Lebensform zu politischer Herrschaft zu bringen?

August Wilhelm Schlegel bemerkt in der Französischen Revolution in der Tat die Tendenz, die Tradition der Vergangenheit zu liquidieren als vergangene, abgelebte, tote, weil sie für Gegenwart und Zukunft bedeutungslos geworden war; in der Folge der Französischen Revolution sind solche Tendenzen deutlich hervorgetreten: »Es hat sich [im letzten Jahrzehnt] ein politischer Protestantismus aufgethan, der, wie der ihm drei Jahrhunderte vorangegangene religiöse, gegen Mißbräuche eiferte, dem es aber gerade wie diesem begegnete, mit den ausgearteten Formen zugleich die ursprünglich in ihnen dargestellten wahrhaften Ideen zu verkennen und zu verwerfen.«[4]

Schlegels Mahnung, Traditionen nicht zu verwerfen, impliziert die Antwort auf unsere Frage, weshalb das Bürgertum die Erinnerung an eine Zeit bewahrt, in der ihm keine geschichtliche Bedeutung zugekommen war. »Es scheint wenigstens, daß die unhistorische Verfahrungsart bei der französischen Revolution, da man durchaus nichts von dem Thun der Vorwelt belassen wollte [. . .] sich an ihr selbst rächen, und auch von ihrem anfänglichen Beginnen keine Spur auf die Nachwelt kommen lassen dürfte.«[5] Das Bürgertum müßte, wollte es Vergangenes vergangen sein lassen, auch alle Erinnerungen auslöschen an jene Anstrengung, die es gekostet hatte, eine geschichtstragende Klasse zu werden. Zwar nicht beliebige Relikte, beliebige Ereignisse bewahrt die historische Erinnerung; bedeutend ist dem Bürger an der Vergangenheit alles, was er als eigene Leistung gegen die herrschende feudale Gesellschaft vorzeigen kann. Geschichte ist der Adelsbrief der bürgerlichen Gesellschaft.

Die Geschichte wird Medium der Selbsterkenntnis auf dem Wege einer erinnernden Rückkehr zu dem, was in der Vergangenheit schon Eigenes war. Die Intensität der historischen Anamnese bewährt sich selbst an Fakten, die nicht unmittelbar historische Leistungen der eigenen Klasse enthalten; sie fordern das Interpretationsvermögen heraus: »Wir haben unser jetziges Zeitalter fast aller Nationen, und so die Geschichte fast aller Vorzeiten durchkrochen und durchwühlt, ohne fast selbst zu wißen, wozu wir sie durchwühlt haben. Historische Fakta und Untersuchungen, Entdeckungen und Reisebeschreibungen liegen da: wer ist's, der sie sondere und sichte?« (565)[6] Durch die Frage nach dem Nutzen des geschichtlichen Wissens stellt Herder den zeitgenössischen Erziehungsgedanken in Frage, der durch »schöne Realkänntniße, Unterweisung, Aufklärung, Erleichterung ad captum« (543) den Menschen bilden wollte. »Die Bildsäule Apollo konnte immer neben Christo und der Leda stehen: Alle drei thaten Eine Würkung – keine! – Könnte die Vorstellung, der Schauplatz, würklichen Römischen Heroismus hervorbringen und Brutus und Kato's schaffen – glaubt ihr, daß euer Schauplatz stehen? daß eure Kanzel stehen würde? [. . .] Die Schätze liegen da und werden nicht gebraucht.« (543) Herder macht das Problem bewußt, daß die frühere Geschichtsschreibung mit dem Versuch, einzelne geschichtliche Exempla als Vorbilder fürs Leben zu deuten, zu unterlaufen suchte: welchen Sinn es habe, Vergangenheit, da sie doch nicht mehr traditional und unmittelbar in die Gegenwart hineinwirkt, zu erinnern. Die vorbürgerliche Geschichtsschreibung fügte die Vergangenheit einem je gegenwärtigen Weltverständnis ein, das, durch Tradition verbürgt, keiner expliziten Deutung bedurfte. Erst dem Bürger des 18. Jahrhunderts kann eine chronikale Geschichtserzählung als bloße Faktensammlung von toter Disparatheit erscheinen, weil ihm der traditionale Sinn abhanden gekommen ist. Dem bürgerlichen Geschichtsdenken zerfällt die aus den Chroniken überlieferte Vergangenheit – sofern sie nicht geschichtsphilosophisch begriffen werden kann – in ein Konglomerat von Details. Die Legitimation des historischen Materials ist ihr Problem, will sie nicht, so ihr Vorwurf gegen die traditionale Geschichtsdarstellung, »im stillen Gange eines Müllerthiers Völker und Zeiten durchschreiten«.[7] Der Zusammenhang des Faktischen entsteht nicht mehr als eindimensionale Sequenz einer annalistischen Reihe, sondern aus dem Gedanken, der das Wesen durchdringt, das Material sinnkonstitutiv ordnet. In diesem Akt hat die Philosophie der Geschichte ihren Anfang.

Der Versuch, Sinn aus dem Gang der Geschichte selbst herzuleiten, revidiert das Urteil des Aristoteles, daß Geschichte als erzählende Historie unphilosophisch, weil partikular, Poesie hingegen philosophisch, weil allgemeingültig sei. So könnte man Herders Begründung einer ›nicht-aristotelischen Historie‹ als einen Akt von Gattungsmischung verstehen, bei dem die historische Materialansammlung einem quasi poetischen Gestaltungsprinzip unterworfen wird. In der Tat drängt sich die Assoziation an den künstlerischen Schöpfungsprozeß auf, wenn Bilder der Geschichte den Gesetzen einer bürgerlichen Individualität nachgebildet werden. Sinn ist der bürgerlichen Geschichtsphilosophie identisch mit Wiedererkennung des Eigenen im Vergangenen. Der scheinbar anamnetische Rückschritt in die Geschichte ist ein Akt der Selbstdarstellung. Vergangenheit liegt nicht vor, sondern wird geschaffen. Geschichte ist ein Konstrukt, das nach den Kategorien des bürgerlichen Bewußtseins konstruiert ist; wie das Kunstwerk ist sie sein unmittelbarer Ausdruck. – Kultur- und Kunstgeschichtsschreibung sind strukural im geschichtlichen Denken des Bürgertums angelegt: der Denkgestus ›Geschichte, Geschichtlichkeit‹ ist eine ästhetische Gebärde, die sich nur mehr ihren entsprechenden ästhetischen Inhalt zu suchen hat.

Neben und mit den anamnetischen Interessen an der Geschichte gewinnt das Bürgertum das Bewußtsein von der Andersartigkeit vorausgegangener Epochen und Lebensformen; das Eigene erkennt sich erst im Anderen, Fremden, das zunächst als unbegreiflich und sinnlos erscheint: »Du kannst so viel Galle Du willt, über den Ägyptischen Aberglauben und das Pfaffenthum ausschütten, als z. B. jener liebenswürdige Plato Europens [Shaftesbury] [...] gethan hat – alles wahr! alles gut, wenn das Ägyptenthum für dein Land und deine Zeit seyn sollte.« (490) Herder lehnt die unmittelbare Aktualisierung ägyptischer Geschichte und Kultur ab, wodurch er um so deutlicher ihre Fremdartigkeit anerkennt. Die Komplexität der bürgerlichen Geschichtsphilosophie entsteht nun aber aus dem Versuch, das Fremde als solches zu akzeptieren und zu artikulieren, gleichzeitig aber den Sinn der Beschäftigung mit diesem Fremden aus dem zeitgenössischen Bewußtsein zu begründen. »Wer bemerkt hat, was es für eine unaussprechliche Sache mit der Eigenheit eines Menschen sey, das Unterscheidende unterscheidend sagen zu können [...], welche Tiefe in dem Charakter nur Einer Nation liege, die, wenn man sie auch oft gnug wahrgenommen und angestaunet hat, doch so sehr das Wort fleucht, und im Worte wenigstens so selten einem jeden anerkennbar wird, daß er verstehe und mitfühle. [...] Das ganze lebendige Gemälde von Lebensart, Gewohnheiten, Bedürfnißen, Landes- und Himmelseigenheiten müste dazu kommen, oder vorhergegangen seyn; man müste erst der Nation sympathisiren, um eine einzige ihrer Neigungen und Handlungen, alles zusammen zu fühlen, Ein Wort finden, in seiner Fülle sich alles denken oder man lieset – ein Wort.« (502) Solche Sprachunfähigkeit indiziert die Schwierigkeiten des Historikers angesichts eines neuen Sachverhalts und Sinnes. Nicht Taten und Handlungen einer Nation, ihre politische Geschichte also, die mit einem trockenen »Wort« beschrieben werden könnte, ist Gegenstand des neuen Geschichtsdenkens. Was das »Wort fleucht«, wofür es noch keine Sprache gibt, das ist die »Tiefe in dem Charakter nur Einer Nation«. Umschrieben im »lebendigen Gemälde von Lebensart, Gewohnheiten, Bedürfnißen, Landes- und

Himmelseigenheiten«, ist solcher Charakter lediglich zu erfassen mit den Maßstäben der eigenen bürgerlichen Erfahrungen. Bislang als handelnde Figur, als politische Größe nicht präsent, lehnt der Bürger die Rezeption vergangener *politischer* Geschichte ab.

Hingegen sucht er in der Vergangenheit jene Bereiche, in denen er selbst seit je hatte wirken können, jene Bereiche der Sitten (»Lebensart, Gewohnheiten«), des Handels (»Bedürfniße«), der Arbeit (»Landes- und Himmelseigenheiten«). Die Geschichte dient zum Plädoyer für seine bislang von der Geschichte nicht akzeptierte private Existenzform; im Andersartigen erscheint das Ähnliche. »Wir glauben alle, noch jetzt Väterliche und Häusliche und Menschliche Triebe zu haben, wie sie der Morgenländer – Treue und Künstlerfleiß haben zu können, wie sie der Ägypter besaß: Phönicische Regsamkeit, Griechische Freiheitsliebe, Römische Seelenstärke – wer glaubt nicht zu dem allen Anlage zu fühlen, wenn nur Zeit, Gelegenheit.« (502) Den weiten Raum der Geschichte drängt Herder zusammen in einen Katalog bürgerlicher Tugenden: Patriarchat, Häuslichkeit, Treue, Künstlerfleiß, Regsamkeit, Freiheitsliebe, Seelenstärke. Den ›Menschen‹ findet der Bürger in der Geschichte wieder, und nach diesem Leitbild versucht er, sie neu zu schreiben: »Wir werden Zeiten schätzen lernen, die wir jetzt verachten – das Gefühl allgemeiner Menschheit und Glückseligkeit wird rege werden: Aussichten auf ein höheres, als Menschlich Hieseyn wird aus der Trümmervollen Geschichte das Resultat werden, und Plan zeigen, wo wir sonst Verwirrung fanden: Alles findet sich an Stelle und Ort – Geschichte der Menschheit im edelsten Verstande – du wirst werden!« (567) Nicht also die politische Geschichte, in der der Bürger Untertan gewesen war, sondern vielmehr die kulturelle, in der er Mensch hatte sein dürfen, soll von nun an den vorherrschenden Stoff der Geschichtsschreibung abgeben. Aus dem Bedürfnis, in der Geschichte wiederzufinden, was bislang als gesellschaftliche Wirklichkeit nicht anerkannt war, nämlich das private Leben, entspringt die bürgerliche Neigung zur Kulturgeschichte. In ihr vermag sich zu vereinen, was zunächst gegensätzlich zu sein scheint: das Fremde mit dem Ähnlichen. Das Fremde ist der darzustellende Inhalt einer vergangenen Kultur, die ähnlich wird aus der strukturalen Parallele zum bürgerlichen Leben. Kultur ist das Gestaltschema, nach dem die Geschichte zu schreiben ist und mit dessen Hilfe das Fremde dem eigenen Bewußtsein zugänglich wird.[8]

Für den ästhetischen Historismus, dessen Stellenwert in der Geschichtsphilosophie auszumachen ist, wird die Kulturgeschichte bedeutsam durch den Aneignungsgestus gegenüber der Vergangenheit. Diesen hypostasiert die historistische Kunstrezeption seit der Romantik, indem sie ihn radikalisiert: Kunst sei ideell, ewig, daher stets gegenwärtig im Bewußtsein des empfindenden Subjekts. Der Aneignungsgestus, eine Kategorie, die Vergangenheit als solche erst begreifbar macht als Ineinander von Fremdem und Ähnlichem, treibt durch die Radikalisierung Vergangenheit, Vergänglichkeit, Fremdheit ebenso wieder aus, obwohl eine reichhaltige Ausbreitung von Stoff die Kulturgeschichtsschreibung zunächst auszeichnet. In der historistischen Kunstrezeption sind Gegenwart und Vergangenheit aufgehoben in der Betrachtung weniger auserwählter Werke der Vergangenheit. – Grund, Folgen und Gestaltungsweisen dieses Denkens soll das Kapitel über die ›romantische Poesie der Geschichte‹ vorführen.

Nicht zuletzt entsteht die Fülle des Materials in der Kulturgeschichtsschreibung aus der Absicht einer Rechtfertigung der eigenen Lebensweise. Die bürgerliche Existenz ist von der Auseinandersetzung mit der Natur deutlicher bestimmt als die repräsentative der Aristokratie. Daraus leitet sich der ursprüngliche ›Materialismus‹ des bürgerlichen Geschichtsdenkens her, d. h. der Versuch, das Fremdartige aus seinen geographischen und ökonomischen Bedingungen zu verstehen. »Ägypten war ohne Viehweide und Hirtenleben: der Patriarchengeist der ersten Hütte ging also verlohren. Aber aus Nilschlamm gebildet und von ihm befruchtet, gabs, beinahe eben so leicht, den vortreflichsten Ackerbau [. . .]. Das Wanderleben hörte auf: es wurden veste Sitze, Landeigenthum. Länder musten ausgemeßen, jedem das Seine bestimmt jeder bei dem Seinen beschützt werden [. . .], es ward Landessicherheit, Pflege der Gerechtigkeit, Ordnung, Policei.« (487) Auf diese Weise entsteht der Begriff der Epoche, eines Zeitraumes, der eine Einheit sich wechselseitig bedingender geographischer, kultureller und politischer Lebensäußerungen ist.

In der geographischen Geschlossenheit des Kulturraums wird die zeitliche Begrenztheit der Kulturepoche anschaulich. An die Stelle des erzählenden Nexus, mit dem die chronikale Geschichtsschreibung Fakten aneinander band, tritt das »lebendige Gemälde« einer strukturierten Ganzheit, die der bloße Verstand, der tote Begriff, das »Wort«, wie Herder sagt, nicht zu fassen vermag, sondern die der verstehenden Vernunft sich erklärt. Mit der Verräumlichung der Zeit bringt Herder ein Moment in die Geschichtsphilosophie, das später in der Literatur zu einem bevorzugten Stilmittel bei der Darstellung vergangener Epochen wird. Es erlaubt, das zeitlich Gewesene zu vergegenwärtigen als »lebendiges Gemälde«: die Sukzession geschichtlicher Zeit wird in einzelne voneinander abgeschlossene Szenen zerschnitten, deren Historizität trotz ihrer Anschaulichkeit verloren geht.

Nicht allein der Stoff, den Herders Geschichtswerk darstellt, wenn er Tugenden und Fähigkeit des Bürgers in die Vergangenheit zurückprojiziert, rechtfertigt seine Klasse, sondern ebenso die Form der Darstellung: wo nämlich eine Epoche als lebendiges Ganzes gedacht ist, ist jedes ihrer Teile unverzichtbar; das Unscheinbare der privaten Existenz erhält Bedeutung durch seine Funktion im Ganzen. – In diesem Kontext gewinnen die hermeneutischen Begriffe des Verstehens und Einfühlens, die nun gegenüber der Vergangenheit gelten, einen polemischen Nebensinn[9], Verstehen und Einfühlen sind Empfindungsweisen, in denen Privatheit überhaupt erst erfahrbar wird. Politische Kämpfe und Siege mochte das Gedächtnis memorieren: Verständnis jedoch bedarf es für das, was bislang dem Blick verborgen war. Die Bürger erkennen sich nicht mehr an Standeszeichen, also muß die gleichberechtigte, wenn auch verschieden geartete Individualität *verstanden* werden. Als Untertan hatte der Bürger im Staat eine genau umschriebene Position und Funktion einzunehmen. Das zu verstehende Individuum ist die Summe der aus dem Widerstand gegen diesen Status sich entwickelnden Eigenschaften, die in ihrer Gesamtheit nun verstanden sein wollen, sind sie doch bislang als einzelne benennbare Fähigkeiten geschichtlich bedeutungslos geblieben. Verstehen als Einsicht in die innere Struktur einer Individualität hat daher die Funktion einer Auflösung von Herrschaftsverhältnissen. – Die frühromantische Literatur wird, wo sie historische Kunstbilder der Vergangenheit darstellt, auch diesen Gestus übernehmen, und zwar um so leichter, als in der Kunst als einem geschlossenen Gebilde bislang repräsentativen Charakters die Mißachtung von Herrschaftszeichen, von verbürgten Normen und Denkinhalten auf noch signifikantere Weise gelingt. Die Individualität und Stimmigkeit, die nun als Spezifikum des Kunstcharakters entdeckt wird, ist der Begriff für die Loslösung des Kunstwerks aus seiner der Herrschaft dienenden Funktion und die Bezeichnung seiner Selbständigkeit, in der sich die des bürgerlichen Interpreten wiederzufinden vermag.

Der Geschichtsschreibung hat sich auf dem Wege der bürgerlichen Selbstreflexion eine neue Dimension eröffnet, die des privaten Lebens. Ein entsprechendes Modell seiner Darstellung findet der Historiker in der Idee des Individuums. Herder führt den Beweis, »daß meine Analogie von Menschlichen Lebensaltern hergenommen, nicht Spiel sey«. (488) Humboldt, der im Unterschied zu Herder methodische Überlegungen *Ueber die Aufgabe des Geschichtsschreibers* anstellt, bezeichnet die »Geschichte [. . .] Eines Menschenlebens« als Vorbild der historischen Schilderung: »Wenn man im Geist auch nur Ein Menschenleben durchläuft, wird man von diesen verschiedenen Momenten, durch welche die Geschichte anregt und fesselt, ergriffen, und der Geschichtsschreiber muss, um die Aufgabe seines Geschäftes zu lösen, die Begebenheiten so zusammenstellen, dass sie das Gemüth auf ähnliche Weise, als die Wirklichkeit selbst, bewegen.«[10] Das »Gemüth« als Medium der Rezeption wird zugleich der ›Maßstab‹ von Forschung und Darstellung. Geschichtsschreibung ist die »Nachahmung der organischen Gestalt«[11] von Epochen.

Wird auch die Idee der historischen Individualität durch Beschreibung von natürlichen Bedingungen, von Arbeitsweisen, Sitten, Kunst, Religion, Wissenschaft konkret, so bleibt doch, da jede Epoche als Individualität gefaßt ist, die philosophische Allgemeinheit der Idee gewahrt. Ihre Projektion in die Vergangenheit macht ihre geschichtsphilosophische Bedingtheit vergessen und vermittelt ihr den Charakter einer ewigen Naturgegebenheit: »Die historische Darstellung ist, wie die künstlerische, Nachahmung der Natur.«[12] Das Besondere, indem es die Aura einer sich ewig gleichbleibenden Natur erhält, ist Gegenstand des Denkens und zugleich Bestimmung des denkenden Subjekts. Deshalb besteht in der jeweiligen individuellen Besonderheit von Subjekt und Objekt ihre innere Verwandtschaft, wodurch die Beschäftigung mit der Vergangenheit erst ermöglicht wird: »Jedes Begreifen einer Sache setzt, als Bedingung seiner Möglichkeit, in dem Begreifenden schon ein Analogon des nachher wirklich Begriffenen voraus, eine vorhergängige, ursprüngliche Uebereinstimmung zwischen dem Subject und dem Object. Das Begreifen ist keineswegs ein blosses Entwickeln aus dem ersteren, aber auch kein blosses Entnehmen vom letzteren, sondern beides zugleich.«[13]

Humboldts Vorschlag, die Besonderheit des Vergangenen in der Besonderheit des rezipierenden Subjekts aufzuheben, läuft Gefahr, Geschichte in einzelne ›Gemälde‹ aufzuteilen. Es verwundert daher nicht, wenn er den Historiker mit dem Künstler vergleicht: »Es darf uns daher nicht gereuen, das leichter erkennbare Verfahren des Künstlers auf das mehr Zweifeln unterworfne des Geschichtsschreibers anzuwenden.«[14] Sinn findet der Historiker in der Geschichte wie der Künstler in der Natur, indem beide das Darzustellende unmittelbar auf das sinngebende Subjekt beziehen. Geschichte setzt sich demnach zusammen aus einer Reihe von Prospekten auf die Vergangenheit. Wir können sie ebenso in der Kulturgeschichtsschreibung wie in jenen ›historischen Bildern aus der Vergangenheit‹ in der Literatur finden. Für Herder jedoch ist Geschichte erst begriffen, wenn die Epochen unter sich einen Zusammenhang haben, Geschichte also an sich und in sich sinnhaft ist. Solange die ›Vergangenheiten‹ nur auf das sinnstiftende Subjekt bezogen werden, sind jene so wenig wie dieses der Zufälligkeit enthoben; denn wie jede Vergangenheit für sich war, so ist auch das gegenwärtige Subjekt für sich; der Bezug auf dieses Subjekt bleibt willkürlich. Die Partikularisierung der Geschichte in konturierte Epochen macht Geschichte als Ganzes sinnlos. Im Rahmen eines bereits gesicherten Begründungszusammenhangs mag eine solche Partikularisierung erlaubt scheinen; zumindest hat sich die Geschichtsschreibung des 19. Jahrhunderts auf ihn verlassen. Herder, der sich die Aufgabe gestellt hat, Sinn in der Geschichte erst zu konstituieren, bemerkt das Dilemma eines Subjekts, das zum Fluchtpunkt allen historischen Sinns werden soll: »Wo kleine Verbindungen schon grossen Sinn geben, und doch Jahrhunderte nur Sylben, Nationen nur Buchstaben, und vielleicht Interpunktionen sind, die an sich nichts, zum leichtern Sinne des Ganzen, aber so viel bedeuten! Was, o einzelner Mensch, mit deinen Neigungen, Fähigkeiten und Beitrage bist du? – und willt, daß sich an dir allseitig die Vollkommenheit erschöpfe?« (584) Die »an sich« unbedeutenden »kleinen Verbindungen« sind im »Sinne des Ganzen« aufgehoben. Mit Notwendigkeit treibt der Begriff des Besonderen den des Allgemeinen, der des Individuellen den des Ganzen, der des Unzulänglichen den des Vollkommenen hervor.

Herder löst den logischen Antagonismus der Begriffspaare, indem er die bewegte Zeit, den Prozeß, als Kategorie in die Geschichte einführt, die die je einzelnen ›Vergangenheiten‹ zu einem Sinnganzen fügt. Die lineare Dimension der Zeit gibt der Geschichte eine Richtung; nun ist sie ein Kontinuum von Intentionen und Wirkungen; ihr Telos ist die Verwirklichung der göttlichen Vorsehung, ihr Movens aber ist der subjektive Entwurf: »Wahrhaftig Fortgang, fortgehende Entwicklung, wenn auch kein Einzelnes dabei gewönne! Es geht ins Große! es wird, womit die Hülsengeschichte so sehr pralet, und wovon sie so wenig zeigt – Schauplatz einer leitenden Absicht auf Erden! wenn wir gleich nicht die letzte Absicht sehen sollten, Schauplatz der Gottheit.« (513)

Der statische Zeitbegriff der chronikalen Historie, der in der Zeit quasi in zwei anthropologisch strikt trennbare Empfindungsweisen auseinanderfällt: in Erinnern von Vergangenheit und Erleben von Gegenwart, ist durch den fließenden Zeitbegriff Herders überwunden. Damit gewinnt er eine neue Dimension, die Zukunft, denn was sich auf die Gegenwart zubewegt, muß auch weiterschreiten über sie hinaus. Nicht nur eine Rechtfertigung findet das Subjekt, wenn es nun im allgemeinen Gang des Ganzen aufgehoben ist, sondern – paradoxerweise – vor allem seine Freiheit, denn sein Zweck in der Geschichte besteht in seinem Beitrag zur Gestaltung der Zukunft. Im Blick auf sie kann das Subjekt, bislang durch Vergangenheit determiniert, entwerfen, entscheiden, handeln. Das Herdersche Geschichtsverständnis ist daher nicht nur Folge einer faktischen Ablösung traditionaler Gesellschaftsformen; es enthält zugleich die geschichtsphilosophischen Möglichkeiten zu dieser politischen Revolution.

Eine Relation zwischen Vergangenheit und Zukunft, zwischen Determination und Freiheit stellen Erkenntnis und Entwurf her. Das Wesen des Entwurfs ist Freiheit, deren Wirklichkeit in der Zukunft liegt; die Tätigkeit der Freiheit ist Erkenntnis, Verstehen, wodurch sie sich aus der Determination durch die Vergangenheit löst, einer Vergangenheit aber, »die wir schon jetzt offenbar als Werkzeuge zu grossem Guten in der Zukunft, woran sie selbst nicht dachten, wahrnehmen.« (528) Das Geschichtsdenken wendet sich, während es rückwärts blickt, der Zukunft zu. Die Erkenntnis von Vergangenem zerstört Kontinuität, während sie sie herzustellen scheint. Bewahren und Befreien sind mögliche Sinnkonstituentien des historischen Denkens. Revolutionär ist jedes geschichtliche Denken, da es Vergangenheit erkennend negiert, Zukunft, das Vergangene negierend, erkennt. ›Dies Samenkorn fällt in die Erde! da liegts und erstarrt, aber nun kommt Sonne es zu wecken: da brichts auf: die Gefässe schwellen mit Gewalt auseinander: es durchbricht den Boden – so Blüthe, so Frucht [. . .]. Der Grund jeder Reformation war allemal eben solch ein kleines Samenkorn, fiel still in die Erde, kaum der Rede werth: die Menschen hattens schon lange, besahens und achtetens nicht, – aber nun sollen dadurch Neigungen, Sitten, eine Welt von Gewohnheiten geändert, neugeschaffen werden – ist das ohne Revolution, ohne Leidenschaft und Bewegung möglich? Was Luther sagt, hatte man lange gewußt; aber jetzt *sagte* es Luther!« (532) Das Revolutionäre der Herderschen Geschichtsphilosophie liegt nicht in der Apologie revolutionärer Akte, sondern in der Einsicht, daß Geschichte, sofern sie spezifisch bürgerliche Geschichte ist, schlechterdings revolutionär sein muß, weil sie das Subjekt in der Selbsterkenntnis zum Handeln befreit. Für Herder sind Denken und Handeln noch vereinbar, geschichtliche Erkenntnis ist praktisch. Spätere politische Erfahrung läßt diese Einheit nur noch als utopischen Entwurf gelten. Der Ursprung der utopischen Forderung aus der Hermeneutik der Vergangenheit wirkt fort, wenn – wie in der Romantik – Vergangenheit selbst zum Inhalt der Utopie wird. Die rückwärtsgewandte Utopie erinnert sich der Emanzipation von der Vergangenheit, indem sie der Vergangenheit im historischen Gemälde Ewigkeit verleiht.

2. Hegels Alternative und Beitrag zum ästhetischen Historismus

Eine philosophische Systematisierung dessen, was Herder in Bildern eher mimetisch darstellt als begrifflich faßt, unternimmt Hegels Philosophie der Geschichte. Während wir in Herders Geschichtsphilosophie Momente eines ästhetischen Historismus praktiziert sahen, können wir bei Hegel Ansätze zu seiner Theorie finden. Er vermag – im Unterschied zur historistischen Geschichtsschreibung und zum ästhetischen Historismus der romantischen Literatur, wo nur Teile der Herderschen Philosophie aufgenommen sind – das ganze Herdersche Geschichtsmodell begrifflich zu entwickeln, so daß in ihm in gleicher Weise eine Legitimation des Historismus sich abzeichnet, wie es ein kritisches und hermeneutisches Denken entfaltet.

Daß es Hegel um das System einer Wissenschaft, Herder um die Legitimation ihres Gegenstandes zu tun ist, belegt bereits der Anfang der beiden geschichtsphilosophischen Werke. Das Herdersche eröffnet die pathetische Hypothese von Sinn und Einheit des geschichtlichen Geschehens aus »dem Ursprung des ganzen Geschlechts von Einem«, dessen Aufklärung Aufgabe, ja bereits zum Teil schon Ergebnis geschichtlicher Forschung ist: »Je weiter hin es sich in Untersuchung der ältsten Weltgeschichte, ihrer Völkerwandrungen, Sprachen, Sitten, Erfindungen, und Traditionen aufklärt: desto wahrscheinlicher wird mit jeder neuen Entdeckung auch der Ursprung des ganzen Geschlechts von Einem. Man nähert sich immer mehr dem glücklichen Klima, wo ein Menschenpaar unter den mildesten Einflüssen der schaffenden Vorsehung, unter Beistande der erleichterndsten Fügungen rings um sich her, den Faden anspann, der sich nachher mit solchen Wirrungen weit und lang fortgezogen.« (477)

Zunächst behauptet auch Hegel, lakonischer allerdings, die »Weltgeschichte selbst« sei Gegenstand seiner Darstellung. Jedoch, »damit nun zuvörderst klarwerde, was sie sei, scheint es vor allen Dingen nötig, die anderen Weisen der Geschichtsbehandlung durchzugehen«. (11)[15] Was zunächst als methodischer Orientierungsversuch erscheinen mag, erweist sich jedoch als Definition dessen, was »Weltgeschichte selbst« heißen soll: »Was sie sei«, bestimmt sich aus Standpunkt und Aufgabe der Wissenschaft, der sie Thema ist. Die Reflexion der methodischen Perspektive konstituiert den wissenschaftlichen Inhalt als diese Perspektive selbst. Hegel macht dies an der umgangssprachlichen Doppeldeutigkeit des Begriffs Geschichte deutlich: »Geschichte vereinigt in unserer Sprache die objektive sowohl als die subjektive Seite und bedeutet ebensogut die historiam rerum gestarum als die res gestas selbst; sie ist das Geschehene nicht minder wie die Geschichtserzählung.« (83) »Höherer Art« sei diese Einheitlichkeit der Bedeutungen, da die »Geschichtserzählung mit eigentlich geschichtlichen Taten und Begebenheiten gleichzeitig erscheine.« (83) Geschichte ist nicht ohne Bewußtsein von ihr. Viele Zeiträume »sind darum ohne objektive Geschichte, weil sie keine subjektive, keine Geschichtserzählung aufweisen.« (84) Während Herder der Geschichtswissenschaft die Aufgabe stellt, den Sinn dessen aufzuklären, was objektiv sinnvoll »unter den mildesten Einflüssen der schaffenden Vorsehung« sich vollzog, siedelt Hegel Geschichte in der Helligkeit des Bewußtseins ihrer selbst an. Ihm ist Geschichtsschreibung geschichtliche Tat, während sie Herder wissenschaftliche Forschung war. »Die Geschichte des Geistes ist seine Tat, denn er ist nur, was er tut, und seine Tat ist, sich, und zwar hier als Geist, zum Gegenstande seines Bewußtseins zu machen, sich für sich selbst auslegend zu erfassen.«[16]

Die Bestimmung der Geschichtswissenschaft als geschichtliche Tat verträgt sich mit der Annahme eines Sinngehalts in der objektiven Geschichte, wie ihn Herder unterstellt hatte. Für Hegel ist Sinn ein Ergebnis von Erwartungen und zugleich eine in der Realität an sich enthaltene Gegebenheit. Diese Einsicht zwingt Hegel zu der Äquivokation, daß Sinngebung selbst der Sinn, daß Geschichtsschreibung selbst Geschichte, daß geistige Anstrengung selbst Zweck sei, daß die Geschichte die Verwirklichung des Geistes sei. »Der Geist weiß sich selbst, er ist das Beurteilen seiner eigenen Natur, und er ist zugleich die Tätigkeit, zu sich zu kommen und so sich hervorzubringen, sich zu dem zu machen, was er an sich ist. Nach dieser abstrakten Bestimmung kann von der Weltgeschichte gesagt werden, daß sie die Darstellung des Geistes sei, wie er sich das Wissen dessen, was er an sich ist, erarbeitet.« (31) Wenn Hegel Geschichte als Geschichte des Geistes definiert, so läßt er alle Beschreibung des Menschen und seiner historischen Entwicklung als einer organischen Entelechie hinter sich. Nicht die »mildesten Einflüsse der schaffenden Vorsehung«, nicht der »Beistand der erleichterndsten Fügungen« bewegen sie; Geschichte ist der Akt der Befreiung aus naturhafter Determination, die durch das Bewußtsein geschieht. Als Stoff der Geschichte interessiert daher nur, was vom Menschen bewußt gemacht ist, was Gestalt und Form geworden ist. Obgleich Hegel selbst die Befreiung von der Natur als Kampf seinem Geschichtsentwurf impliziert – die Darstellung der Epochen beginnt immer noch mit der Beschreibung von geographischen Bedingungen –, so bereitet er doch einer Geschichtsschreibung den Weg, die nur noch nach den Manifestationen des menschlichen Geistes sucht und sie einzig in den Formen von Kultur und Kunst wiederzufinden hofft.

Das Interesse an der Geistesgeschichte zeigt sich bereits in der Einleitung. Denn was Herder hinter sich ließ: die vorangegangenen Formen der chronikalen oder exemplarischen Geschichtsschreibung, muß Hegel seiner Philosophie einfügen, da auch jede überwundene Methode der Geschichtsschreibung dem Ganzen des sich entfaltenden Geistes immanent bleibt. Bei Herder war die Geschichtswissenschaft ihrem Gegenstand äußerlich; deshalb sollten angesichts der neuen Einsicht in den historischen Sinn die früheren Formen, Historie zu wissen, ihre Gültigkeit verlieren. Herder gerät in den Widerspruch, Sinn aus der organischen Ganzheit des historischen Lebens zu konstituieren, zugleich aber Teile aus dem Ganzen als überwunden und für die Wissenschaft irrelevant auszugeben. Hegel, dem Gedanken vom Sinnganzen der Geschichte verpflichtet wie Herder, hebt diesen Widerspruch in der systematischen und historischen Logik seiner Philosophie auf, der nichts äußerlich sein kann, ohne die Logik des Ganzen in Frage zu stellen. Die Methoden der Geschichtswissenschaft sind ein Kapitel Geschichte; in ihnen manifestiert sich das

Verhältnis von Bewußtsein und Selbstbewußtsein, der jeweilige Standpunkt der historischen Reflexion, das »Bei-sich-selbst-Sein« (30) des Geistes.[17]

»Ursprüngliche Geschichtsschreiber« nennt Hegel Herodot, Thukydides, weil in deren Werken Geschichte selbst ihren Ursprung hat. Die Aufzeichnung der Vergangenheit nämlich führt den griechischen Staat von einem Naturzustand in einen geschichtlichen. Denn »die bei ihren vernünftigen Gesetzen und Sitten zugleich äußerliche Existenz des Staates ist eine unvollständige Gegenwart, deren Verstand zu ihrer Integrierung des Bewußtseins der Vergangenheit bedarf.« (84) Die »ursprünglichen Geschichtsschreiber« beschreiben die Zustände, »deren Geist sie selbst zugehört haben [. . .]. Die äußerliche Erscheinung wird so in die innerliche Vorstellung übersetzt«. (11) »Der Geist des Verfassers und der Geist der Handlungen [. . .] ist einer und derselbe.« (12) Es folgen Zeiten, in denen der »Geist des Verfassers« und der der »Handlungen« differieren, sie daher in ein reflexives Verhältnis zueinander treten müssen, etwa jenes der ›Vergegenwärtigung‹ von Vergangenheit, in der der Geist sich selbst genießt, denn »wenn wir mit der Vergangenheit zu tun haben [. . .], so tut sich eine Gegenwart für den Geist auf, die dieser aus seiner eigenen Tätigkeit zum Lohn für seine Bemühung hat.« (16) Hier beschreibt Hegel eine Methode der Geschichtsschreibung, in der die ungebrochene Tradition noch herrscht, aus deren Verlust Herders Geschichtsphilosophie schließlich entstanden war als Legitimation einer traditionslos werdenden Gegenwart. Herders Geschichtsphilosophie wäre, da sie einerseits Vergangenheit aktualisiert, indem sie die Privatheit der bürgerlichen Existenz als Inhalt der Geschichte entdeckt, andererseits aber der Geschichte als Ganzem ein zusätzlicher Sinn zugewiesen werden muß, im Katalog des Hegelschen Methodenabrisses unterzubringen zwischen der traditionstiftenden Geschichtsschreibung und der philosophischen, deren Schöpfer Hegel selbst ist.

Den Traditionsbruch, den Herder durch die Enträtselung privater Humanität in der Geschichte auszugleichen versucht, akzeptiert die philosophische Geschichtsschreibung Hegels, so daß ihr der traditionale Bezug zur Vergangenheit nichts weiter ist als eine der Stufen in der Entfaltung des Geistes, welche die Geschichte bildet. Gegenwärtige soziale Erfahrungen in die Vergangenheit zu projizieren, vermeidet Hegel; statt dessen erhält die Vergangenheit einen Stellenwert im Prozeß des zu sich selbst kommenden Geistes. Da Geschichte als Geschichtlichkeit des Geistes und seiner Tätigkeit gefaßt ist, schwindet die Grenzlinie zwischen äußerer Realität und ihrer Apperzeption. Immerhin stellt sich das Problem, ob ein objektives Geschehen der Geschichtsschreibung vorausliege: »Diese Berufung auf das Denken kann aber deswegen hier als ungenügend erscheinen, weil in der Geschichte das Denken dem Gegebenen und Seienden untergeordnet ist, dasselbe zu seiner Grundlage hat und davon geleitet wird, der Philosophie im Gegenteil aber eigene Gedanken zugeschrieben werden, welche die Spekulation aus sich ohne Rücksicht auf das, was ist, hervorbringe. Gehe sie mit solchen an die Geschichte, so behandle sie sie wie ein Material, lasse sie nicht, wie sie ist, sondern richte sich nach dem Gedanken ein, konstruiere sie daher, wie man sagt, a priori.« (20) Der Versuch, den Vorwurf einer apriorischen Geschichtsphilosophie zu entkräften, mündet jedoch aufs neue in eine Tautologie: die Vernunft nämlich sei die Substanz der Geschichte, ihre »unendliche Macht«, ihr »unendlicher Stoff«, ihre »unendliche Form«. (21) Zwar hat die Vernunft ihre Wirklichkeit in der Weltgeschichte; doch ist sie nicht aus ihrem Gang zu deduzieren, sondern der Gang der Weltgeschichte wird nach der Wirklichkeit der Vernunft durchsucht. Denn daß »nichts in ihr sich offenbart als sie, ihre Ehre und Herrlichkeit, das ist es, was [...] in der Philosophie bewiesen und hier so als bewiesen vorausgesetzt wird.« (21) Im Rahmen der Geschichtsphilosophie ist die Vernunft ein unbeweisbares, wenngleich die Methode leitendes und aus ihr belegbares Implikat, die *petitio principii* geschichtlichen Denkens schlechthin.

Aufgabe der Geschichtsschreibung ist es, den Gang der Vernunft in der Weltgeschichte zu verfolgen. Diese Bestimmung von Geschichte ist abstrakt, weil sie in allen Epochen allen konkreten Inhalt nach dem einen spekulativen Prinzip deutet. Diese Abstraktion ist die Konsequenz des Traditionsbruchs, auf den auch Herders geschichtsphilosophischer Entwurf antwortet. Dem Zerfall von Geschichte in disparate Fakten war Herder begegnet, indem er ein Interpretationsmuster, das des privaten Lebens, der Geschichtsschreibung zugrunde legte. Da er das Modell aus der konkreten inhaltlich komplexen Situation seiner Gegenwart gewinnen konnte, kommt seine Interpretation der Vergangenheit auch zu inhaltlichen Ergebnissen, zur Darstellung konkreten Lebens in einer bestimmten Epoche. Einen Zusammenhang der Zeiten vermochte Herder nur metaphorisch durch den Vergleich der geschichtlichen Entwicklung mit menschlichen Lebensaltern zu schaffen. Hegels Frage nun geht nach dem einen Prinzip aller geschichtlichen Entwicklung. Die Voraussetzung einer solchen abstrahierenden Fragestellung ist gerade die Bestimmtheit und Vielfalt von Material. Der Hegelsche Denkschritt gleicht dem, den Marx bei Adam Smith analysiert, wenn dieser den Begriff der abstrakten Arbeit findet: »Nun könnte es scheinen, als ob damit nur der abstrakte Ausdruck für die einfachste und uralteste Beziehung gefunden, worin die Menschen [. . .] als produzierend auftreten. Das ist nach einer Seite hin richtig. Nach der andren nicht. Die Gleichgültigkeit gegen eine bestimmte Art der Arbeit setzt eine sehr entwickelte Totalität wirklicher Arbeitsarten voraus, von denen keine mehr die alles beherrschende ist. So entstehn die allgemeinsten Abstraktionen überhaupt nur bei der reichsten konkreten Entwicklung.«[18] Die Gefahr der Hegelschen Abstraktion liegt darin, daß sie, die doch die spekulative Deutung leiten soll (d. h. die Idee abgibt, deren Wirklichkeit im konkreten Fall erst entdeckt werden muß), als metaphysisches Prinzip aller Geschichte vorangestellt ist: der Historiker kann beliebiges historisches Material gedankenlos sammeln, ist doch sein Sinn apriorisch verbürgt; wo ›Gott‹ im Großen, Ganzen waltet, liegt er auch im Detail. Deshalb kann in ›Positivismus‹ übergehen, was als spekulatives System entworfen worden war. Hegel systematisiert das historische Denken und stellt gleichzeitig eine Legitimation für den Historismus bereit. Wenn Vernunft im geschichtlichen Handeln und Denken wirklich wird, so ist jede geschichtliche Wirklichkeit vernünftig. Und wenn geschichtliches Bewußtsein als Erinnerung an das Gewordensein von historisch Gestaltetem der letzte Akt im Prozeß ihrer Realisation ist, so ist die historistische Geschichtsschreibung schlechthin vernünftig. Dies gilt auch für eine Literatur, in der die historischen Bilder aus der

Vergangenheit in solcher Konsequenz sich selbst genug sein dürfen.

Hegel kann jedoch – im Unterschied zu den Geschichtsschreibern des Historismus – auf die Bestimmung des Verhältnisses von Einzelnem und Ganzem, Stoff und Idee, Forschung und Theorie noch nicht verzichten. Daher übernimmt er Herders Gedanken der Entwicklung und faßt die organische Entfaltung begrifflich als Bewußtwerden und Zu-sich-Kommen des Geistes. »Die Weltgeschichte ist der Fortschritt im Bewußtsein der Freiheit.« (32) Die Gegenwart erhält einen eindeutigen Vorrang gegenüber der Vergangenheit: ihr ist *mehr* bewußt. Die Verfügungsgewalt und »Freiheit« der bürgerlichen Gesellschaft gegenüber der Vergangenheit kommt in dieser Hegelschen Variation der Idee von der Perfektibilität zu ihrem Ausdruck. Für Hegel stellt sich deutlicher als für Herder das geschichtsphilosophische Problem des Übergangs, das im geschichtsethischen Sinne identisch ist mit dem der Freiheit, der bewußten geschichtlichen Leistung des Subjekts. – Hegels Geschichtsentwurf ist geprägt von der Erfahrung der Französischen Revolution, in der jener Traditionsbruch manifest geworden ist, der Herders Entwurf nur undeutlich zugrunde liegt. Hegel hat die Ablösung der ›Zeiten‹ als ein politisches Faktum erfahren, das sich als Klassenkampf darstellt. Marx vorwegnehmend, führt er daher den Kampf als das vorantreibende Prinzip in die geschichtliche Entwicklung ein. Herders und Hegels Begriff der Revolution in der Geschichte ist – da einmal vor, einmal nach der Französischen Revolution entworfen – zweierlei. Revolution nannte Herder die allmähliche Entfaltung des organischen Prozesses, wo das »Samenkorn« ›aufbricht‹, wenn »die Sonne [kommt], es zu wecken«. Die ländlich-idyllische Metaphorik ist die poetische Darstellung der Friedlichkeit dieses Vorgangs. Für Hegel dagegen ist eine solche »Entwicklung, die in der Natur ein ruhiges Hervorgehen ist, [...] im Geist ein harter unendlicher Kampf gegen sich selbst«. (76) Da der Geist in Verwirklichungen sich partikularisiert, hat er »sich selbst als das wahre feindselige Hindernis seiner selbst zu überwinden.« (76) Der Wert einer Epoche zeigt sich darin, daß sie »sich zu einem Werke für die Welt hervorbringt und sein Prinzip im Kampfe rechtfertigt und gegen den Angriff siegreich behauptet.« (313) Das ökonomische Prinzip Adam Smith': das Gemeinwohl konstituiere sich aus den privaten Interessen, wiederholt Hegel in philosophisch abstrahierender Terminologie: »Ein Zweck, für welchen ich tätig sein soll, muß auf irgendeine Weise auch mein Zweck sein; ich muß meinen Zweck zugleich dabei befriedigen, wenn der Zweck, für welchen ich tätig bin, auch noch viele andere Seiten hat, nach denen er mich nichts angeht.« (36)

Eine ideologiekritische Interpretation könnte das antagonistische Geschichtsbild Hegels auf die antagonistische Struktur der bürgerlichen Gesellschaft zurückführen. Denn es sind die »Kämpfe mit dem partikularen Interesse und den Leidenschaften« (39), die in der Geschichte zählen. Eine solche Herleitung der Inhalte macht Hegel zu einem Geschichtsphilosophen, dessen Pessimismus seinen Ursprung im ökonomischen Liberalismus hätte, der den Antagonismus von individueller Freiheit und gesellschaftlicher Synthesis, von bewußtem Handeln des Einzelnen und dem undurchschaubaren Gang des Ganzen nur im Begriff des Schicksals aufzuheben vermöchte. »Die Weltgeschichte ist nicht der Boden des Glücks. Die Perioden des Glücks sind leere Blätter in ihr; denn sie sind die Perioden der Zusammenstimmung, des fehlenden Gegensatzes.« (42)

Hegels Weltgeschichte verläuft als kämpfende Auseinandersetzung antagonistischer Partikularitäten schicksalhaft nach dem Modell der Tragödie. Der Weltgeist verwirklicht sich in der Weltgeschichte in partikularen Interessen ähnlich wie in der Tragödie die Idee des Sittlichen. Hegels Formulierungen in der *Philosophie der Geschichte* und in der *Ästhetik* entsprechen einander. Über den Gang der Geschichte sagt er: »Diese unermeßliche Masse von Wollen, Interessen und Fähigkeiten sind die Werkzeuge und Mittel des Weltgeistes, seinen Zweck zu vollbringen, ihn zum Bewußtsein zu erheben und zu verwirklichen.« (40) Das Prinzip der Tragödie formuliert er so: »Die sittliche Substanz ist als konkrete Einheit eine Totalität unterschiedener Verhältnisse und Mächte, welche jedoch nur in tatlosem Zustande als selige Götter das Werk des Geistes im Genuß eines ungestörten Lebens vollbringen. Umgekehrt aber liegt es ebensosehr im Begriffe dieser Totalität selbst, sich aus ihrer zunächst noch abstrakten Idealität zur realen

Wirklichkeit und weltlichen Erscheinung umzusetzen. Durch die Natur dieses Elementes nun ist es, daß die bloße Unterschiedenheit, auf dem Boden bestimmter Umstände von individuellen Charakteren ergriffen, sich zur Entgegensetzung und Kollision verkehren muß.«[19] Kampf und Kollision sind die vorantreibenden Momente in Geschichte wie Tragödie. Die in der Realisierung sich auseinanderlegende Idee jedoch kommt am Ende in der Versöhnung der Partikularitäten zu sich. »Das wahrhaft Substantielle, das zur Wirklichkeit zu gelangen hat, ist aber nicht der Kampf der Besonderheiten, wie sehr derselbe auch im Begriffe der weltlichen Realität und des menschlichen Handelns seinen wesentlichen Grund findet, sondern die Versöhnung, in welcher sich die bestimmten Zwecke und Individuen ohne Verletzung und Gegensatz einklangsvoll betätigen.«[20] In den Kämpfen der Französischen Revolution dämmert für Hegel die Versöhnung des Geistes mit der Wirklichkeit. »Eine erhabene Rührung hat in jener Zeit geherrscht, ein Enthusiasmus des Geistes hat die Welt durchschauert, als sei es zur wirklichen Versöhnung des Göttlichen mit der Welt nun erst gekommen.« (529) Der Entwurf der Geschichte als Theodizee »kann den Geist mit der Weltgeschichte und der Wirklichkeit versöhnen.« (540) Die Partikularisierung der Substanz, die Kollision der Partikularitäten und schließlich ihre Versöhnung bestimmen den Gang der Geschichte wie die Handlung der Tragödie.[21]

Vom versöhnenden Ende her ist daher alles geschichtliche Geschehen zu deuten, ebenso wie in der Tragödie, einer geschlossenen Form, alle Teile auf das Ende zulaufen. Was im Kunstwerk die Stringenz der Form, ist in der Geschichte die Teleologie. Hegel motiviert Geschichte von ihrem Ende, Herder von ihrem Anfang her (»Samenkorn, Ursprung, Vorsehung«). Bei diesem faltet sich – mit einer gewissen Kontingenz – das Eine in eine Vielfalt auseinander, bei jenem konturiert sich der Prozeß immer deutlicher als Theodizee. Die angemessene Darstellung von Geschichte ist daher bei Herder die von in sich ruhenden Bildern, bei Hegel die in über sich hinausschreitenden Vorgängen und Intentionen; bei Herder ist sie poetisch, bei Hegel teleologisch. Ist die Darstellung in malerischen Szenen bei Herder der Geschichte angemessen, so ist bei Hegel die Geschichte selbst wie ein Kunstwerk konstruiert. Die künstlerische Darstellung hat ein Ende, wo geschichtliches Handeln selbst zu ästhetischer Konsequenz kommt. Denn war bei Herder Freiheit noch das leitende Prinzip des sich emanzipierenden Individuums, so ist bei Hegel Freiheit eine absolute Idee, die das Gestaltungsprinzip von Geschichte schlechthin abgibt. »Der Wille ist frei nur, insofern er nichts Anderes, Äußerliches, Fremdes will, denn da wäre er abhängig, sondern nur sich selbst – den Willen will. Der absolute Wille ist dies, frei sein zu wollen.« (524) Der subjektive Wille aber macht »das Wesentliche selbst zum Zwecke seines Daseins [...] Dieses Wesentliche ist selbst die Vereinigung des subjektiven und des vernünftigen Willens: es ist das sittliche Ganze – der Staat.« (55) Der Staat ist die Form, in der das zeitliche ›Kunstgebilde‹ in einer räumlich-zeitlichen Gestalt erscheint. Letztlich stellt auch in der griechischen Tragödie der Staat den Zeit-Raum dar, in dem sich die sittlich-ideelle Ganzheit realisiert. Das subjektive Handeln ist in der Tragödie ebenso politisch, wie es in der Geschichte ästhetisch ist. Geschichte ist für Hegel daher Staatengeschichte. »In der Weltgeschichte kann nur von Völkern die Rede sein, welche einen Staat bilden.« (56) Den Fortschritt der Geschichte zeigen die sich verändernden Verfassungen. Die Staaten- und Verfassungsgeschichte unterscheidet sich von der Kunst-, Philosophie- und Wissenschaftsgeschichte, welche eine »ununterbrochene Ausbildung desselben Gebäudes« (66) durch die Jahrhunderte darstellt. Bemerkenswert an diesem Gedanken ist die Aufteilung in eine politische und eine Kulturgeschichte. Nimmt man hinzu, daß »aber der Zweck der Gesellschaft [...] selbst politisch, der des Staats [...], nämlich der, die natürlichen Rechte aufrechtzuerhalten« ist, wobei »das natürliche Recht aber [...] die Freiheit« (525) ist, so bleibt als genuiner Inhalt der Geschichtsschreibung die politische Geschichte, in der der Geist der Freiheit zu sich kommt. Kunst und Kultur sind nicht Orte der Freiheit, sondern der Wahrheit; in ihnen hat nicht die »Vereinigung des subjektiven und des vernünftigen Willens« als Prozeß statt. Das Wahre, das im sinnlichen Scheinen der Idee konkret wird, ist – trotz der Mannigfaltigkeit verschiedener Erscheinungsweisen und Konkretisierungen – geschichtslos; anders die Freiheit, die, doppeldeutig wie der Begriff der Geschichte selbst, ein

Zustand und der Weg zu ihm ist. Die sich ablösenden Staatsverfassungen, Manifestationen des Wirklichseins der Idee im Fortschreiten, sind der eigentliche Gegenstand von Geschichtsschreibung.

Die Kunst jedoch, als vergangene, lebt nurmehr in der »Vorstellung«. »In allen diesen Beziehungen ist und bleibt die Kunst nach der Seite ihrer höchsten Bestimmung für uns ein Vergangenes. [. . .] Was durch Kunstwerke jetzt in uns erregt wird, ist außer dem unmittelbaren Genuß zugleich unser Urteil, indem wir den Inhalt, die Darstellungsmittel des Kunstwerks und die Angemessenheit und Unangemessenheit beider unserer denkenden Betrachtung unterwerfen.«[22] Das Ende der Kunst ist der Beginn der Wissenschaft von ihr. Diese Wissenschaft, die sich in Form ihrer Geschichte wie ihrer Philosophie betätigt, ist so notwendig wie die Geschichte als Wissenschaft und Philosophie aller bislang gestalteten Lebensweisen selbst. Die Kunst ist eine spezifische Tätigkeit des Geistes, und zwar »seine Entäußerung zur Empfindung und Sinnlichkeit« hin. In der historischen Kunstwissenschaft erkennt sich der Geist, »indem er das Entfremdete zu Gedanken verwandelt und so zu sich zurückführt«.[23] Der Geschichtsphilosophie als »denkende Betrachtung« der Weltgeschichte steht die Kunstwissenschaft als »denkende Betrachtung« der Kunst ebenbürtig zur Seite. Beide sind Schritte im Zu-sich-Kommen des Geistes. Der Unterschied ist, daß Kunst als vergangene der Kunstwissenschaft als ihr Objekt gegenübertritt, während Geschichte in der Geschichtswissenschaft und -philosophie erst entsteht. Im ersten Fall ist das Verhältnis kontemplativ und bewahrend, im zweiten dialektisch und vorantreibend.

Hegels ›erkennende‹ Geschichtsschreibung überwindet Herders einfühlende. Geschichtsschreibung ist bei Hegel geschichtliche Tat dadurch, daß sie über das Vergangene im Erinnern hinausschreitet. Kontinuität eignet zwar der Geschichte, nicht aber Wiederholung, Wiedererkennen, Anamnese. Der Hegelschen Unterscheidung zufolge behandelt Herder die Vergangenheit wie ein Kunstwerk: Das Subjekt sucht in ihr seine Wahrheit. Für Hegel hingegen ist der Rückblick in die Vergangenheit der eigentliche Beginn des Fortschritts. Nur für die *Kunst selbst* gilt das einfühlende Bewahren des ganz Vergangenen. Für die politische Geschichte aber radikalisiert Hegels Geschichtslogik Herders Theorie der fließenden Zeit, der Bewegung in der Geschichte.

Dem ästhetischen Historismus liefert Hegels Kunstphilosophie implizit eine Rechtfertigung. Die Kunst hat »ihre höchste Bestimmung« im Vergangenen. Im »Vergleich mit dem Schein der sinnlichen unmittelbaren Existenz und dem der Geschichtsschreibung hat der Schein der Kunst den Vorzug, daß er selbst durch sich hindurchdeutet und auf ein Geistiges, welches durch ihn soll zur Vorstellung kommen, aus sich hinweist«.[24] »Die Geschichtsschreibung hat auch nicht das unmittelbare Dasein, sondern den geistigen Schein desselben zum Elemente ihrer Schilderungen, und ihr Inhalt bleibt mit der ganzen Zufälligkeit der gewöhnlichen Wirklichkeit und deren Begebenheiten, Verwicklungen und Individualitäten behaftet, während das Kunstwerk uns die in der Geschichte waltenden ewigen Mächte ohne dies Beiwesen der unmittelbar sinnlichen Gegenwart und ihres haltlosen Scheines entgegenbringt.«[25] Das gibt der Kunst den Rang einer »höheren Realität«, eines »wahrhaftigeren Daseins«[26], eine Auszeichnung also, die sie, nicht zwar für Hegel, wohl aber für die bürgerliche Kunst- und Kulturgeschichtsschreibung als ihren alleinigen Gegenstand legitimiert. Die »höhere Realität«, die im Kunstwerk geronnen ist, soll bewahrt werden. Geschichte wird stillgestellt in schönen Bildern. Hegel selbst lehnt dies »Erinnern an ähnliche Verhältnisse« ab, »denn so etwas wie eine fahle Erinnerung hat keine Kraft gegen die Lebendigkeit und Freiheit der Gegenwart«. (17) Er hat deshalb – deutlich gegen Herder gewendet – »dem Reize entsagen müssen, das Glück, die Perioden der Blüte der Völker, die Schönheit und Größe der Individuen, das Interesse ihres Schicksals in Leid und Freud näher zu schildern.« (540) Hingegen endet seine Geschichtsphilosophie mit einer Forderung an die Zukunft: »dieser Knoten, dieses Problem [die Kollision weltlicher Parteiungen] ist es, an dem die Geschichte steht und den sie in künftigen Zeiten zu lösen hat.« (535)

3. Friedrich Schlegels Geschichtsphilosophie der Restauration

Friedrich Schlegels Vorlesungen über die *Philosophie der Geschichte* (1828)[27] denen Hegels gegenüberzustellen, scheint angesichts der Wirkungslosigkeit der Schlegelschen Vorlesungen unangemessen. Der Vergleich mag jedoch erlaubt sein, wenn er nicht der Bedeutung der Werke im Zusammenhang der Geschichte der Philosophie gilt, sondern dem typischen Ausdruck des Zeitbewußtseins nachgeht.[28] Schlegels Werk versammelt die Gedanken jener kulturhistorischen Richtung, die – wenngleich mit konträren Absichten und Ergebnissen – ebenso an Herders Philosophie anknüpft wie das System Hegels, einer Richtung nämlich, der Geschichte zu einem abgerundeten Bild von Vergangenheit gerinnt. Solcher Poetisierung der Vergangenheit in Bildern, wie sie die Dichter in Deutschland seit dem Ende des 18. Jahrhunderts auch in der Poesie darstellen, liefert Schlegel in seiner *Philosophie der Geschichte* das Programm *nach*.

Den historischen Einschnitt, aus dem Herder seine Geschichtsphilosophie entwickelt, ja den er ihr zugrundelegt und den Hegel zur Idee einer Geschichtlichkeit des Menschen schlechthin verallgemeinert: den Traditionsbruch des 18. Jahrhunderts, erfährt Schlegel als Schrecken. Die Geschichtsphilosophie hat für ihn daher nicht die Funktion, einen Gewinn der bürgerlichen Geschichte begrifflich zu fixieren; vielmehr übernimmt sie die Aufgabe, diesen Akt rückgängig zu machen. Deshalb muß Vergangenheit gar nicht für die Gegenwart gerettet werden; Vergangenheit gilt – paradoxerweise – fort. Sie ist nicht, was sie ist, die Diskontinuität historischer Epochen wird verwischt, indem die Kluft zwischen ihnen in sie selbst hineinverlegt wird: die Historie gliedert Schlegel nicht diachron, sondern synchron; die Diskontinuität von Vergangenheit und Moderne, die Herder und Hegel in einer umfassenderen Kontinuität aufzuheben suchten, verlegt Schlegel als Disharmonie in die Zeiten selbst. Die politischen Parteiungen seiner Zeit werden in die Geschichte projiziert als ewiger Kampf zwischen Gut und Böse: »Es [ist] eben der Kampf zwischen dem guten und göttlichen Prinzip auf der einen, und dem feindlichen und bösen auf der andern Seite [...], welcher den Inhalt des menschlichen Lebens und der menschlichen Geschichte von Anfang bis zu Ende bildet.« (339) Der bestimmte historische Gegensatz von Tradition und Revolution verfolgt Schlegel, gerade weil er ihn ungeschehen machen möchte, in jeder Epoche traumatisch. Geschichte wird zur Bühne, auf der das in der Gegenwart mißlungene Drama stets aufs neue durchgespielt wird.

Die Zeichen der eigenen Zeit findet Schlegel wie Herder in der Vergangenheit wieder. Beide Male gelingt die Projektion der Gegenwart in die Vergangenheit durch die Entdeckung des Subjekts in der Geschichte. Für Herder war es das private, zur subjektiven Freiheit gelangende Individuum, dessen Entelechie im großen Gang der Geschichte wiedergefunden werden konnte. Schlegel entdeckt das moralische Subjekt, dessen Freiheit in ihrer Angreifbarkeit besteht. Der Idee der Freiheit bei Herder steht bei Schlegel eine Freiheit der Wahl gegenüber; ihr Fortschritt ist nicht denkbar: »Darin liegt eben das Problem des menschlichen Daseins, daß der Mensch, im großen Ganzen der Geschichte wie im Einzelnen und Kleinen des individuellen Lebens, in die Mitte gestellt ist zur Wahl und Entscheidung, zwischen der wahren göttlichen und in Gott fest bleibenden, und in ihr fortwachsenden Freiheit, und der falschen abtrünnigen Freiheit eines von Gott losgerissenen Egoismus.« (339) Mit der ›Wiederentdeckung‹ des moralischen Subjekts kehrt Schlegel in die Verfassung des Feudalabsolutismus zurück, in der dem bürgerlichen Individuum noch keine geschichtliche Bedeutung zuerkannt war, waren doch die politischen Energien eines ›Untertan‹ durch den moralischen Kampf in seinem Innern gebunden.[29] Herder hatte den konkreten Leistungen des Individuums in einer Halböffentlichkeit – im wirtschaftlichen und wissenschaftlichen Leben – historische Dignität verschafft. Wenn Schlegel nun hinter Herder wieder zurückgeht, so postuliert er mit der ewigen Gültigkeit sittlicher Normen, derentwegen Schlegels Subjekt sich in der Geschichte abmüht, zugleich die Restauration seiner apolitischen Situation.

Dennoch denkt Schlegel Geschichte als bewegte Geschichte: »Dieses Verstehen [. . .] der welthistorischen [. .] Entwicklungen im Ganzen ist es, was man wohl eine Wissenschaft der Geschichte nennen könnte.« (8) »Auf die Zukunft sind wir angewiesen, weit mehr als auf die Vergangenheit.« (417) Den Gedanken der Bewegung treibt Schlegel nicht aus, doch den der Entfaltung, der ja eine Entwicklung zu fortgeschritteneren, komplizierteren, bewußteren Stufen des Geistes meint. ›Fortschritt‹ kennt Schlegel nur als Rückschritt in eine, wenn auch verlorene, aber erinnerbare erfüllte Vergangenheit, die jenseits einer historischen Zeit liegt. In der *Philosophie des Lebens* geht Schlegel davon aus, daß der Mensch »vor allen andern erschaffenen Wesen« ausgezeichnet sei: »Ich meine jenen Vorzug, vermöge dessen er allein in der ganzen Schöpfung mit dem göttlichen Ebenbilde bekleidet ist.«[30] Wie die *Philosophie des Lebens* die innere, so beschrieb die *Philosophie der Geschichte* die äußere Form dieser Gottebenbildlichkeit (z. B. 153 ff.). Die Geschichtlichkeit des Menschen ist aber nichts anderes als der Fall aus dem Gnadenstand dieser Gottebenbildlichkeit. Schlegel nimmt – wie viele andere Romantiker die Idee vom goldenen Zeitalter umspielend[31] – einen Sündenfall an, um Geschichte überhaupt erst in Gang zu bringen. Von da an ist es ihr Ziel, »die Rückkehr zu dem göttlichen oder Gott gemäßen Willen zu finden [...], den niedern irdisch-natürlichen Willen immer mehr in den höhern, göttlichen Willen umzuwenden.« (34) »Die ganze Menschengeschichte im allgemeinen [hat] keinen andern Gegenstand und Inhalt, als die Wiederherstellung«, denn »das göttliche Ebenbild [...] [ist] in dem ganzen Menschengeschlecht, ungemein alteriert, und zerrüttet, oder stark in Unordnung geraten.« (155) Die Philosophie der Geschichte begründet sich als eine »religiöse Ansicht der Weltgeschichte im Gegensatz [zu] jener andern aus dem Vernunftprinzip von der unendlichen Perfektibilität hervorgehenden.« (156) Kurz: Schlegels Geschichtsbild folgt der biblischen Genesis, Geschichte ist die Vertreibung des Menschen aus dem Paradies. In dieses Bild faßt er den konservativen Gedanken der Restauration.

Es fällt Schlegel schwer, Momente von Bewegung auszumachen, welche zu der konkreten Richtung der »großen weltgeschichtlichen Wiederherstellung« führen könnten. Der Zustand der paradiesischen Vorgeschichte ist durch einen Akt des bösen Willens zerstört worden. Die Zeitlosigkeit der paradiesischen Existenz bleibt stets Folie der bewegten Zeit nach dem ›Sündenfall‹. Der Abfall ist prinzipiell, so daß er nur prinzipiell, nicht prozessual revidiert werden kann. Dem Moment des christlichen Heilsgeschehens folgend, konstruiert daher Schlegel eine einmalige Wende in der Geschichte mit dem Beginn des Christentums. »Das Christentum ist die Geschichte von der Befreiung des Menschengeschlechts aus den feindlichen Banden des Gott verneinenden und alles Erschaffene so viel er kann, irreführenden Geistes.« (426) Dieses Konzept verwirrt sich jedoch durch die Erfahrung der neuesten Geschichte, den »revolutionären Schwindel«, dem nun gar »der absolut gewordne Zeitgeist der neuesten Epoche, d. h. die zur Parteileidenschaft gewordne Vernunft, oder die zum Vernunftprinzip erhobene Leidenschaft, als die jetzige Form und letzte Metamorphose des alten Zeitübels gefolgt« (427) ist. Aus dem Dilemma, einen eklatanten Rückschritt in der »großen Wiederherstellung« miterleben zu müssen, rettet sich Schlegel, indem er seine Zeit zur »letzten Metamorphose des alten Zeitübels«, zum jüngsten Gericht stilisiert, aus dem – wiederum dem christlichen Modell zufolge – übergangslos eine heile Welt zu restaurieren ist. Heilsgeschichtliche Brüche und eschatologische Wenden prägen Schlegels Geschichtsverständnis im ganzen.

In jedem ihrer Momente ist für Schlegel Geschichte eine göttliche Offenbarung. In allen Zeiten herrscht das Böse, »von dem Fluche des Kain [...], durch alle falschen Religionen der heidnischen Völker, und alle Jahrhunderte des höchsten sittlichen Verderbens, und der unerhörten, *ewig* [Hervorhebung von mir] sich wiederholenden und immer höher sich überbietenden Verbrechen, bis zu der vollendeten Weltherrschaft der Macht des Bösen, und des antichristlichen Prinzips hindurch« (340), allein um »den in der Geschichte sich offenbarenden, den Menschensinn erleuchtenden und führenden, das Menschengeschlecht errettenden und begleitenden, endlich auch die Zeiten und Völker schon hier richtenden, warnenden und strafenden Geist Gottes in seinem Dahinschreiten durch die Jahrhunderte« (341) darzutun. Das Böse ist Voraussetzung für die »Offenbarung Gottes«.

Nicht die Geschichtsschreibung, etwa gar eine verstehende oder philosophische, die, selbst geschichtlicher Akt, das Bewußtsein voranbrächte, ist dem historischen Faktum gegenüber angemessen, sondern der Glaube, ist doch letztlich Geschichte »das Gnadengeheimnis der göttlichen Erlösung des Menschengeschlechts«. (227) Vor diesem Geheimnis hat jede Geschichtswissenschaft zu kapitulieren: »auch die christliche Geschichte, oder Philosophie der Geschichte, [...] [kann] jenes Geheimnis selbst aber [...] nicht mit in ihren Umkreis hineinziehen, sondern muß dieses Heiligtum ganz der Religion überlassen.« (227) Die Erkenntnismöglichkeiten der Geschichtsschreibung richten sich auf die Oberfläche historischer Erscheinungen; Geschichtsschreibung wird von Religion überholt.

Angesichts des göttlichen Geheimnisses sind die Einsichten der Geschichtswissenschaft begrenzt; die »Urworte der ältesten Offenbarung« leuchten auf in »zerstreuten Spuren, [...] rätselhaften Schriftzügen und abgerissenen Bruchstücken, gleichsam einzelnen hieroglyphischen Buchstaben aus dem verlornen Ganzen«. (161) Aufgabe der Geschichtswissenschaft soll es sein, Fakten und Zeichen zu überprüfen, ob sie »mit der zunehmenden Entartung des Menschengeschlechts« (161) diese »Urworte« bewahren. Das historische Material teilt sich auf in bewahrenswerte Reliquien und für das Heilsgeschehen irrelevante ›irdische‹ Erscheinungen. Beispielsweise wird es »hier nur die Frage sein können [...], ob sie [die Natur- und Geisteskraft heidnischer Nationen] auch, wenngleich eine höhere, überall schon eine wahrhaft göttliche gewesen, oder was ihr vielleicht noch Irdisches, Hemmendes, Zerstörendes, beigemischt war«. (160) Zwar richtet sich die Geschichtswissenschaft auf die »Erkenntnis des Ganzen«, jedoch »ohne sich allzusehr in das Einzelne der speziellen Untersuchungen, und der historischen Tatsachen zu verlieren.« (11) So zerfällt die Geschichte in ihre Momente, von denen sich nur wenige als Zeichen der göttlichen Offenbarung bewahrt haben. Gerade was ungeschichtlich, überzeitlich, übermenschlich, transzendent an ihnen ist, zeichnet die ›historischen‹ Fakten aus.

Angesichts der Beliebigkeit der Geschichtserzählung läuft Schlegels Entwurf auf eine Abschaffung der Philosophie der Geschichte hinaus. Die Reliquien, die Dauer haben, sind, obgleich er sie in seiner Geschichtsphilosophie mit keinem Wort erwähnt, die Werke der Kunst. Sie allein bewahrt die göttliche Offenbarung rein, ohne allen irdischen Erdenrest. Verstreute

Aussagen des späten Schlegel legen dies nahe. Die Kunst, insbesondere die »gottbegeisterte Kunst« der Malerei, ist »das Göttliche was wirklich [...] ist«.[32] Durch das »innere Licht der Beseelung«,[33] das die Meisterschaft in der Kunst ausmacht, »gelangen wir zu einer klaren Anschauung von göttlichen Dingen, Gestalten und Erscheinungen [...]. Jenes Licht der Seele aber [...] ist [...] mit dem Christentum, als der Offenbarung und Wissenschaft von den Geheimnissen der göttlichen Liebe wesentlich verbunden.«[34] Dem Kunstreisenden Schlegel erscheinen die christlichen Baudenkmäler Kölns wie ein »Nachbild von der ewigen Struktur des Himmels im Kleinen«.[35]

Die Parallelität der Beschreibung des vorgeschichtlichen Zustandes und die Definition von Kunstwerken fällt auf. Obgleich es Schlegel in seiner *Philosophie der Geschichte* nicht ausspricht, so ist es doch deren Konsequenz: daß nur die Kunst es wert ist, bewahrt zu werden, weil sie allein bewahrt, was in der Geschichte Wert hat: die göttliche Offenbarung.

Daß Schlegel von der Kunst in seinem Geschichtswerk nicht spricht, ihr innerhalb der Geschichte keinen Platz zuweist, beweist ihre Übergeschichtlichkeit. Bei Hegel war die Kunst aus dem Konzept der Geschichte nicht herausgefallen; sie war eine der Weisen, in denen der Mensch sich in der Entäußerung seiner selbst bewußt werden konnte. Ist auch diese Form der Selbsterkenntnis überholt, so bleibt dennoch ihr historisches Gewicht. Für Schlegel hingegen ist Kunst nichts Vergangenes, nichts Historisches; als Reliquie der göttlichen Offenbarung hat sie ewige Gegenwart. Über sie gibt es kein Hinausschreiten. In Hegels System löst die Geschichtsphilosophie als Reflexion über historische Realität die Kunst als »höhere Wirklichkeit« ab, bei Schlegel bleibt die Kunst von der Belanglosigkeit alles »Irdischen«, das Inhalt von Geschichtsschreibung ist, unberührt. Mit seiner Geschichtsphilosophie Geschichte paralysierend, installiert Schlegel die ewige Gegenwart und Aura der Kunst. Von Hegel zu Schlegel geht der Weg von der Kunstwissenschaft und -geschichte zur Kunstbetrachtung und -religion. Die Sakralität der Kunst kommt zur Geltung nur wieder in der Kunst: die Geschichte der Kunst gerät daher zum historistischen Kunstwerk. Die gegenwärtige Kunst wiederum zieht ihre Legitimation aus der Dauer der vergangenen: die Renaissance vergangener Kunst als Motiv und Inhalt der gegenwärtigen hebt geschichtliche Zeit auf.

4. Die Wiederkehr der vergangenen Kunst in der romantischen Poesie

Von seinen Wanderungen durch Franken 1793 berichtet Wackenroder über den Bamberger Dom: »Die Türmchen, Spitzen, Einfassungen, Geländer, und andre Zierate an dergl. gotischen Kirchen sind so bunt und kraus aus dem besten Sandstein geschnitten, und so fein und künstlich gearbeitet, wie die Tempel von Tragant, die man beim Konditor sieht. Vor der Kirche liegen zwei alte Tierfiguren von. Sandstein, die so plump und unförmlich sind, daß man kaum Augen und Maul an ihnen erkennt. Sie stellen die Tiere vor, die beim Bau des Doms alle Nächte die Steine auseinandergetragen und gestreut haben sollen; wie man denn dergl. Märchen in Bamberg noch mehrere hat.«[36] Zu ›rühmen‹ weiß Wackenroder an dem mittelalterlichen Bauwerk nichts weiter als das vorzügliche Material (»aus dem besten Sandstein«) und den handwerklichen Fleiß der Steinmetzen (»so fein und künstlich gearbeitet«). Der Künstler ist ganz im Sinne des Mittelalters Handwerker wie jeder andere; er steht in einer Reihe mit dem Konditor. Geschichte erscheint als verfließende Zeit, in der das vom Menschen Gemachte der Vergänglichkeit anheimfällt: die Verwitterung hat die »Tierfiguren« »so plump und unförmlich« gemacht, »daß man kaum Augen und Maul an ihnen erkennt«. Das Vergangene ist das Unbrauchbare. Und schließlich waren diese Figuren nicht nur materiell der Vergänglichkeit ausgeliefert, sondern sie zeugen auch von einem Bewußtsein, das vom fortgeschrittenen des großstädtischen Schriftstellers aus nur noch als märchenhaft (»dergl. Märchen«) erscheinen kann. Im Selbstgefühl seines aufgeklärten Bewußtseins bleibt Wackenroder vor dem geschichtlichen Denkmal nur das Verwundern gegenüber einem ›Kuriosum‹.

Wo er seine Aufmerksamkeit auf vergangene Kunstwerke richtet, geschieht dies im Interesse eines Wissens, das sich – nicht im nachrevolutionär-bürgerlichen Sinne von Bildung, sondern im aufklärerischen einer perfektiblen Verfügung über

Wissensstoff – an Fakten und Daten hält: »Inwendig enthält der Dom einen unbeschreiblichen Reichtum von alten Gemälden, Grabmälern, Basreliefs usw. [...] Es kann sehr interessant sein, alle diese Denkmäler der alten Kunst genau anzugeben, und zu beschreiben; aus den alten Inschriften ergibt sich vielleicht manches neue Datum zur Landesgeschichte; und unter den Gemälden und anderem Kunstgewerbe findet man zuweilen Meisterstücke versteckt, oder doch Seltenheiten in Ansehung des Altertums.«[37] Das Kunstwerk wird reduziert auf seinen dokumentarischen Wert und dient als Beleg für eine chronikale Geschichtsschreibung.

Wackenroder bleibt historisch mit seiner Beschreibung des Bamberger Doms hinter jener Goetheschen des Straßburger Münsters von 1773 zurück. An ihr läßt sich zeigen, wie eine historisch bislang nicht akzeptierte Kunst anerkannt wird durch die Übertragung des – wenn auch unangemessenen – klassizistischen Kunstbegriffs. Eine solche ›Aktualisierung‹ beschreibt den Kunstgegenstand zwar nicht adäquat, führt ihm aber die Aufmerksamkeit des gebildeten Publikums zu. Goethe kennt, wenn er vor dem Bauwerk steht, das Vorurteil seiner Zeit über das ›Gotische‹: er zitiert die »Willkürlichkeiten gotischer Verzierungen«, das »Unbestimmte, Ungeordnete, Unnatürliche, Zusammengestoppelte, Aufgeflickte, Überladene«.[38] Durch reflektierte Erfahrung distanziert sich Goethe vom gängigen Kunstverständnis seiner Zeit, dem Wackenroder zwei Jahrzehnte später noch verpflichtet ist. Die kritische Reflexion eröffnet Goethe die Möglichkeit zu einem neuen Entwurf, der als Qualität des Kunstwerks entdeckt, was bislang als gotischer Zierat abgelehnt worden war; statt einer unübersichtlichen Menge von Details entdeckt er die organische Einheit des Ganzen: »Alle diese Massen waren notwendig [...] ihre willkürliche Größen hab ich [Erwin von Steinbach] zum stimmenden Verhältnis erhoben. Wie über dem Haupteingang, der zwei kleinere zu'n Seiten beherrscht, sich der weite Kreis des Fensters öffnet, der dem Schiffe der Kirche antwortet und sonst nur Tageloch war, wie hoch drüber der Glockenplatz die kleineren Fenster forderte! das all war notwendig, und ich bildete es schön. Aber ach, wenn ich durch die düstren erhabnen Öffnungen hier zur Seite schwebe, die leer und vergebens da zu stehn scheinen.

In ihre kühne schlanke Gestalt hab ich die geheimnisvollen Kräfte verborgen, die jene beiden Türme hoch in die Luft heben sollten, deren, ach, nur einer traurig da steht, ohne den fünfgetürmten Hauptschmuck, den ich ihm bestimmte, daß ihm und seinem königlichen Bruder die Provinzen umher huldigten.«[39] Goethe gibt einem gotischen Gebäude die Würde einer Individualität. Das Kunstwerk ist sich selbst genug, während es für Wackenroder einen Zweck außer seiner selbst hat, etwa als Nachricht über die Landesgeschichte, über das märchenhafte und zurückgebliebene Bewußtsein jener Zeit, über den Fleiß der Handwerker. Goethe hingegen tritt dem Bauwerk mit dem »interesselosen Wohlgefallen« gegenüber, das seit Winckelmann an antiken Skulpturen sich übte. Das Münster hat eine geschlossene Gestalt, die in körperlicher Plastik vor dem Betrachter steht wie das »Gebäude des Leibes« einer Statue der Antike. Die leitende Vorstellung von der Notwendigkeit der Teile im Ganzen übernimmt Goethe aus Winckelmanns Beschreibung antiker Statuen: »In jedem Teile des Körpers offenbart sich, wie in einem Gemälde, der ganze Held in einer besonderen Tat, und man sieht, so wie die richtigen Absichten in dem vernünftigen Baue eines Palastes, hier den Gebrauch, zu welcher Tat ein jedes Teil gedient hat.«[40] Wie bei Winckelmann Körperteile und Glieder die Idee, die die Statue inkarniert, umspielen, die Schultern, die »Großheit« der Brust, die »Wirkung und Gegenwirkung der Muskeln«, die Hüften, die Schenkel, das Haupt nur darlegen, »daß der Held niemals gewankt und nie sich beugen müssen!«[41], so beweisen die Fenster, die Tore, der Glockenplatz, die Türme des Münsters, daß dem Bauwerk »die Provinzen umher huldigten«, wobei die öffentliche Huldigung das Bauwerk in Parallele zum antiken Helden zur heroischen Individualität stilisiert.

Die Idealisierung des Kunstwerks gelingt Winckelmann und Goethe, weil sie das Kunstwerk aus dem historischen Kontext herauslösen. Die Statue des Herkules und der Baukörper des Münsters stehen einsam in musealer Abstraktheit. Zwischen dem Betrachter und dem Kunstgegenstand, den er »wohl schmecken und genießen [. . .] konnte«[42], stellt sich eine zeitlose Gegenwärtigkeit her, welche die historische Kluft zwischen ihnen vergessen macht. Das zeitlose Kunstwerk ist die dingliche Gestalt des zeitlos gültigen Kunstideals. Die Übertragung der klassizistischen Kunstidee auf das mittelalterliche Bauwerk versucht, eine Tradition, deren Abgelebtheit Wackenroder deutlich spürt, zurückzuholen und damit den Traditionsverlust rückgängig zu machen. Mit dieser Übertragung erreicht Goethe zwar die Legitimation des mittelalterlichen Kunstwerks, nicht aber das Verständnis seiner historischen Besonderheit. Sie ist sinnlich gegenwärtiger in Wackenroders Beschreibung, gerade weil er das Vergangene am Maßstab seiner eignen Zeit mißt. Die Einsicht in die begrenzte Nützlichkeit (als Dokument für die Landesgeschichte) wie in die prinzipielle Obsoletheit (als ein der Vergänglichkeit preisgegebenes Werk des Menschen) enthält die Möglichkeit einer Erfahrung des Fremden, Andersartigen als Bedingung historischen Verstehens. Historisches Denken entsteht aus der Synthese klassizistischer Kunstvorstellungen, die die verstehbare organische Individualität eines Kunstwerks annimmt, und der aufklärerischen Erfahrung des Andersartigen, aus Goethes Empathie und Wackenroders Befremden.

1797 hat Wackenroder seine zufälligen Reisebeobachtungen einem kunstphilosophischen Konzept eingefügt. Von Herder könnten die Sätze stammen, mit denen er jetzt auf der historischen Besonderheit des Kunstwerks insistiert: »Warum verdammt ihr den Indianer nicht, daß er indianisch, und nicht unsere Sprache redet? – Und doch wollt ihr das Mittelalter verdammen, daß es nicht solche Tempel baute wie Griechenland? – O so ahndet euch doch in die fremden Seelen hinein, und merket, daß ihr mit euren verkannten Brüdern die Geistesgaben aus derselben Hand empfangen habt! Begreifet doch, daß jedes Wesen nur aus den Kräften, die es vom Himmel erhalten hat, Bildungen aus sich herausschaffen kann, und daß einem jeden seine Schöpfungen gemäß sein müssen.«[43] Wackenroder greift Herders Gedanken einer Vielfalt individueller Kulturkreise auf. Während sie bei Herder in einem zeitlichen Nacheinander folgen, existieren sie für Wackenroder jedoch in einem räumlichen Nebeneinander. Der Verlust der historischen Perspektive entsteht dadurch, daß diese Kulturen – als solche sind sie räumlich im Unterschied zu den Herderschen Epochen gedacht – nur nach ihren ästhetischen Leistungen verglichen werden. Ihre »Allgemeinheit«

wird vorausgesetzt und soll, wie der Titel der Abhandlung: *Allgemeinheit, Toleranz und Menschenliebe in der Kunst* ankündigt, noch ein weiteres Mal belegt werden. Wo Kulturkreise zu Kunstlandschaften reduziert sind, ist an ihnen nur die äußerliche Varianz einer ideellen Substanz wahrnehmbar. Ihr »Himmel« ist nicht der klimatogeographische von Winckelmann und Herder; es ist ein metaphysischer, der allen Völkern die »Geistesgaben aus derselben Hand« spendet.

Eine solche Tendenz der Enthistorisierung zeigt sich mit der zunehmenden Erfahrung der Folgen der Französischen Revolution: »In diesem Wirbelwind des Neuen, in diesem vermeinten urschnellen Paradiesgebären auf Erden waren auch in Frankreich (schon vor der Revolution, die dadurch vielleicht erst möglich wurde) fast alle Volkslieder erloschen; noch jetzt sind sie arm daran – was soll sie an das binden, was ihnen als Volk festdauernd?«[44] Die Überlieferung von Volksliedern stiftet die Einheit eines Volkes, an dessen ›Individualität‹ nicht das historisch Besondere, sondern die Identität interessiert. Nicht der Wandel, sondern die Kontinuität wird in der Geschichte eines Volkes sichtbar. »Die Natur genießt in der Romantik göttliche Ehren. Im Begriff des Volkes hat die Romantik das entdeckt, was ihr eine eigene Auffassung der Geschichte möglich macht: die Natur auf der Stufe der Geschichte.«[45] Ambivalent wie der Begriff der Natur ist jener des »Volks«. Seine revolutionäre Seite zeigt sich, wenn er im Interesse der bürgerlichen Klasse gegen den absolutistischen Staat gebraucht wird.[46] Nach der Französischen Revolution werden die sozialen Aspekte beider Begriffe, der Natur wie des Volks, zugunsten ihrer (nur) ›zeitlichen‹ zurückgedrängt. Nun bezeichnen sie das Widerstandspotential gegen die Veränderung in der Geschichte. »Die Geschichte vermittelt, indem sie den Zusammenhang mit der ›Jugendzeit‹ des Volkes erhält, gewissermaßen zwischen der Gegenwart und dem Ewigen, aus dem das Volk einmal hervorgegangen ist.«[47] Die Erinnerung an die deutsche Vergangenheit ersetzt die revolutionären Ideale, die sich an die Rezeption der Antike geknüpft hatten und die selbst in Goethes Übertragung des klassizistischen Kunstideals auf das Straßburger Münster wiederkehrten: in die Gestalt Erwins von Steinbach ging das Selbstverständnis des Bürgertums ein, das im Genie sich das Bild seiner eigenen zukunftweisenden politischen Energie vorentwirft.

Mit der Rückkehr in die nationale Vergangenheit soll dem Kosmopolitismus der Aufklärung ein Ende bereitet werden, weil in ihm das eigene Wesen, die Identität verloren gegangen war: »Die deutsche Kunst war ein frommer Jüngling in den Ringmauern einer kleinen Stadt unter Blutsfreunden häuslich erzogen; – nun sie älter ist, ist sie zum allgemeinen Weltmanne geworden, der mit den kleinstädtischen Sitten zugleich sein Gefühl und sein eigentümliches Gepräge von der Seele weggewischt hat.«[48] Die Einschränkung der zeitlichen Dimension, das Abschneiden der Bewegung in die Zukunft, die Entwurfslosigkeit des historischen Konzepts kehrt wieder in der räumlichen Enge der Kunstszene: sie spielt in den »Ringmauern einer kleinen Stadt« unter »häuslich erzogenen« »frommen Jünglingen«. Herders in der Geschichte wiederentdeckte Privatheit des Bürgers wird zur bürgerlichen Enge, der öffentliche Anspruch des Privatmanns endet in der Wohlerzogenheit des Bürgersohns. »Ein Albrecht Dürer, ein schlichter nürnbergischer Bürgersmann, verfertigte in eben der Zelle, worin sein böses Weib täglich mit ihm zankte, mit emsigem mechanischem Fleiße gar seelenvolle Kunstwerke.«[49] Privatheit erscheint nun nicht mehr als eine, die sich politische Anerkennung zu verschaffen vermag, sondern als Gefangenschaft, und sei es die freigewählte der häuslichen oder klösterlichen »Zelle«. Jede Tätigkeit wird zur Last, selbst die schöpferische des Künstlers. Die Allegorie der mißlichen Alltäglichkeit ist das »böse Weib«. Die Freudlosigkeit der häuslichen Szene zeigt die Bedrückung, die aus dem Beharren auf dem einmal definierten – sozialen und historischen – Standpunkt entsteht. Fleiß und technische Fertigkeiten, die an Dürer zu rühmen sind, sind das Ergebnis einer hartnäckigen Anstrengung, die keine Zukunft hat[50]; zugleich aber drückt sich in der Ausdauer des Handwerker-Künstlers die Mühe aus, deren es bedarf, um in der bürgerlichen Enge die hohen Werke der Kunst zu schaffen.[51] Daher erscheint die Epoche Dürers als das goldene Zeitalter der Nation: »Gesegnet sei mir deine goldene Zeit, Nürnberg! die einzige Zeit, da Deutschland eine eigene vaterländische Kunst zu haben sich rühmen konnte.«[52] Es ist die goldene Zeit der Kunst; die Formen des *Lebens* kommen nicht mehr zur Sprache. Glücklich ist das Ergebnis der künstlerischen Arbeit: das Kunstwerk, nicht die Arbeit selbst.

Wackenroder imaginiert als »golden« jene Zeit, da die Kunstproduktion noch der ökonomischen Leitform des Handwerks eingefügt war. Da jedoch die handwerkliche Produktion am Ende des 18. Jahrhunderts abzusterben beginnt, bedarf die Stilisierung von Kunst als Handwerk einer eigenen Rechtfertigung: das Überdauern von Kunstwerken verleiht ihnen eine Aura, die sie über jedes andere menschliche Produkt, das der Vergänglichkeit anheimfällt, hinaushebt. Die Zeitlosigkeit wird, in religiöser Analogie, zur Heiligkeit. Die Verwaltung eines sakralen Gutes oblag seit je einer auserwählten Person: die Einsamkeit des Künstlers läßt sich daher zur priesterlichen Geste stilisieren; den Schein der Aura teilt auch der Kunstliebhaber, der das Kunstwerk erinnert. Der ›Schreiber‹ bewahrt in der Stille der klösterlichen Zelle die *res gestae* der Künstler wie einstmals die der Herrscher: »Friede sei mit deinen Gebeinen, mein Albrecht Dürer! und möchtest du wissen, wie ich dich liebhabe, und hören, wie ich unter der heutigen, dir fremden Welt der Herold deines Namens bin.«[53] Die merkwürdige Formulierung, daß dem Maler Dürer Wackenroders eigene Zeit eine »fremde Welt« sei – nicht umgekehrt: daß für die Gegenwart Dürer ein Fremder geworden ist –, bestätigt die Ewigkeit seiner Kunst. Die Zeit, die der Maler nicht verstehen kann, kann nur eine kunstlose Zeit sein; verstünde hingegen die Zeit den Künstler Dürer nicht, so regierte nur ein anderer Geschmack. Dürers Werk wäre relativiert, unterläge der Wandelbarkeit des Urteils. Selbst ein Urteilender, erscheint Dürer wie ein Gott, der Dichter ist sein Herold, der seine Epiphanie einleitet. Vor der verbürgten Gültigkeit vergangener Kunst erscheint die Geschichte als Episode zwischen dem goldenen Zeitalter und seiner Wiedererstehung. Das Kunstverständnis Wackenroders scheint Schlegels Geschichtsverständnis vorwegzunehmen.

Das goldene Zeitalter der Kunst ist vergangen, die Gegenwart ist kunstlos. Im neuen Kunstbegriff läßt sich die Unsicherheit des Künstlers einer kunstfeindlichen Gesellschaft gegenüber aufspüren. Der Künstler, der vom (kapitalistisch restringierten) Standpunkt gesellschaftlich produktiver Arbeit ein nutzloses Individuum ist, muß glauben machen, daß er ebenso arbeite und lerne wie jeder andere produzierende Mensch. Die Selbstdarstellung des Künstlers nimmt deshalb einen breiten Raum in der Literatur seit der Jahrhundertwende ein (*Franz Sternbald*, *Heinrich von Ofterdingen*). Während Heinrich von Ofterdingen immerhin unter Patriziern lebt, der führenden Schicht der fingierten Epoche, bewegt sich Franz Sternbald vorwiegend im esoterischen Kreis von Künstlern und Kunstfreunden, in dem einer den anderen bestätigt: der Schüler Franz Sternbald den Meister Albrecht Dürer und umgekehrt. Da sich in solchen Verhältnissen die Künstler selbst rechtfertigen, stehen die Künstlerromane im Gegensatz zum Bildungsroman. Er konfrontiert den Helden mit der Außenwelt, sein Selbstentwurf hat sich an ihr zu bewähren. Aus einer Folge von Desillusionierungen setzt sich der Bildungsprozeß der Romanfigur zusammen. Der ›Held‹ des Kunstromans ist der Künstler in der Lehre und auf der Wanderschaft; an die Stelle der Bildung tritt das Lernen. Von dem, was zu erlernen ist, bestehen fertige Vorstellungen; es gibt einen Meister, dem der Schüler nachzustreben sich müht. Während sich im Bildungsroman ein Weltentwurf aus dem Wechselverhältnis von Welt und Held erst entwickelt, ist er im Künstlerroman vorweggegeben. Die ›Welt‹, die dem Kunstschüler begegnet, ist daher selbst eine fertige, eine Kunstwelt: die geschlossene des Meisters Dürer und seines Freundes Lucas van Leyden. Auf dem Weg zwischen beiden Meistern gerät der Künstler auf der Wanderschaft nicht in lebendige Situationen, sondern selbst in Szenen, die Gemälden zu entstammen scheinen: der Blick des Ankommenden auf ein abendliches Dorf, die Vesper der Nonnen mit einer heiligen Schönheit in ihrer Mitte. Stets tritt die Figur einer vollendeten Situation als anschauendes Individuum gegenüber, die Welt selbst ist zu Bildern geronnen.

Die Aufklärung hatte die traditionelle Geltung der Kunst aufgehoben, die Französische Revolution setzt Kunst als Herrschaftszeichen ab. Damit wird die vergangene Kunst als vergangen, weil jenseits der Bruchstufe des 18. Jahrhunderts liegend, bewußt. Nun erscheint sie als ästhetischer Gegenstand im modernen Sinne, nämlich als funktionslos, zweckfrei, als ein Gegenstand des »interesselosen Wohlgefallens«. Aus der Abschaffung der traditionellen Verwobenheit der Kunst ins praktische Leben entsteht die philosophische Ästhetik, in der jeder Kunstgegenstand gleiche Geltung hat. An die Stelle des ›praktischen‹ muß nun ein anderer Bezug zum Kunstwerk hergestellt werden, denn zunächst fällt die Kunst der ästhetischen Anschauung in unselegierter Mannigfaltigkeit zu.

Die frühen Romantiker ersetzen die verlorene Selbstverständlichkeit der Kunstrezeption durch Emphase; die individuelle Energie revidiert die Gleichgültigkeit, der jeder Kunstgegenstand zu verfallen droht. Das »Himmlische im Kunstenthusiasmus«[54], die Begeisterung über die »gebenedeiten Kunstheiligen«[55], die Emphase der Kunstbetrachtung geben die Anstrengung wieder, sich in die verlorene Vergangenheit hineinzuversetzen. Die neue Kunstfrömmigkeit imitiert den einstigen mythischen Charakter von Kunst: »Harret, wie beim Gebet, auf die seligen Stunden, da die Gunst des Himmels euer Inneres mit höherer Offenbarung erleuchtet; nur dann wird eure Seele sich mit den Werken der Künstler zu einem Ganzen vereinigen.«[56] Das Kunstwerk erhält eine ungewohnte Vergegenwärtigung durch die Intensivierung des Gefühls. Die Anstrengung, die das ästhetische Subjekt zu leisten hat, projiziert es in die Meister, deren Größe ins Geniale wächst: Qualität wird das Kriterium der Selektion. Auf diese Weise entsteht der Kanon bedeutender Kunstwerke und großer Meister, deren Rang durch eine sakrale Metaphorik legitimiert wird. Die Wiederbelebung der Kunst, die das ehemals mythische Verhältnis zur Kunst als Begeisterung und Erhebung des Individuums wiederherzustellen sucht, bedient sich des poetischen Motivs der Auferstehung: schon in Goethes Aufsatz *Von deutscher Baukunst* tritt Erwin von Steinbach dem Dichter leibhaftig entgegen; der Traum des Klosterbruders belebt eine ganze Galerie von Bildnissen, »denn der ganze große Saal war von einem seltsamen Lichte erleuchtet, und vor mehreren Gemälden standen ihre ehrwürdigen Meister in leibhafter Gestalt da«[57]; auch Klingsohrs Märchen in Novalis' *Heinrich von Ofterdingen* erzählt von der Wiedererrichtung eines Reiches der Poesie.

Die Dichtung um 1800 erhofft eine Wiederbelebung der Kunst, sei es durch das praktische Studium und die Nachahmung der früheren Kunst (das Vorbild solcher Künstler mag Franz Sternbald abgeben), sei es durch Intensivierung der ästhetischen Empfindung. Auf beiden Wegen soll Kunst ins gegenwärtige Leben eindringen und die Grenzen verfließen machen: »Lasset uns darum unser Leben in ein Kunstwerk verwandeln, und wir dürfen kühnlich behaupten, daß wir dann schon irdisch unsterblich sind.«[58] Eine museale Restauration vergangener Kunstwerke sehen die frühen Romantiker nicht vor. Denn eine solche Restauration setzte voraus, daß auch Kunstwerke der Vergänglichkeit, d. h. dem Prozeß der Geschichte, unterworfen wären. Franz Sternbald etwa nimmt nur mit Widerstreben den Auftrag zur Restaurierung eines mittelalterlichen Kirchenfreskos an: »Franz ging betrübt hinweg, er wollte am folgenden Morgen anfangen. [. . .] Er fühlte, daß er nur als Handwerker gedungen sei, etwas zu machen, wobei ihm seine Kunstliebe, ja sein Talent völlig überflüssig war.«[59] Erst als er sich entschließt, seine Empfindungen in die Figuren ›hineinzumalen‹, die Vergangenheit also mit seiner individuellen Gegenwart zu vermitteln versucht, belebt ihn die Arbeit: »Warum sollte ein Maler [. . .] nicht allenthalben, auch am unwürdigen Orte, Spuren seines Daseins lassen?«[60] Die emphatische Wiederbelebung vergangener Kunst vergißt die Unterschiedlichkeit der sozialen Bedingungen von Kunstproduktion und -rezeption. Vergangenheit erscheint wie der innere Widerspruch der aktualisierten Kunst, die dadurch ihre gesellschaftliche Funktion verliert.

Eine neue Weise der Kunstrezeption zeigen die Sammlungen vergangener Volkspoesie der Brüder Grimm. Ihnen ist der Bruch zwischen den Zeiten bewußt. Kunstwerke sind Relikte einer abgelebten Epoche, die deshalb in der Gegenwart nur als Museumsstücke bewahrt werden können, die wie »Ähre an Ähre gelegt, sorgfältig gebunden und höher geachtet, als ganze Garben [. . .] heimgetragen«[61] werden sollen. Für die Brüder Grimm sind Volkslieder und »unschuldige Hausmärchen« zeichenhafte Reste der Erinnerung, »wenn Sturm oder anderes Unglück, vom Himmel geschickt, eine ganze Saat zu Boden geschlagen«[62] hat. Im Bild des zerstörenden Unwetters wird der Traditionsbruch anschaulich und bewußt gemacht.

Die Anthologien von Volksliedern und Märchen entstehen

aus einem anderen Verhältnis zur Kunst der Vergangenheit als jene Kunstromane und Kunstphantasien um die Jahrhundertwende. *Des Knaben Wunderhorn* leitet 1808 eine Epoche der Sammlungen ein.[63] Auch an der Volkspoesie fasziniert ihre Dauerhaftigkeit: »Wir wollen allen alles wiedergeben, was im vieljährigen Fortrollen seine Demantfestigkeit bewährt.«[64] Im Fluß der Zeiten sind die Kunstwerke das Bleibende; wo alles vergänglich ist, haben sie das ›ewige Leben‹: »Erstlich ist es unwidersprechlich, dass sie schon seit Jahrhunderten auf diese Weise unter uns fortgelebt, zwar mannigfach im Äussern sich umwandelnd, aber doch bei ihrem eigentlichen Inhalte beharrend.«[65] Der Bereich der Kunst ist der Vergänglichkeit entzogen. Wie bei Friedrich Schlegel Bruchstücke und Schriftzeichen, so erinnern bei Arnim »Lieder, Sagen, Sprüche, Geschichten und Prophezeiungen, Melodien«[66] an eine bessere Vergangenheit. »Es sind hier Gedanken über das Göttliche und Geistige im Leben aufbewahrt: alter Glaube und Glaubenslehre in das epische Element, das sich mit der Geschichte eines Volks entwickelt, getaucht und leiblich gestaltet.«[67] Die Bewahrung des Göttlichen in »leiblicher Gestalt« ist die Reliquie. Ohne daß – wie in der frühen Romantik – die Auferstehung der verlorenen goldenen Zeit in der Phantasie vorweggenommen würde, verbürgen Reliquien doch ihre Wiederkunft: »Ob sich etwa die Welt ausruht zum Außerordentlichen?«[68] Zwischen Erinnern und Hoffen ist die Gegenwart ein bedeutungsloses Intermezzo: »denn dies ist der Traum der Tätigkeit, nur der Morgenträume sind wir uns bewußt.«[69] An der Reliquie, die ein Heilsgeschehen vergegenwärtigt, haftet kein irdischer Rest. Wilhelm Grimm betont die Anstrengungen einer Erzählerin aus dem Volke, persönliche und zeitbedingte Beimischungen aus der Erzählung auszuschalten: »Wer an leichte Verfälschung der Überlieferung, Nachlässigkeit bei Aufbewahrung und daher an Unmöglichkeit langer Dauer als Regel glaubt, der müsste hören, wie genau sie immer bei derselben Erzählung bleibt und auf ihre Richtigkeit eifrig ist; niemals ändert sie bei einer Wiederholung etwas in der Sache ab und bessert ein Versehen, sobald sie es bemerkt, mitten in der Rede gleich selber. Die Anhänglichkeit an das Überlieferte ist bei Menschen, die in gleicher Lebensart unabänderlich fortfahren, stärker, als wir, zur Veränderung geneigt, begreifen. Eben darum hat es auch, so vielfach erprobt, eine gewisse eindringliche Nähe und innere Tüchtigkeit, zu der anderes nicht so leicht gelangt, das äusserlich viel glänzender erscheinen kann.«[70] Vom volkstümlichen Erzähler übernimmt der Sammler, sobald das ›Gut‹ in seine Hand gelangt ist, die Pflicht einer »Anhänglichkeit an das Überlieferte«. Seine Aufgabe ist es nun, »Verfälschung«, »Nachlässigkeit bei Aufbewahrung« zu vermeiden. Aus dieser Pflicht leitet sich die Aufgabe des romantischen Philologen her. Die Akribie des Philologen ersetzt die Emphase des Künstlers, der die Vergangenheit zu neuem Leben erwecken wollte. Der Philologe aber glaubt an Zeichen, die lebendig bleiben, an denen lediglich Verunreinigungen durch die Zeit getilgt werden müssen. Sein Fleiß arbeitet gegen Geschichte. Beiden, dem Philologen wie dem Künstler, ist aufgegeben, ›wahres‹ Leben, das »reine Streben der Menschen«, das »in gewissen Perioden siegend und singend hervortritt«[71], zu bewahren. Philologie versteht sich hier nicht als Beschäftigung mit dem Abgelebten, Verstaubten, Musealen, sondern als Zuwendung zum Dauernden und Lebendigen. Restauration ist nicht Wiederherstellung des historischen Zustands, sondern Ablösen des Kunstgegenstandes aus der historischen Zeit, wobei alle Spuren von Vergänglichkeit ausgelöscht werden, um durch unverhoffte Neuheit den Schein ewigen Lebens zu erzeugen. Ein Denkmal ist für den Philologen kein geschichtliches Relikt, sondern eine Reliquie außerhalb aller Zeit.

Der Passus aus Wilhelm Grimms Märchen-Vorrede erklärt zudem, warum der Philologe seine Aufmerksamkeit zunächst auf Überlieferungen aus dem Volke richtet. Die »Demantfestigkeit« der Volkspoesie hat ihren Grund in der Traditionsgebundenheit des Volkes, in der »Anhänglichkeit an das Überlieferte« und darin, daß dies »Menschen [sind], die in gleicher Lebensart unabänderlich fortfahren«. Im Volk ist eine quasi gesellschaftliche Schicht gefunden, deren historische Entwicklung stagniert. Es wird zur unhistorischen ›Basis‹ einer Zeit, in der »wir, zur Veränderung geneigt, [. . .] äusserlich viel glänzender erscheinen«. In der kranken – d. h. der Geschichte ausgesetzten – Zeit ist das Volk der gesunde, weil geschichtslose Kern.

Da die Tradition Gegenstand der Gelehrten geworden und also der wirklichen Entwicklung der Gesellschaft entrückt ist, reservieren ihr die Konservatoren Feiertage und Feierabende: »Die Plätze am Ofen, der Küchenherd, Bodentreppen, Feiertage noch gefeiert, Triften und Wälder in ihrer Stille, vor allem die ungetrübte Phantasie sind die Hecken gewesen, die sie [die Dichtungen früherer Zeiten] gesichert und einer Zeit aus der andern überliefert haben.«[72] Wilhelm Grimm nennt nur Orte, die am Rande des täglichen Arbeitslebens einer bäuerlichen Familie angeordnet sind. Ebenso vollzieht sich in der bürgerlichen Gegenwart am Rande des ökonomischen Lebens der Kultur- und Kunstgenuß: am Abend, am Sonntag, in der Freizeit: man muß »an eine höhere Kunst glauben [...] an einen Sonntag nach sieben Werktagen«.[73] Die Kunst erhält die Funktion, an Feiertage zu erinnern, die es de facto nicht mehr gibt: »Der gewöhnliche Sonntag wird jetzt auch in die Arbeit hineingerissen, darum sieben Werktage; der Kalender ist wirklich nicht in Frankreich allein geändert.«[74] Der Beginn der ökonomischen Betriebsamkeit und Kunstfeindlichkeit wird mit der Französischen Revolution angesetzt. Hinter sie zurückzugehen heißt, Hoffnungen und Zustand einer erfüllt-sinnvollen Zeit zu rekonstruieren, der gegenüber die Gegenwart als sinnentleert, unerfüllt erscheint. Auch in Romanen wie *Franz Sternbald, Heinrich von Ofterdingen* sind Feste, der Mittag, der Abend bedeutende Tageszeiten: sie sind Zeiten der Ruhe, der Besinnung, der Sinngebung. Kunst als ›Gottesdienst‹ übernimmt die Funktion des sonntäglichen Gottesdienstes, der einst die ›organische Zeit‹ des Handwerkertums maß. In solchen Zeiten gelten menschliche Beziehungen, die den leeren Arbeitsverhältnissen der Gegenwart kontrastieren.[75] Die Poesie der Darstellung, die Einsamkeit der Klosterzelle beim frühromantischen Künstler wie die festtägliche Situation beim romantischen Philologen, indiziert die Fremdheit von Kunst in der Gegenwart. Der Versuch, sie wiederzubeleben oder sie zu bewahren, kann freilich immer nur am Rande der gesellschaftlichen Wirklichkeit geschehen.

Zwei Phasen gliedern demnach die Rezeption vergangener Kunst in der Romantik.[76] Tieck und Wackenroder erkennen die Andersartigkeit des Vergangenen. Beziehen sie es in ihre konkrete Realität ein, so lehnen sie es als unzeitgemäß, unbrauchbar ab. Als Kunst jedoch vermögen sie es dem Leben zu entrücken und gerade dadurch mit ›höherem‹ Leben zu begaben. Weil sie ahnen, daß das Vergangene verloren ist, versuchen sie, es wiederzubeleben, ihm eine neue Gegenwart im emphatischen Kunstgenuß zu verschaffen. – Die irreversible Vergangenheit vergangener Kunst begreifen die philologischen Sammler, die es zu ihrer Aufgabe machen, in einer kunstlosen Zeit Relikte einer erfüllten, »goldenen« Epoche der Geschichte zu restaurieren, als sinnfällige Zeichen und Erinnerungsstücke. Je deutlicher am Kunstwerk seine Vergänglichkeit hervortritt, desto mehr wird es als unvergängliches Denkmal seiner geschichtlichen Realität entrückt; je tiefer man in die Geschichte eindringt, desto weniger wird Geschichtlichkeit begriffen. Die historistische Kunstrezeption bedeutet die Stillstellung von Geschichte vor der ewigen Gültigkeit der Kunstreliquie.

Anmerkungen

1 Hans Robert Jauß, *Geschichte der Kunst und Historie*, in: H. R. J., *Literaturgeschichte als Provokation*, Frankfurt 1970, S. 210.

2 Alfred Baeumler, *Das Irrationalitätsproblem in der Ästhetik und Logik des 18. Jahrhunderts bis zur Kritik der Urteilskraft*, 2. Aufl., Tübingen 1967, S. 15.

3 Jauß, *Literarische Tradition und gegenwärtiges Bewußtsein der Modernität*, in: H. R. J., *Literaturgeschichte*, S. 31.

4 August Wilhelm Schlegel, *Über Literatur, Kunst und Geist des Zeitalters*, in: *Europa*, hg. von Friedrich Schlegel, Bd. 2, Frankfurt 1803 (Facs. Darmstadt 1973), S. 57.

5 Ebd.

6 Die Seitenzahlen beziehen sich auf: Johann Gottfried Herder, *Auch eine Philosophie der Geschichte zur Bildung der Menschheit*, in: Herders *Sämmtliche Werke*, hrsg. von Bernhard Suphan, Bd. 5, Berlin 1891, S. 475–594.

7 Johann Gottfried Herder, *Über die neuere deutsche Literatur*, in: Herders *Sämmtl. Werke*, Bd. 2, S. 112.

8 Zum Bedeutungswandel des Begriffs Kultur vgl. Raymond Williams, *Gesellschaftstheorie als Begriffsgeschichte. Studien zur historischen Semantik von ›Kultur‹*, München 1972.

9 »Ganze Natur der Seele, die durch alles herrscht, die alle übrigen Neigungen und Seelenkräfte nach sich modelt, nach sich auch die gleichgültigen Handlungen färbt – um diese mitzufühlen, antworte nicht aus

dem Wort, sondern gehe in das Zeitalter, in die Himmelsgegend, die ganze Geschichte, fühle Dich in Alles hinein – nun allein bist Du auf dem Wege, das Wort zu verstehen.« (502)

10 Wilhelm von Humboldt, *Über die Aufgabe des Geschichtsschreibers*, in: W. v. H., *Studienausgabe*, hrsg. von Kurt Müller-Vollmer, Bd. 2, Frankfurt 1971, S. 292.

11 Ebd., S. 293.

12 Ebd.

13 Ebd., S. 297.

14 Ebd., S. 293.

15 Die Seitenzahlen beziehen sich auf: Georg Wilhelm Friedrich Hegel, *Vorlesungen über die Philosophie der Geschichte*, in: G. W. F. H., *Werke*, hrsg. von Eva Moldenhauer und Karl Markus Michel, Bd. 12, Frankfurt 1970.

16 Hegel, *Rechtsphilosophie*, *Werke*, Bd. 7, S. 504.

17 Auch Humboldt begreift den scheinbar objektiven Inhalt der Geschichte als ein Produkt der Forschung: »Daher sind die Thatsachen der Geschichte in ihren einzelnen verknüpfenden Umständen wenig mehr, als die Resultate der Ueberlieferung und Forschung, die man übereingekommen ist, für wahr anzunehmen, wie sie, am meisten wahrscheinlich in sich, auch am besten in den Zusammenhang des Ganzen passen.« (Humboldt, *Aufgabe des Geschichtsschreibers*, S. 290)

18 Karl Marx, *Grundrisse der Kritik der politischen Ökonomie*, Frankfurt/Wien o. J. [= fotomech. Nachdruck der Moskauer Ausgabe von 1939 und 1941], S. 24 f.

19 Hegel, *Vorlesungen über die Ästhetik*, *Werke*, Bd. 15, S. 523.

20 Ebd., S. 524.

21 Den Zusammenhang von Tragödienform und Geschichtsentwurf bei Hegel und Marx entwickelt Wolfgang Hagen, *Zur Archäologie der marxistischen Geschichts- und Literaturtheorie*, in: *Erweiterung der materialistischen Literaturwissenschaft durch Bestimmung ihrer Grenzen (Literaturwissenschaft und Sozialwissenschaften 4)*, hrsg. von Heinz Schlaffer, Stuttgart 1974, S. 7–108.

22 Hegel, *Ästhetik*, *Werke*, Bd. 13, S. 25.

23 Ebd., S. 28.

24 Ebd., S. 23.

25 Ebd., S. 22 f.

26 Ebd., S. 22.

27 Friedrich Schlegel, *Philosophie der Geschichte*, in: *Kritische Friedrich-Schlegel-Ausgabe*, hrsg. von Ernst Behler, Bd. 9, München u. a. 1971. – Die Ziffern in den Klammern hinter den Zitaten beziehen sich von nun an auf dieses Werk.

28 Jean-Jacques Anstett weist in seiner Einleitung zu Schlegels *Philosophie der Geschichte* einige Bezüge zur Hegelschen Philosophie nach (a.a.O., S. LII ff.). Ausführlicher beschreibt Ernst Behler, *Friedrich Schlegel und Hegel*, *Hegel-Studien*, Bd. 2 (1963), S. 203–250, eine Auseinandersetzung Schlegels mit Hegel, die sich vorwiegend auf mündliche Berichte von Hegels Berliner Vorlesung gestützt haben kann. Deutlich bezieht sich Schlegel auf Fichte, Schelling und Hegel in seinem Urteil über die deutsche Philosophie: »Der eigentümliche Grundfehler der deutschen Philosophie

ist das Absolute, der wissenschaftliche Reflex von dem allgemeinen Fehler des jetzt auch im Leben absolut gewordenen Zeitgeistes, es mag derselbe nun in der philosophischen Gestalt der absoluten Ichheit, oder der pantheistischen Naturalheit oder überhaupt als absoluter Gedanke, und absolute Vernunft auftreten.« (425) Hegel andererseits hat sich bereits in der *Rechtsphilosophie* gegen geschichtsphilosophische Programme konservativer Provenienz gewandt, wie sie erst später in Schlegels Philosophie ausdrücklich formuliert sind: »Aber denen, welche diesen Gedanken verwerfen [der Perfektibilität, der Erziehung des Menschengeschlechtes], ist der Geist ein leeres Wort geblieben sowie die Geschichte ein oberflächliches Spiel zufälliger, sogenannter nur menschlicher Bestrebungen und Leidenschaften. Wenn sie dabei auch in den Ausdrücken von Vorsehung und Plan der Vorsehung den Glauben eines höheren Waltens aussprechen, so bleiben dies unerfüllte Vorstellungen, indem sie auch ausdrücklich den Plan der Vorsehung für ein ihnen Unerkennbares und Unbegreifliches ausgeben.« (*Rechtsphilosophie*, S. 504 = § 343).

29 Vgl. Reinhart Koselleck, *Kritik und Krise*, Frankfurt 1973 (suhrkamp taschenbuch wissenschaft 36).

30 Friedrich Schlegel, *Philosophie des Lebens*, *Kritische Friedrich-Schlegel-Ausgabe*, Bd. 10, S. 21.

31 Vgl. dazu Hans-Joachim Mähl, *Die Idee des Goldenen Zeitalters im Werk des Novalis*, Heidelberg 1965.

32 Friedrich Schlegel, *Ansichten und Ideen von der christlichen Kunst*, *Kritische Friedrich-Schlegel-Ausgabe*, Bd. 4, S. 71.

33 Ebd., S. 260.

34 Ebd., S. 262.

35 Ebd., S. 185.

36 23. Juli 1793, an seine Eltern, in: Wilhelm Heinrich Wackenroder, *Reisebriefe*, hrsg. von Heinrich Höhn, Berlin o. J., S. 118 f.

37 Ebd., S. 118.

38 Johann Wolfgang Goethe, *Von deutscher Baukunst*, in: J. W. G., *Gedenkausgabe der Werke, Briefe und Gespräche*, hg. von Ernst Beutler, Bd. 13, Zürich/Stuttgart 1965, S. 20.

39 Ebd., S. 21 f.

40 Johann Joachim Winckelmann, *Beschreibung des Torso im Belvedere zu Rom*, in J. J. W., *Kleine Schriften und Briefe*, hrsg. von Wilhelm Senff, Weimar 1960, S. 144.

41 Ebd., S. 145.

42 Goethe, *Von deutscher Baukunst*, S. 21.

43 Wilhelm Heinrich Wackenroder, *Herzensergießungen eines kunstliebenden Klosterbruders*, in W. H. W., *Sämtliche Schriften*, Reinbek 1968, S. 44 f.

44 Achim von Arnim, *Von Volksliedern*, in: A. v. A. und Clemens Brentano, *Des Knaben Wunderhorn*, hrsg. von Willi A. Koch, München 1964, S. 861.

45 Alfred Baeumler, *Bachofen, der Mythologe der Romantik*, in: J. J. Bachofen, *Der Mythus von Orient und Occident. Eine Metaphysik der alten Welt*, hg. von Manfred Schroeter, München 1956, S. CXX.

46 Ein poetisches Beispiel dieser Intention liegt in der ersten Fassung von Goethes *Götz von Berlichingen* vor. Vgl. Hannelore Schlaffer,

Dramenform und Klassenstruktur. Eine Analyse der dramatis persona ›Volk‹, Stuttgart 1972, S. 68 ff.

47 Baeumler, *Bachofen*, S. CXXII.

48 Wackenroder, *Herzensergießungen*, S. 51.

49 Ebd., S. 103.

50 Das Handwerkliche am Kunstwerk ist dem Bürgertum eine eigene Qualität, die bislang über der Untersuchung des gegensätzlichen Geniebegriffs übersehen worden war. Mit der technischen Fertigkeit verbinden sich Wertvorstellungen wie Solidität, Ausdauer, also Geschichtslosigkeit. Die Beschreibung handwerklicher und kunsthandwerklicher Produktion im Unterschied zur mechanisch-industriellen reicht von Goethe (*Kunst und Handwerk*, in: J. W. G., *Gedenkausgabe*, Bd. 13, S. 126–129) bis in den Faschismus, wo die handwerkliche Fähigkeit des Künstlers die Solidität der Bauwerke eines »Tausendjährigen Reiches« garantieren sollte (vgl. Berthold Hinz, *Die Malerei im deutschen Faschismus*, München 1974, insbesondere S. 120 ff.).

51 Eine ideologiekritische Interpretation des romantischen Dürerbildes bringt der Aufsatz von Dieter Bänsch, *Zum Dürerbild der literarischen Romantik, Marburger Jahrbuch für Kunstwissenschaft* 19 (1974), S. 259–274. Bänsch vermerkt, die »Kritik an der berlinisch-preußischen Gegenwart« (261), die Emphase eines Kunstbegriffs, dem »anstelle realer Freiheit die ästhetische Stipulation eines freien und unmittelbaren Bezuges zwischen isoliertem Individuum und absolutem Geist einbeschrieben ist« (262), die Beschreibung von bürgerlichen Tugenden in Dürer, die »zur Zeit Tiecks und Wackenroders also zwar noch nicht legendär geworden, aber schon gefährdet sind« (264), den Versuch, »über das Lob einer obsolet werdenden Form der Warenproduktion die gegebene gesellschaftliche Struktur intakt zu halten« (268).

52 Wackenroder, *Herzensergießungen*, S. 54.

53 Ebd., S. 54.

54 Ebd., S. 11.

55 Ebd., S. 9.

56 Ebd., S. 65.

57 Ebd., S. 52.

58 Wilhelm Heinrich Wackenroder, *Phantasien über die Kunst für Freunde der Kunst*, in: W. H. W., *Sämtl. Schriften*, S. 150. Es tritt nicht nur die Kunst ins Leben ein, sondern das Leben geht in die Kunst über: »Es war am folgenden Tage, an welchem das Erntefest gefeiert werden sollte. Franz hatte nun keinen Widerwillen mehr gegen das frohe aufgeregte Menschengetümmel, er suchte die Freude auf, und war darum auch bei dem Feste zugegen. Er erinnerte sich einiger guten Kupferstiche von Albrecht Dürer, auf denen tanzende Bauern dargestellt waren, und die ihm sonst überaus gefallen hatten; er suchte nun beim Klange der Flöten diese possierlichen Gestalten wieder, und fand sie auch wirklich; er hatte hier Gelegenheit, zu bemerken, welche Natur Albrecht auch in diese Zeichnungen zu legen gewußt hatte.« (Ludwig Tieck, *Franz Sternbalds Wanderungen*, in: L. T., *Frühe Erzählungen und Romane*, hrsg. von Marianne Thalmann, München 1963, S. 735 f.).

59 Ebd., S. 955 f.

60 Ebd., S. 956.

61 Wilhelm Grimm, *Vorrede* (von 1812) zu den *Kinder- und Hausmärchen*, in: W. G., *Kleinere Schriften*, hrsg. von Gustav Hinrichs, Bd. 1, Berlin 1881, S. 320.

62 Ebd.

63 Herders Sammlung *Stimmen der Völker* von 1778/79 ist ein einsamer Vorläufer in Deutschland, der der Abgrenzung nicht widerspricht, denn sie wurde zu ihrer Zeit kaum zur Kenntnis genommen, was Herder dazu veranlaßte, den Plan eines weiteren Bandes fallenzulassen. Erst die zweite von Johannes von Müller 1807 veranstaltete Ausgabe fand ein breites Publikum.

64 Arnim, *Vorrede*, S. 886.

65 Grimm, *Vorrede* (von 1819), S. 337.

66 Arnim, *Vorrede*, S. 885.

67 Grimm, *Vorrede* (von 1819), S. 338.

68 Arnim, *Vorrede*, S. 873.

69 Ebd.

70 Grimm, *Vorrede* (von 1815), S. 329.

71 Arnim, *Vorrede*, S. 874.

72 Grimm, *Vorrede* (von 1812), S. 320.

73 Arnim, *Vorrede*, S. 873.

74 Ebd. (Fußnote).

75 Die sinnvolle Beziehung zwischen Meister und Gesellen, zwischen Lehrer und Schüler, wie z. B. zwischen Dürer und Franz Sternbald, kontrastiert den abstrakten Arbeitsverhältnissen der Gegenwart. – Den Zusammenhang von Kunstfeindlichkeit und wirtschaftlicher Blüte konstatiert Friedrich Schlegel: »Man fühlt es recht und glaubt es zu verstehen, beim Anblick solcher Felsenschlösser, wie die Wartburg, warum die Alten auf den Höhen des Landes in ihren Burgen lebten und welche Lebensfreude damit verbunden war. Seitdem nun die Menschen herabgezogen sind zu einander und sich alles um die Landstraßen versammelt hat, gierig nach fremden Sitten wie nach fremdem Gelde, stehen die Höhen und Burgen verlassen und die Kunst scheint verloren, dieses herrliche Land auf die edelste und angemessenste Art zu bewohnen und zu beherrschen.« (*Reise nach Frankreich*, *Europa*, Bd. 1, S. 8).

76 Der bedeutendste Beitrag zum ästhetischen Historismus und seiner Geschichte im ersten Drittel des 19. Jahrhunderts ist der Aufsatz von Hans-Joachim Kunst, *Bemerkungen zu Schinkels Entwürfen für die Friedrich-Werdersche Kirche in Berlin*, *Marburger Jahrbuch für Kunstwissenschaft* 19 (1974), S. 241–258.

II. Jacob Burckhardt oder das Asyl der Kulturgeschichte

1847 schreibt Jacob Burckhardt ein Gedicht, dessen ursprünglicher Titel *Confessio* weniger im Sinne von »Beichte« als von »Bekenntnis« zu verstehen ist. Der Versuch, die Entstehung der Kulturhistorie aus einem ideen- und sozialgeschichtlichen Komplex des 19. Jahrhunderts zu begreifen, trifft hier auf eine erste, autobiographische Interpretation. Ihr poetisches Modell soll dem historischen Kommentar zur Leitlinie dienen:

Asyl

Versenkt mich ins Tyrrhenische Meer!
Das ist die stillste Grabesgrotte!
Dort liegt von alten Zeiten her
Manche karthag'sche Silberflotte.

Von türkischem Erze mancher Schild,
Von Rom und Tyrus Schiffesschnäbel,
Und manch hellenisch Götterbild,
Und mancher Sarazenensäbel.

Bei diesen Altertümern mag
Eminus Conservator werden;
Dann freßt euch auf, ihr Lumpenpack,
Daß wieder Stille wird auf Erden!

Vielleicht in später, später Zeit,
Wann wieder jung die Welt geworden,
Tönt auf den Fluten weit und breit
Jubel von hohen Schiffesborden.

Auf gold'nem Deck wird Helena,
Von Paris Arm umschlungen, thronen;

Ob ihrer Schönheit fern und nah
Jauchzen die Nymphen und Tritonen.

Bekränzte Purpursegel schwellt
Ein Balsamhauch, und Lieder tönen:
»Wandelt vorbei, Zeitalter der Welt!
Ewige Jugend verbleibt dem Schönen!«[1]

Asyl sucht, wer politisch verfolgt wird – Jacob Burckhardt, zu der Zeit Journalist und Geschichtsdozent in Basel, fühlt sich vom Politischen überhaupt verfolgt: »ich habe aller politischen Wirksamkeit auf ewig entsagt. Ich kann mich auch mit Anstand zurückziehen; ich habe nie einen speziellen, persönlichen Verdruß gehabt; das ganze Zeug ist mir zuwider«, hatte er bereits ein Jahr zuvor erklärt.[2] Auch die Absicht, sich zu »expatriiren«, war schon 1845 gefaßt, unter dem frischen Eindruck der »mobilen Anarchie« schweizerischer Freischarenzüge[3], den Vorboten der Revolution von 1848. Er flieht also nicht vor einer herrschenden Macht, vielmehr vor dem, was die bestehende Herrschaft bedroht. Merkwürdig ist, daß Burckhardt bereits im Vormärz individuell jene resignativen und konservativen Reaktionen zeigt, welche erst beim nachrevolutionären Bürgertum, das 1848 die radikale, proletarische Alternative erkannt hatte, allgemein werden. Aber anders als die liberale Bourgeoisie wechselt Burckhardt nicht allein die politische Richtung: er wechselt die Tätigkeitsbereiche, gibt seinen Beruf als Journalist auf, der ihn an die politischen Tagesereignisse gebunden hatte, wird Kunstreisender zunächst, Kunst- und Kulturhistoriker am Ende. Diese biographisch bedeutsame Entscheidung gegen die aktuelle Politik und für eine vergangene Kultur ist das Thema des Gedichts. Doch ist die politische Situation, vor der Burckhardt flieht, noch gegenwärtig in dem, wohin er flieht: als Motivation, als Bedrohung, als Gegenbild. Was scheinbar außerhalb der Zeit in einer südlichen Vergangenheit Asyl verspricht, muß daher als widersprüchlicher Ausdruck dieser Zeit zu verstehen sein.

Im Gedicht steht das »Tyrrhenische Meer« für den Süden als Land des imaginierten Asyls. Gesetzt, Burckhardt wäre wirklich – wie die von der Restauration vor und nach 1848 vertriebenen Flüchtlinge – zur Emigration gezwungen gewesen, so hätten sich ihm, wie den andern, Amerika oder Frankreich als Asylländer angeboten. Er erwägt und verwirft sie: »Wenn ich in den Dingen dieser Welt zu brauchen wäre, und wenn ich nicht des Schönen in Kunst und Natur unablässig bedürfte, so würde ich Dir sagen: wir gehen miteinander nach Amerika! Aber dort könnte ich nicht leben; ich bedarf eines historischen und dazu eines schönen Terrains, sonst sterbe ich.«[4] Und »in Paris sind der alten Monumente zu wenige und die modernen Greuelerinnerungen absorbieren die älteren zu sehr«.[5] Amerika gehört noch zu den »Dingen dieser Welt«, setzt die politische Bewegung der Gegenwart also nur in die (bessere?) Zukunft fort, während Paris gerade an den Ursprung der »modernen Greuel«, des Revolutionszeitalters, erinnert. Bestimmt durch Zeitlichkeit, Diesseitigkeit, Bewegung, Politisierung, sind Amerika und Paris letztlich aus dem gleichen Stoff wie das der Revolution entgegentreibende Deutschland. Ästhetisch ist bereits der ablehnende Blick, den Burckhardt auf die zeitgenössischen Ereignisse wirft: was er wahrnimmt, sind Unordnung, Geschäftigkeit, Kunstlosigkeit (freilich ist diese ästhetische Perspektive nicht unpolitisch, vielmehr gehört sie zur antirevolutionären Topik des politischen Konservativismus). Das Gegenbild muß deshalb aus rein ästhetischen Elementen hervorgehen; außerdem soll es nicht bloßes Ideal sein – dessen Verwirklichung wieder den unglücklichen Weg politischer Postulate gehen könnte: es muß die bereits fertige Wirklichkeit »eines historischen und dazu eines schönen Terrains« besitzen. Diese Bedingungen erfüllt dem Kunstreisenden der europäische Süden, das aus dem Gegensatz zum Norden begriffene Italien, das »ewige, unparteiische, unmoderne, tendenzlose, großartig abgethane Rom«[6]: »Ihr Wetterkerle wettet Euch immer tiefer in diese heillose Zeit hinein – ich dagegen bin ganz im Stillen, aber komplett mit ihr überworfen und entweiche ihr deshalb in den schönen faulen Süden, der der Geschichte abgestorben ist und als stilles, wunderbares Grabmonument mich Modernitätsmüden mit seinem altertümlichen Schauer erfrischen soll. Ja, ich will ihnen allen entweichen, den Radikalen, Kommunisten, Industriellen, Hochgebildeten, Anspruchsvollen, Reflektierenden, Abstrakten, Absoluten, Philosophen, Sophisten, Staatsfanatikern, Idealisten, anern und iten aller Art.«[7]

Der Vorbehalt »im Stillen«, der private Einwand gegen »diese heillose Zeit«, objektiviert sich in der Stille vergangener Kultur. In der »stillsten Grabesgrotte« des historischen Bewußtseins wird ihm sein Gegenstand zum »stillen, wunderbaren Grabmonument«. Was einst selber Zeit, Gegenwart war, von solcher Art wie das Heute, hat sich als vergangene Form in der Ruhe des Grabes zum »Monument« verwandelt, zum schönen Bild, das der Erinnerung und Anschauung geblieben ist. Als Stein, als Plastik ist Geschichte erstarrt, Zeit in Raum übergegangen – und in dieser Gestalt Objekt des Kunsthistorikers geworden. Zwei Eigentümlichkeiten von Burckhardts Œuvre werden daraus verständlich: die Bevorzugung von Themen, die im mediterranen, von der antiken Kultur geprägten Süden lokalisiert sind; und die ›entzeitlichte‹, die ›verräumlichte‹ Darstellungsweise selbst historischer Themen. So zeigt etwa die *Kultur der Renaissance in Italien* kaum Momente von Entwicklung, Veränderung und Untergang. Zu keinem geringen Teil verdankt dieses Werk seinen ästhetischen Charakter einem Verfahren, das die einzelnen Aspekte der Epoche zum Nebeneinander eines Bilds zusammenfügt. Staat, Individuum, Antikenrezeption, Geselligkeit, Sitte, Religion (um den Kapitelüberschriften zu folgen) gliedern und bilden die Gesamtanschauung der »Kultur«, das Gesamtkunstwerk, das den Faktor Zeit nur um den Preis des Derangements einlassen könnte.

Scheinbar spricht sogar das Gedicht von Zeit: doch die »alten Zeiten«, die in der »Grabesgrotte« aufgehoben sind, rücken durch den poetischen Wert von »alt« aus dem Geschichtsprozeß hinaus wie die ›gute, alte Zeit‹. Sie sind Negation und Alternative zur Gegenwart, nicht ihr Grund und Vorläufer. Solche prinzipielle Diskrepanz der Zeitformen findet ihren angemessenen Ausdruck im räumlichen Gegensatz von Norden und Süden, weil deren bleibende geographische Distanz nicht jene Abschwächungen fürchten muß, welche die Epochengegensätze durch das Moment der Entwicklung erfahren (daß sich freilich auch das Italien seiner Zeit weder der revolutionären Agitation noch der kapitalistischen Industrialisierung entziehen kann, gehört zu den tragisch-widersprüchlichen Erkenntnissen Burckhardts). Aus den Briefen leuchtet eine stete Zweiteilung hervor: mit dem Europa nördlich der Alpen assoziieren sich zeitliche Dimensionen, vor allem Erwartungen künftiger Krisen, mit dem südlichen Europa überwiegend räumliche Vorstellungen, Erinnerungen an bestimmte Lokalitäten, an Orte, Landschaften, Kunstwerke. Als Prophetie und Anschauung realisieren sich diese Unterschiede in Burckhardts getrennten Interpretationen. Sie verknüpfen sich wiederum genetisch in der Weise, daß die Furcht vor revolutionären Krisen den Rückzug in ein der Zeit entrücktes Gebiet motiviert. So entsteht das Paradox, daß gerade ein Historiker versucht, seiner Zeit, ja der Zeit schlechthin zu entkommen – ein Paradox, das dennoch für die generelle Form des historischen Bewußtseins im 19. Jahrhundert gilt. Schon Ranke, in einem Brief aus Rom, dem Ort historischer Vergangenheit und ästhetischer Gegenwart, sieht die Möglichkeit von Geschichtsschreibung nur gegeben, wenn die aktuelle geschichtliche Bewegung sistiert ist: »Zur Hervorbringung gehört auch ein gewissermaßen schon eingewohnter Zustand; wo nichts Neues uns stört, sondern nur das Alte in hergebrachter Weise auf uns wirkt.«[8] Es ist nicht zufällig, daß der Aufstieg der modernen Geschichtswissenschaft in der Periode der Restauration beginnt: in der politischen Unterdrückung der bürgerlichen Revolution und in der historischen Anschauung vorbürgerlicher Epochen wird Geschichte auf vergleichbare Weise stillgestellt.

Entpolitisierung und Historisierung bringt Burckhardts Gedicht bereits in der ersten Zeile zur Deckung: »Versenkt mich . . .«. Mittels der zweifachen Bedeutung von »versenken« spricht sie den doppelten Wunsch aus, vor den gegenwärtigen Verhältnissen wegzutauchen und sich kontemplativ einer vergangenen Kultur zuzuwenden. Der »enorme Durst nach Anschauung«[9], den Burckhardt verspürte und den seine Leser an ihm stillten, gibt hier seinen Ursprung zu erkennen; die »Anschauung« verrät, was sie nicht mehr sehen will. Darum stellen die *Weltgeschichtlichen Betrachtungen* die »Kontemplation« als den »archimedischen Punkt« des Historikers in Opposition zu seiner Zeit: »Diesem ganzen Wesen, dem wir als Menschen einer bestimmten Zeit unseren passiven Tribut bezahlen, müssen wir zugleich *beschauend* gegenübertreten.«[10]

Wenn Dichter des 19. Jahrhunderts ihr Selbstverständnis artikulieren, greifen sie in ihren Gedichten durchweg zum Motiv der Erhebung[11], mit Vorliebe als Blick vom Berg verbildlicht, der ihnen Distanz und Weitsicht verschaffen soll. Für den Historiker leuchtet als komplementäre Form die Versenkung ein, der Weg in die Tiefe statt auf die Höhe, denn nicht poetische Zukunft, sondern konkrete Vergangenheit ist sein Terrain. Vom Archäologen, der seinen Gegenstand erst ausgraben muß, sind Leitbild und Metaphorik der historischen Tätigkeit schlechthin genommen. Insofern stellt *Asyl* das originelle ›Erhebungsgedicht‹ eines Historikers dar. Gemeinsam ist beiden Motiven der Erhebung wie der Versenkung die Absonderung von der profanen, in bloßer Gegenwart befangenen Masse (Burckhardt apostrophiert sie drastisch als »Lumpenpack«), die freie Entscheidung für eine ästhetische Einsamkeit. Auf solche Eremiten-Existenz hat Burckhardt seine Biographie als Basler Gelehrter angelegt[12] und im historischen Gewand als ideale Lebensform ausgelegt. Bekannt ist die Selbstdarstellung Burckhardts in den Asketen und Eremiten aus der *Zeit Constantins des Großen* (1852): »sie verkaufen ihre Habe und geben den Erlös den Armen, um mitten in der Welt, umgeben vom Geräusch der Weltstädte, in freiwilliger Armut rein der Betrachtung der höchsten Dinge zu leben. Anderen genügt auch dieses nicht mehr; sie fliehen aus der Welt und aus der Zivilisation hinaus als ›Entwichene‹, als Anachoreten.«[13]

Dabei blieb ihm der politische Grund dieser apolitischen Haltung durchaus bewußt, denn die einsiedlerische Existenz gehört »in Zeiten der Krisis, da viele gebrochene Gemüter die Stille suchen«.[14] Im zerbrochenen Gemüt ist die politische Krise verinnerlicht und gleichzeitig revidiert; es nimmt die Vereinsamung in Kauf, um für sich privat, in jener »Stille«, die auch Burckhardts ästhetischem Historismus eigen ist, am öffentlich Untergegangenen festzuhalten. Mit Vorliebe sieht Burckhardt sein Leitbild des zu den Zeitläuften konträren, mit sich und der Vergangenheit jedoch identischen Eremiten in der Gestalt des heiligen Severin verkörpert, der zwischen antiker Kultur und barbarischer Völkerwanderung »unter dem Umsturz aller Dinge ausgehalten« hatte.[15] Selbst der *Kultur der Renaissance*, die insgesamt Lebensverhältnisse so schildert, daß dem anspruchsvollen, kultivierten Individuum die innere Emigration erspart bleibt, fehlt nicht die Figur des gebildeten Einsiedlers: Fra Urbano Valeriano, Bettelmönch und Humanist, der am Ende des Humanismus als einzige Möglichkeit ihn zu bewahren, die Askese wählt.[16] Askese heißt in Burckhardts säkularisierender Interpretation das Überdauern des Gebildeten in ungebildeter Zeit. Ihr verwandt ist die Aufgabe des Kulturgeschichtsschreibers, das historisch Verabschiedete und Abgeschiedene in Erinnerung zu rufen. Weil sie aus der eigenen in die vergangene Zeit auswandert, ist seine Art zu denken und zu sehen ›eremitenhaft‹.

Zwei einander bedingende Leistungen machen die Askese, den ›Aufstieg‹ aus: Besitzlosigkeit und Vergeistigung. Solchen Verzicht auf materiellen Besitz zugunsten von geistigem scheint die Beschäftigung mit der Historie zu erfordern und zu ermöglichen. »Alles, was dem Tage angehört, geht leicht und vorzugsweise eine Verbindung ein mit dem Materiellen in uns, mit unseren Interessen; das Vergangene kann wenigstens eher sich verbinden mit dem Geistigen in uns, mit unserm höhern Interesse«.[17] Was dem naiven Verstand wie dem materiellen Bedürfnis das Manko der Vergangenheit ist, ihre Ungreifbarkeit, Abwesenheit, Nichtexistenz, gilt Burckhardt als Siegel ihrer spiritualen Sonderstellung. Die erkenntnistheoretische Eigentümlichkeit des historischen Bewußtseins, Wissen von irreal gewordener Realität zu sein, deutet er in ein Wertverhältnis um, das seine theologische Herkunft nicht verleugnen kann. »Geist« bezeichnet das Gemeinsame zwischen der Immaterialität der Vergangenheit und der historischen Anschauung von dieser Vergangenheit. Denn sie existiert nur noch im Innern, im Geist des Historikers; sie ist von einem einstmals Äußeren zu einem jetzt Inneren, von Materie zu Geist geworden. »Der Geist ist die Kraft, jedes Zeitliche ideal aufzufassen. *Er* ist idealer Art, die Dinge in ihrer äußeren Gestalt sind es nicht [. . .]. Der Geist muß die Erinnerung an sein Durchleben der verschiedenen Erdenzeiten in seinen Besitz verwandeln. Was einst Jubel und Jammer war, muß nun Erkenntnis werden.«[18] Nicht als welthistorischen Prozeß, nicht als Entwicklung zur Einheit des Menschengeschlechts, nicht als Weg zur Gegenwart versteht Burckhardt Geschichte, sondern als erinnerte, d. h. durch Bewußtsein aus der Zeit herausgehobene und im Bewußtsein als Bild vergegenwärtigte Vergangenheit. Ähnlich hatte bereits Ranke angenommen, »daß das eigentliche Interesse, das wir an der Welt nehmen, darin besteht, daß wir das ›Außer uns‹ zu einem ›In uns‹ zu machen suchen«.[19] Diese historische Spiritualität weiß Burckhardt in der »Kultur des 19. Jahrhunderts als Weltkultur« fundiert, die sich »im Besitz der Traditionen aller Zeiten, Völker und Kulturen« befinde. (Die Analogie des historischen Imperialismus zum ökonomischen und politischen drängt sich auf.) Diese Erkenntnis gebietet sogar dem sonst pessimistischen Urteil über die eigene Zeit Einhalt: »Der höchste Gewinn hierbei ist auf seiten der Betrachtenden. Es besteht eine großartige, allseitige, stillschweigende Abrede, ein objektives Interesse an Alles heranzubringen, die ganze vergangene und jetzige Welt in geistigen Besitz zu verwandeln.«[20] In der Form historischer Wissenschaft liegt inmitten der vom »Materiellen« bestimmten Gegenwart, ermöglicht durch den materiellen Apparat dieser Gegenwart selbst, eine Alternative der Vergeistigung bereit.

Verstärkt wird der Schein einer substantiellen Differenz zwischen aktueller und vergangener Geschichte durch eine ästhetische Operation des historischen Bewußtseins. Erst die Rückschau verklärt das einstmals leidvolle Geschehen zur schöneren, weil erinnerten Erzählung. Zutreffend erklären die *Weltgeschichtlichen Betrachtungen* den Ursprung des historischen Glücks, das auch angesichts des historischen Unglücks nicht endet, aus der poetischen Distanz des Historikers zu seinem Gegenstand: »Wenn sich der gebildete Mensch bei Kunst und Poesie der Vergangenheit zum Mahle setzt, wird er die schöne Illusion, daß Jene glücklich gewesen, als sie dies Große schufen, nie völlig von sich abwehren können oder wollen. Jene freilich retteten nur mit großen Opfern das Ideale ihrer Zeiten und kämpften im täglichen Leben den Kampf, den wir alle kämpfen. Ihre Schöpfungen sehen nur für uns aus wie gerettete und aufgesparte Jugend.«[21] Es zeichnet Burckhardts historische Darstellungen aus, daß sie nie das Widersprüchliche, Negative, Böse der Geschichte verschweigen. Wenn sich in seinem Werke historische Idealisierung dennoch durchsetzt, so sind dafür nicht inhaltliche Retuschen verantwortlich, sondern ästhetische Qualitäten auf doppelte Weise: erstens die Ästhetisierung des Negativen durch die – an Burckhardt gerühmte – literarische Form der Darstellung, durch historische Ferne und malerische Nähe; zweitens die Wahl des Themas »Kunst und Poesie« zum Hauptgegenstand des historischen Interesses. In den ästhetischen Produkten hat die Vergangenheit selbst genügend Distanz zu den materiellen Lebenskämpfen gewonnen und mit dem Anspruch auf Dauer die eigene Epoche so weit überschritten, daß sie der »schönen Illusion« des gegenwärtigen Bewußtseins mit dem Schein der Erfüllung im »Idealen« entgegenkommen. Auf der Ähnlichkeit zwischen der Idealisierung der vergangenen Kultur in der historischen Rückschau und der Produktion von ästhetischen Idealen in dieser vergangenen Kultur basiert die Hermeneutik der Kulturgeschichtsschreibung. Der Gegenstand scheint die Methode zu fordern, als wären beide aus *einem* Ursprung: wenn Burckhardt die Entstehung der neuzeitlichen Kultur in der Renaissance[22] und der abendländischen Kultur überhaupt in Griechenland beschreibt, entwickelt er zugleich das Modell der Kulturgeschichtsschreibung.

Zwar bleibt der von Burckhardt konzipierten Kulturgeschichte das Ausmaß historischer Negativität, der materielle Charakter von Geschichte bewußt, aber nur unter dem Titel »der großen Opfer«, das die Menschen für »das Ideale ihrer Zeiten« bringen mußten. Das Leid erhält also seinen Sinn durch die »Schöpfungen«, Vergangenheit wird angeeignet nur als Kultur. In »Kunst und Poesie« ist die reale Geschichte zugleich eingebracht und untergegangen. Wie die Objekte der Kultur aus der politischen Geschichte hervorgehen und sie hinter sich zurücklassen, versinnlicht das Gedicht am Verhältnis von »alten Zeiten« und »Altertümern«:

Dort liegt von alten Zeiten her
Manche karthag'sche Silberflotte.
Von türkischem Erze mancher Schild,
Von Rom und Tyrus Schiffesschnäbel,
Und manch hellenisch Götterbild,
Und mancher Sarazenensäbel.

Das jeweilige historische Substrat spielt eine untergeordnete Rolle. Chronologisch nicht geordnet, in adjektivische Stellung gedrückt, bezeichnen Karthago, Rom oder Griechenland nur äußerliche Bestimmungen für das Wesentliche, was sie hervorgebracht haben und was von ihnen übriggeblieben ist: Silberflotte, Schild, Schiffesschnäbel, Götterbild, Säbel. Einzig in der dinglichen Gestalt konservierter »Altertümer« ist Geschichte der kulturhistorischen Sehnsucht verfügbar. Bezeichnend ist, daß es sich dabei originär nicht um Kunstgegenstände handelt (eine Ausnahme bildet höchstens das »Götterbild«), sondern um praktische Dinge zu militärischen und ökonomischen Zwecken. Erst unter dem Blick des Kulturhistorikers verwandeln sie sich in ästhetische Objekte. Bei dieser Metamorphose übernehmen die historischen Attribute, »türkisch« oder »hellenisch«, die Funktion, an jenen Objekten ihr Vergangensein zu belegen. Das heißt: sie sind aus dem Zweck- und Leidenszusammenhang realen Geschehens schon entrückt und bieten sich nun in gelöster »idealer« Form dem ästhetischen Bewußtsein dar. Der Kulturhistoriker wie »der Sammler träumt sich nicht nur in eine ferne oder vergangene Welt, sondern zugleich in eine bessere, in der zwar die Menschen ebensowenig mit dem versehen sind, was sie brauchen, wie in der alltäglichen, aber die Dinge von der Fron frei sind, nützlich zu sein«.[23]

Deutet man wie Benjamin den Sammler als den »wahren Insassen des Interieurs« und das Interieur als »die Zufluchtsstätte der Kunst«[24], so werden an der »stillsten Grabesgrotte« der Interieurcharakter und das imaginäre Museum des kulturhistorischen Bewußtseins sichtbar. Der Kulturhistoriker ist der Sammler in transzendentaler Gestalt – doch ist bereits der Sammler insofern Kulturhistoriker, als er seine Objekte durch das ästhetische Arrangement und den Genuß ihrer historischen Aura entmaterialisiert.

Gegensätzlich und komplementär zugleich wirken auf die Gegenstände der Kulturgeschichte zwei Operationen: Verdinglichung und Spiritualisierung – Verdinglichung, indem die Dinge ihrem geschichtlich-praktischen Funktionszusammenhang entsagen und in museal abgegrenzte Objekte überführt werden; Spiritualisierung, indem an diesen Dingen das historisch-ästhetische Bewußtsein die Spur des Fernen und Vergangenen, des Höheren und Befreiten verfolgt. Diese Doppelbewegung des kulturhistorischen Denkens hat Jacob Burckhardt als methodisches Programm formuliert. Schon früh ist er der Überzeugung, »daß wahre Geschichtsschreibung ein Leben in jenem feinen, geistigen Fluidum verlangt, welches aus Monumenten aller andern Art, aus Kunst und Poesie ebensogut dem Forscher entgegenweht, wie aus den eigentlichen Scriptoren«[25]; noch spät rät er »zum einfachen Weglassen des bloßen Tatsachenschuttes [...]. Von äußeren Tatsachen braucht man schlechterdings nur diejenigen zu melden, welche der kenntliche und characteristische Ausdruck einer Idee, eines Allgemeinen, eines lebendigen Zuges der betreffenden Zeit sind«.[26] An den dinglichen Monumenten, welche die geschichtlichen Fakten überdauert haben, wird das »geistige Fluidum«, die »Idee« greifbar, welche die faktische Geschichte überdauern soll.

Wie sich durch die poetische Behandlung der historischen Erinnerung ein autonomer Bereich von Kultur aus der politischen Geschichte ausgrenzt, stellt die *Griechische Kulturgeschichte* an dem Verhältnis der Griechen zu »ihrem Mythus« dar. Deshalb kehren fast alle in der *Einleitung* getroffenen Bestimmungen des Gegenstands von Kulturgeschichte im Mythus-Kapitel wieder, das nicht zufällig am Anfang der *Griechischen Kulturgeschichte* steht. Jene *Einleitung* setzt der Kulturgeschichtsschreibung das Ziel, das »sich Wiederholende«, das »Typische«, den »ewigen Griechen« aus den gehäuften Tatsachen herauszufinden, um dem Leser – im Kontrast zur bloßen »Gelehrsamkeit« der »historisch-antiquarischen Literatur« – »ein lebenslang aushaltendes Mittel der Bildung und des Genusses« bereitzustellen.[27] Entsprechend gewährte der Mythus den Griechen »statt gelehrter Kunde und gelehrten Wissens, womit die Ägypter [Burckhardts historischer Name für die modernen Gelehrten – H. S.] heimgesucht waren, ein wirkliches Mitleben ihrer Vorzeit«.[28] Geleitet von der »Absicht, die Gegenwart mit der fernsten Vergangenheit zu verbinden«, war ihnen nicht an deren »genauer, buchstäblicher Kenntnis« gelegen: »Nicht nur mythische, sondern noch viel spätere Ereignisse sind hier so lange in der Erzählung umgestaltet worden, bis sie typisch, sprechend, charakteristisch lauteten.«[29]

Wenn bereits in Buckhardts Deutung des Mythos Prinzipien der Kulturgeschichte vorgebildet sind, so gelten symmetrisch in Burckhardts Konzept der Kulturgeschichte Gesetze des Mythos. Sie nimmt nicht nur zuweilen »Anleihe bei der Ausdrucksweise des Mythus«[30], sondern durchgängig bei seinem Wesen: beide bringen den historischen Zeitablauf in Bildern der Wiederkehr zum Stillstand, lesen aus der diffusen Vergangenheit eine Reihe einprägsamer, mitteilbarer Zusammenhänge aus und vermitteln so dem Bewußtsein die Ferne als »nahe, herrliche Erscheinung«[31], den Stoff der Geschichte als Poesie der Erinnerung. Denn der Mythos wird, gerade weil er auf den exakten Bericht von Geschehnissen verzichtet, demnach für eine Rekonstruktion der politischen Welt untauglich ist[32], zum Ursprung von Poesie, Kunst und Kult, erschafft also erst den Gegenstand der Kulturgeschichtsschreibung. Dabei verschränken sich wiederum die Genese dieses Gegenstandes und die Methode seiner Darstellung: Wie sich das mythenbildende Verhältnis der Griechen zu ihrer Vergangenheit leuchtend vom düstern Grund des griechischen Staates abhebt (dem Burckhardts nächstes Kapitel gilt), so trennt sich bei der historischen Aneignung der Vergangenheit die Schönheit der Kulturgeschichte vom Chaos der politischen Geschichte.

Wie Kunst- und Kulturgeschichtsschreibung ihre Möglichkeit realisieren, Residuum der Mythologie und Werkstatt der Mythenbildung in der Moderne zu sein, kann exemplarisch Burckhardts Charakteristik des Tempels von Paestum erhellen. Daß im *Cicerone* ihm »die erste Stelle gebührt«[33], ist mehrfach bedeutsam: als Kunstwerk von ›erstem‹ Rang, als Anfang der griechischen Architektur in Italien, als feierlicher Beginn des Buchs – als Mythos, der diese drei Ursprünge in sich vereint: »Von den drei erhaltenen Tempeln der alten Poseidonia sucht das Auge sehnsüchtig den größten, mittlern. Es ist Poseidons Heiligtum; durch die offenen Trümmerhallen schimmert von fern das blaue Meer. Ein Unterbau von drei Stufen hebt das Haus des Gottes über die Fläche empor. Es sind Stufen für mehr als menschliche Schritte. An den Resten des alten dorischen Heraklestempels in Pompeji sieht man, daß für den Gebrauch eine Treppe von gewöhnlichen Stufen vorgesetzt wurde.«

Nicht nur wird der gebräuchliche Name der Stadt Paestum durch den archaisch-poetischen der »alten Poseidonia« ersetzt (welcher an den Gott als mythischen Gründer erinnert), mehr noch: die Stadt, die doch den konkreten sozialen Rahmen für Errichtung, Standort und Funktion der Tempel abgibt, wird nicht weiter erwähnt. Burckhardt salviert sich von den praktisch-historischen Zusammenhängen, indem er sie ins Gebiet der Archäologie verweist.[34] Der Untergang der Stadt Paestum, aus dem nur die Ruinen der drei Tempel geblieben sind, ist ein Gleichnis des Prozesses, der die Kunstwerke als abgelöste Gegenstände jenem ästhetischen »Genuß« entgegentreibt, zu dem der *Cicerone* »Anleitung« sein will. Was die Geschichte von Paestum übrigließ, erlaubt deren Aneignung unter dem Begriff von Kunst.[35] Die Abstraktion von der materiellen Umgebung erzeugt den Schein, als wären nur die Tempel und diese unmittelbar für den Betrachter von den Griechen gebaut – unvermittelt, ungebrochen durch die geschichtlichen Bedingungen ihrer Entstehung und Überlieferung. Sogar die Ruinen, Resultate historischer Negativität, nehmen unter dem ästhetischen Blick des Kunstführers vollkommene Gestalt an: sie werden zu »Trümmerhallen«, d. h. Trümmer, die schon wieder Hallen bilden. Im widersprüchlichen Kompositum »Trümmerhallen« wird aus Bruchstücken ein Ganzes erzeugt, aus den Resten der Vergänglichkeit das Denkmal eines ›Unvergänglichen‹. In solcher Restitution, Annäherung und Verlebendigung koinzidieren die Wiederkehr des Mythos und die Ewigkeit der Kunst: Anschauung tilgt die Zeit. »Keine bloßen Steine, sondern lebende Wesen« sind es, »was das Auge hier und an anderen griechischen Bauten erblickt«. Es ist die eigentümliche Leistung des Mythos, im Toten Lebendiges zu entdecken, indem er die Geschichte eines göttlichen oder heroischen Ursprungs erzählt. Mythisch vergegenwärtigt wird der Tempel durch die präsentische Nennung des Gottes, dem er – nach Burckhardts irrtümlicher Meinung[36] – heilig war: »Es ist Poseidons Heiligtum«. Daß die Gegenwart des Gottes im Bauwerk andauert, verbürgt sein natürliches Element, das damals wie heute dasselbe ist: »durch die offenen Trümmerhallen schimmert von fern das blaue Meer.« Auch die Stufen zum »Haus des Gottes«, eingerichtet »für mehr als menschliche Schritte«, für göttliche also, verweisen auf ein ursprüngliches Leben, auf das Goldene Zeitalter, da die Götter noch auf der Erde wohnten. Im ästhetischen Genuß, der sich die mythische Lebendigkeit der Kunstwerke bewußt hält, kehrt das Goldene Zeitalter zurück (ein Motiv, das noch im Gedicht *Asyl* deutlicher zutage treten wird). Diese Hoffnung auf eine Wiederherstellung eines vergangenen schönen Lebens durch die gegenwärtige Anschauung von Kunst macht verständlich, weshalb das Auge »sehnsüchtig« den Tempel Poseidons gesucht hatte. Und sie macht verständlich, weshalb angesichts der mythischen Konstellation absoluter Mächte, die das Kunstwerk begründet haben und heute noch umgeben: der Gott und das Meer, jede topographische Kontingenz und jede historische Entfernung zergehen muß.

Falsch wäre es jedoch, hier das ernste Programm einer Remythologisierung der Moderne mittels Kulturgeschichte zu vermuten. Burckhardt steht fest genug auf dem Boden von Aufklärung und historischer Kritik, um den romantischen Vorschlag für eine Wiederaufnahme des Mythos zurückzuschneiden auf die bloße Vergegenwärtigung seiner ästhetischen Derivate, auf »Kunst und Poesie«. Indem er den Mythos als Welterklärung preisgibt, aber als quasi künstlerische Fiktion, als Gegenstand des kulturhistorischen Interesses bewahrt, vermag er der Marxschen Frage standzuhalten, wie sich denn die Bilder der griechischen Mythologie mit den Grundlagen der modernen Ökonomie vertragen: »Ist die Anschauung der Natur und der gesellschaftlichen Verhältnisse, die der griechischen Phantasie und daher der griechischen [Mythologie] zugrunde liegt, möglich mit self-actors und Eisenbahnen und Lokomotiven und elektrischen Telegraphen? Wo bleibt Vulkan gegen Roberts et Co., Jupiter gegen den Blitzableiter und Hermes gegen den Crédit mobilier?«[37] Burckhardts Antwort lautet: sie bleiben im kulturgeschichtlichen Bewußtsein, das sich mit der »Teilung der Erde« in einen politischen Bereich ökonomischer Nützlichkeit, industriellen Fortschritts, sozialer Krisen und in einen ästhetischen Bereich »der Bildung und des Genusses« abgefunden hat. Je reiner der Gegensatz zwischen den beiden Realitätsebenen – lebenslang hat ihn Burckhardt polemisch (in den Briefen) und gelehrt (in den Werken) herausgearbeitet –, desto eher kann er in ein komplementäres Verhältnis übergehen; denn im Anblick der schlechten, weil nützlichen Gegenwart und im Gedenken der schöneren, weil poetischen Vergangenheit verbinden sie sich zur Melancholie des von der Moderne enttäuschten modernen Bewußtseins.

Daß Burckhardt diese komplementäre Funktion der kulturgeschichtlichen Alternative bewußt war, geht aus der Einschätzung der Adressaten seiner Vorträge und Schriften hervor. Bereits sein erstes Buch, *Die Zeit Constantins des Großen*, ist »nicht vorzugsweise für Gelehrte geschrieben, sondern für denkende Leser aller Stände, welche einer Darstellung so weit zu folgen pflegen, als sie entschiedene, abgerundete Bilder zu geben imstande ist«.[38] Im Verlangen nach »entschiedenen, abgerundeten Bildern« machen sich ästhetische Bedürfnisse geltend, die von der wissenschaftlichen Historie nicht befriedigt werden: Sinnlichkeit, Phantasie, Erlebnisfiktion.[39] Was Geschäft, Industrie und Wissenschaft, die herrschenden Mächte des Jahrhunderts, nicht bereitzustellen vermögen, verwirklicht die Kulturgeschichtsschreibung – scheinbar auf dem Boden der Wissenschaft und demnach konform mit einem der Standards bürgerlichen Selbstverständnisses. Während die reinen Kunstformen in den Verdacht geraten, überholt und nutzlos zu sein, vermag die »in so schwunghaftem Fortschritt begriffene Kulturgeschichte«[40] ästhetische Möglichkeiten über das ›Ende der Kunstperiode‹ hinaus offen zu halten und dabei dem realistischen Anspruch auf historische Faktizität und wissenschaftliche Absicherung des Berichteten zu genügen. Dies ist der Beitrag der Kulturgeschichte zur ästhetischen Versöhnung im 19. Jahrhundert: sie vermittelt zwischen dem unabweisbaren Postulat eines sinnlich-schönen Daseins und der Sachlichkeit einer industriell und kommerziell eingerichteten Welt, indem sie die Gegenwart, die unter dem Gebot des Zweckes steht, um den Schein des Schönen ergänzt, den sie im Bild der Vergangenheit zu erzeugen versteht. Mag auch das Jahrhundert der Hegelschen These beipflichten, daß »die Kunst [...] weder dem Inhalte noch der Form nach die höchste und absolute Weise sei, dem Geiste seine wahrhaften Interessen zum Bewußtsein zu bringen«, so entdeckt es Chancen ästhetischer Realisierung gerade in Hegels Folgerung, daß »die Kunst nach der Seite ihrer höchsten Bestimmung für uns ein Vergangenes« sei.[41] Wenn sie nur mehr »ein Vergangenes« ist, kann sie immerhin als dieses Vergangene gegenwärtig sein, und zwar gegenwärtiger als je vergangene Kunst in früheren Jahrhunderten gegenwärtig gewesen war. Museum und Kunstgeschichte sind deshalb die genuinen Erscheinungsformen von Kunst im 19. Jahrhundert: sie ist präsent als erinnerte; ihre historische Behandlung ist zugleich die höchste ihr mögliche Aktualität. Burckhardts kunst- und kulturhistorische Tätigkeit befindet sich also in Übereinstimmung mit den von Hegel und Marx gezogenen Grenzen.

Was Burckhardt polemisch als Antinomie zwischen der gegenwärtigen Dürftigkeit von Kunst und Kultur und deren einstiger Blüte mißversteht, gibt sich jetzt als das produktive Bedingungsverhältnis seines Werkes zu erkennen: »Unser Leben ist ein Geschäft, das damalige war ein Dasein. [...] Was man also für Fortschritt und Sittlichkeit zu halten pflegt, ist die: a) durch Vielseitigkeit und Fülle der Kultur [hier im Sinne von ›Zivilisation‹ gebraucht – H. S.] und b) durch die enorm gesteigerte Staatsmacht herbeigeführte Bändigung des Individuums, welche bis zur förmlichen Abdikation desselben gedeihen kann, zumal bei einseitigem Vorherrschen des Gelderwerbes, der zuletzt alle Initiative absorbiert.«[42] Erst aus der Misere der Gegenwart, die beherrscht ist vom »Geschäft«, wird sichtbar, daß früher das Leben ein »Dasein« war. Unter »Dasein« ist wohl die Existenz eines freien Individuums in der Kultur zu verstehen (während der gegenwärtigen Lebensform der »Massen« die Form des Zwangsstaates entspricht, wie sie Burckhardt im Regime Napoleons III. heraufziehen sah). »Die Macht«, das Prinzip des Staates, »ist an sich böse«, die Kultur dagegen »ist die ganze Summe derjenigen Entwicklungen des Geistes, welche spontan geschehen und keine universale oder Zwangsgeltung in Anspruch nehmen.«[43] (In dieser Opposition einer freien Kultur gegen den Zwangscharakter des Staates ist ein Rest liberalen Denkens aus Burckhardts Jugend wirksam geblieben.)

Das Glück der Kultur vollendet sich dort, wo es ihr gelingt, ihren Widersacher, den Staat, von ihr abhängig zu halten oder gar aus ihr hervorgehen zu lassen. Beispielhaft sah Burckhardt dieses Verhältnis in der *Kultur der Renaissance* entwickelt, die den »Staat als Kunstwerk«[44] zu formieren versucht hatte. Die Begründer und Lenker der italienischen Staaten, besonders die Tyrannen, verdienen deshalb den Titel von Künstlern. Daß in der Renaissance sogar der Staat

Kunstwerk sein konnte, also Teil von Kultur, wirkt mit an der Schönheit dieser Epoche. Allerdings ist die Integration des Staates in die Kultur nur möglich durch seine gleichzeitige Ästhetisierung (was das Kapitel *Der Staat als Kunstwerk* leistet, indem es ihn als bewußtes Werk planender Subjekte interpretiert). Kulturgeschichte, so ließe sich dieses Verfahren verallgemeinern, ist die Darstellung der Staats- und Gesellschaftsgeschichte als Kunstgeschichte. Solche Nähe zwischen der mächtigen Kultur und dem kunstvollen Staat gehört einer Vergangenheit an, an der noch die frühe mythische Verwandtschaft aller Lebensbereiche teilzuhaben scheint. Im leuchtenden Bild, das die *Kultur der Renaissance* vom Ursprung der Moderne zeichnet, glänzt der Ursprung des Mythos nach. Ihn hat der kulturhistorische »Enthusiasmus für alles vergangene Große« aufgespürt und als Gegenbild zur eigenen Zeit hervorgetrieben: »Größe ist, was wir nicht sind.«[45] Deshalb steht die *Kultur der Renaissance*, obwohl sie den mythischen Ursprung der Moderne entfaltet, dennoch im strikten Antagonismus zum Resultat dieser Moderne, Burckhardts 19. Jahrhundert. Rückschreitend durch die Zeit, »versenkt« in die Anfänge, hält das kulturhistorische Bewußtsein im fortschreitenden Jahrhundert, das sich dem »Geschäft« ergeben hat, die ursprüngliche Nähe eines mythischen »Daseins« wenigstens für die Imagination präsent.

In der Versenkung tauschen der Betrachter und seine Gegenstände ihre Eigenschaften aus. Während die »Altertümer« sich verlebendigen, versteinert der Historiker zum »Conservator«: »ich möchte mich leichtlich als Antike darin [=»im kühlen Götterhain« der Kunst] versteinern«, heißt es in einem Brief aus dem Jahre 1848.[46] Aufschlußreich ist der politische Hintergrund dieser wechselseitigen Konservierung von Kunsthistoriker und Kunstwerken. Denn die ›Versteinerung‹ ist in Opposition gesetzt zur revolutionären Bewegung: mit dem zitierten Satz schließt der Vorwurf gegen seinen Jugendfreund Hermann Schauenburg, der an der März-Revolution teilgenommen hatte – »Du hast wirken wollen, und Dich deshalb mit dem Zerfallenen und Verworrenen abgeben müssen; ich will schauen und suche das Harmonische.« Bereits die von Burckhardt akzentuierten Eigenschaften des Schönen – Vergangenheit als Vorschein von Zeitlosigkeit, plastische

Ruhe, harmonische Anschaulichkeit – sind durch ihren Gegensatz zum Erlebnis eines revolutionären Zeitprozesses ausgezeichnet. Orientiert an diesem Modell der abgeschlossenen und gerade deshalb im Bild präsenten Kunstwerke, formt sich das historische Bewußtsein des 19. Jahrhunderts im Gegenzug zur zeitgenössischen historischen Erfahrung; es wird *Betrachtung* von Geschichte. Wiederum hält sich der Kontrast von vergangener Geschichte und aktueller Revolution bis zu den *Weltgeschichtlichen Betrachtungen*: »Vor allem haben die gewaltigen Änderungen seit dem Ende des 18. Jahrhunderts etwas in sich, was zur Betrachtung und Erforschung des Früheren und des Seitherigen gebieterisch zwingt, selbst abgesehen von aller Rechtfertigung oder Anklage. Eine bewegte Periode wie diese dreiundachtzig Jahre Revolutionszeitalter, wenn sie nicht alle Besinnung verlieren soll, muß sich ein solches Gegengewicht schaffen.«[47] Die von der Idee der Revolution vollzogene Aufhebung der Geschichte wird vom Historismus weitergeführt. Was jene abschaffen wollte und – im Verein mit der industriellen Revolution – wirklich abgeschafft hat, steht nun in quasi ästhetischer Distanz der historischen Kontemplation zur Verfügung.

Die innere Verbindung von Revolution und historischer »Betrachtung« hindert nicht, sondern ermöglicht es erst, daß die dem Bewußtsein verfügbare Vergangenheit zum politischen Argument gegen die Tendenz des »Revolutionszeitalters« dient. Daß der Konservativismus den unmittelbaren Zusammenhang mit der beschworenen Vergangenheit verloren hat, ist sein Dilemma wie seine Chance. Von dieser vorrevolutionären Vergangenheit getrennt, ist er auch von der Pflicht befreit, die drückende Gestalt ihrer Wirklichkeit zu rechtfertigen; vielmehr kann er im verheißungsvollen Bild einer ästhetischen Alternative den spröden Zweck der politischen Restauration verbergen. Berührt sich hier der »Conservator« mit dem Konservativen, Burckhardts Kulturgeschichtsschreibung mit der Reaktion?

Das Glücksbedürfnis des Bürgertums im nachrevolutionären 19. Jahrhundert formuliert sich nicht mehr politisch, sondern ästhetisch. Es parzelliert seine einstigen Ideale der Humanität, der Freiheit und des Fortschritts in idealisch interpretierten Kunstwerken – wofür die Kunstbeschreibungen des *Cicerone*, etwa in den Passagen über Raffael, exemplarisch sind. Aus der idealistischen Ästhetik, welche Versöhnung als das geschichtliche Versprechen der Kunst begriff, wurden die geschichtsphilosophischen Momente ausgetrieben, so daß die Kunstwerke in beruhigter Gegenständlichkeit der versöhnenden Anschauung übrigblieben. Die Bestände der Museen, die Kunstschätze der Villen sollten einer von der Revolution bedrohten Gegenwart den versteinernden Anblick einer Bild gewordenen Vergangenheit entgegenhalten. Das Glück der historistischen Ubiquität, das Burckhardt noch in asketischer Stille genießen wollte, wird bald von der populären Kulturgeschichtsschreibung eines Hermann Grimm als Palliativ der bourgeoisen Illusion zur Verfügung gestellt, die alles, nur nicht die eigenen Verhältnisse vor Augen haben möchte: »Wir möchten unsichtbar dabei sein, wo Goethe, Homer und Shakespeare und Dante, irgendwo im Reiche der Poesie, sich begegnen und einander ihre Geheimnisse erzählen. Da möchten wir lauschen und Mitwisser sein, ganz in der Stille; und es verleugnen, wenn wir darauf angeredet werden, als kümmere uns überhaupt dergleichen. Und so: wir möchten die Herrlichkeit des alten Griechenlands schauen: aber nicht sie allein. Auch im Rom des Raffael und Michelangelo wollen wir in den engen Straßen zwischen den Palästen schleichen, und in den Kanälen Venedigs unter den Fenstern Tizians sein, und in Nürnberg durchs Schlüsselloch in die enge Werkstatt Dürers einblicken. [...] Wir wollen allen Dichtern, Malern und Bildhauern tief in die Seele blicken. Nicht dies oder jenes Werk ihrer Hand ziehen wir vor: sämtlich wollen wir sie kennen.«[48]

In Hermann Grimms Universalismus der kulturgeschichtlichen Imagination ist die Möglichkeit zu ihrer Realisierung und Trivialisierung im Bildungstourismus angelegt, wenn nicht bereits vollzogen. Mit den Abziehbildern ihres Entstehungsortes assoziiert (Raffael und römische Paläste, Tizian und venizianische Kanäle, Dürer und enge Nürnberger Werkstatt), sollen die Kunstwerke für die flüchtigste Kenntnis kommunikabel werden.[49] Gleichzeitig versucht diese kulturhistorische Revue den Eindruck eines Arkanwissens zu erwecken, das sich nur wenigen Eingeweihten nach abenteuerlicher Anstrengung öffne: sie belauschen »Geheimnisse«, »schleichen« zwischen Palästen herum, blicken »durchs Schlüsselloch« in Dürers Werkstatt und überhaupt allen Dichtern etc. »tief in die Seele«. So wird das Gängigste – die vier bekanntesten Dichter: Homer, Dante, Shakespeare, Goethe, die vier bekanntesten Maler: Raffael, Michelangelo, Tizian, Dürer – im Scheine des Erlesenen illuminiert.

Deutlicher als Grimm hat Burckhardt die politische Soziologie einer Bildungselite ausgesprochen, die sich ihre Losungsworte aus dem Namen einer Künstlerelite gewählt hat. Drastisch stellt das Gedicht *Asyl* den Gebildeten und die Ungebildeten einander gegenüber, als »Conservator« und als »Lumpenpack«. Die politischen Exkurse der Briefe gelten dem gleichen Gegensatz: »Eine Familie will ich dieser infamen Zeit nicht in die Krallen liefern; es soll kein Proletarier meine Kinder mores lehren wollen.«[50] So motiviert der junge Burckhardt seinen einsiedlerischen Lebensplan, und der alte sieht seine frühe Erwartung nur bestätigt: »Für das Seltene hat denn freilich die Demokratie keinen Sinn und, wo sie es nicht leugnen oder entfernen kann, haßt sie es von Herzen.«[51] Hieran konnte Nietzsches elitärer Bildungsbegriff anknüpfen, der »von der Natur selbst [– also nicht von der Gesellschaft, H. S.] nur unendlich seltne Menschen zu einem wahren Bildungsgange ausgeschickt« glaubte[52] und den »Niedergang der deutschen Kultur« im »Demokratismus der ›allgemeinen‹, der gemein gewordenen Bildung« begründet sah.[53] Noch hinter Burckhardts Prophezeiung und Bewunderung des ›starken Mannes‹, dem politischen Korrelat des Künstlerheroen – wie Napoleons III., Bismarcks und halb autoritärer, halb faschistischer Diktatoren der Zukunft –, ist vor allem der Wunsch zu suchen, gegen das revolutionäre Potential der Massen einen Damm aufzuführen, der einigen weiterhin die Möglichkeit zum Kunstgenuß sichert.[54] Stets nimmt er für ›Besitz und Bildung‹ Partei, in der Tagespolitik, wenn er im Plan einer »eidgenössischen Vermögenssteuer« den »Anfang [...] zu einer Beraubung der Besitzenden« fürchtet[55], wie in seinen historischen Arbeiten, wenn er gegenüber dem ungebildeten Pöbel die Reste der »wahren Bildung in den höhern Ständen« im untergehenden römischen Imperium hervorhebt.[56] Über die historische Distanz hinweg nehmen die Familien des römischen Senats und die Geschlechter des

Schweizer Patriziats, dem Burckhardt entstammt, die gleiche kultursoziologische Position ein. Werner Kaegi hat diese angestammte Verbindung von Kultur und Herrschaft und ihre revolutionäre Bedrohung im 19. Jahrhundert apologetisch und dennoch treffend als den sozial- und geistesgeschichtlichen Hintergrund charakterisiert, vor dem Burckhardts Biographie und Werk zu verstehen sei: »Das Leben Jacob Burckhardts fällt innerhalb der baslerischen Geschichte in dieses entscheidende halbe Jahrhundert des Übergangs. Er hat seine Funktion in diesem Prozeß nie anders verstanden als ein Eintreten für jene urbanen Werte des Geistes, die das Erbe städtischer und gemeineuropäischer Kultur gewesen sind. Ihm war es vergönnt, diese Aufgabe erfüllen zu können, während sein [durch die Basler Kantonstrennung von 1833 – H. S.] grausam verkleinerter Staat auf Zusehen hin noch von der alten Herrenschicht regiert wurde, die im Unglück ihre eigene Kraft wieder gefunden hat. Ihr Staatsgebiet war außerhalb der Mauern fast ganz verloren, aber sie hatte sich dank ihrer uralten Solidarität mit dem städtischen Handwerkertum die Herrschaft nicht von der Masse aus der Hand winden lassen.«[57]

Obwohl sich hier die Allianz von politischem und kulturellem Konservativismus in wünschenswerter Deutlichkeit abzuzeichnen scheint, muß dieses Verhältnis noch einmal differenziert werden.

Trotz sozialer Herkunft und politischer Sympathie kann man Burckhardts Werk nicht unmittelbar als literarisches Äquivalent der konservativen Partei der feudal-bürgerlichen Oberschicht in Basel und in der Schweiz zuordnen; der »Conservator« ist nicht umstandslos mit dem Konservativen gleichzusetzen. Denn unter Burckhardts historischem Blick verwandeln sich die Reste der patrizischen Herrschaft, angesichts ihrer aktuellen Gefährdung, ihres objektiven Anachronismus inmitten der revolutionären Veränderungen seit dem 18. Jahrhundert, bereits in Erinnerung. Die patrizisch-kultivierte Lebensform wird ihm zu einem melancholisch betrachteten Ideal aus der vorrevolutionären Epoche: »Vor 100 Jahren waren alle sonstigen Lebensverhältnisse viel stätiger und einfacher; man wußte: in diesem Hause, das Dein gehört und das Du nach Belieben mit Büchern und Sammlungen anfüllen kannst, wirst Du, wenn nichts Absonderliches eintritt, in 30–40 Jahren sterben, nun nimm einen vernünftigen Anlauf. Wer kann das jetzt noch sagen?«[58] Die gesellschaftspolitische Zwillingsformel von ›Besitz und Bildung‹, die im 19. Jahrhundert vorzüglich zur Legitimation der Klassenherrschaft diente, löst sich in der Kulturgeschichte in ein historisches Nacheinander auf, dessen Einschnitt zwischen der alteuropäisch-patriarchalischen Ordnung der Lebensverhältnisse (»vor 100 Jahren«) und der bürgerlichen Moderne liegt, die im Gefolge der Französischen Revolution und der Industrialisierung bestimmend geworden ist. Der Beginn der Kulturgeschichtsschreibung hat demnach das Ende der ›Kultur‹ – in dem Sinne, wie eben die Kulturgeschichtsschreibung den Begriff gebraucht – zur Voraussetzung. Eine Epoche trennt die Wirklichkeit und das Bewußtsein von ihr. Deshalb bedeutet ›Bildung‹ im 19. Jahrhundert: Vergegenwärtigung von vergangenem Besitz. Asketisch ist der Genuß des »gebildeten Menschen«, der sich »bei Kunst und Poesie der Vergangenheit zum Mahle setzt«; denn nicht unmittelbarer Besitz sind die Denkmäler der Kultur, sondern Gedenken an sie. Ihre Ausstellung im Museum, ihre durch Photographie und neue Drucktechniken erleichterte Reproduktion, ihre Publikation in kulturgeschichtlichen Werken spiritualisieren den bürgerlichen Bildungsbegriff gerade im Unterschied zur besitzbürgerlichen Ordnung des Privateigentums.

Nur unter Einräumung dieser Differenz von Besitz und Bildung ist der Versuch ihrer politischen Zuordnung statthaft. Es ist ein äußerer, aber kein zufälliger Umstand, daß Burckhardt angesichts der – in der Schweiz verstärkt spürbaren – Vorzeichen der Revolution von 1848 dem entschieden konservativen Basler Ratsherrn Andreas Heusler den Plan einer »Bibliothek der Kulturgeschichte« vorträgt.[59] Doch kann diese Reaktion verschieden gedeutet werden: als Beitrag zum konterrevolutionären Widerstand – die Bildung träte für den Besitz ein – oder als vorweggenommene Kompensation für die postrevolutionäre Resignation – die Bildung träte an die Stelle des Besitzes. In Kenntnis von Burckhardts Überzeugung, daß seine Zeit einer umfassenden Epoche der Revolution zugehöre, die letztlich jeden politischen Widerstand breche und bestenfalls insulare individuelle Rückzugsformen gestatte[60], ist die zweite Lesart seinen Intentionen wohl näher. Burckhardt nimmt die von seinem Lehrer Ranke vertretene Position des Konservativismus zurück. Rankes historische Darstellungen der vorrevolutionären Jahrhunderte, eines noch monarchisch und aristokratisch verfaßten Europa, waren in der Zeit und in Übereinstimmung mit der nachrevolutionären Restauration entstanden. Aus dem teils erfahrenen, teils befürchteten Scheitern der politischen Alternative zum Revolutionszeitalter, wie es Burckhardt nach der Julirevolution, dem Basler Bürgerkrieg von 1833, dem deutschen Vormärz, den Schweizer Unruhen der vierziger Jahre und schließlich der Revolution von 1848 unabweisbar schien, zieht er die Konsequenz, das Feld der politischen Geschichte überhaupt zu verlassen und sich an die Kulturgeschichte zu halten. Burckhardts Abweichung von Rankes Gegenstand und Methode ist also in einer abweichenden Einschätzung der Chancen konservativer Politik begründet, obgleich er deren Ziele und Gesinnungen teilt. Rankes historisches Interesse an der politischen Geschichte mußte sich auf einen ihm unverfügbaren Grund begeben, denn seinen Gegenstand, das alteuropäische Staatensystem, hat die Geschichte selbst zum Verschwinden gebracht; insofern stellt sich dem Blick des politischen Historikers die Geschichte als eine Kette von Revolutionen dar, auch wenn er sie in die unscheinbarere Gestalt des Werdens und Vergehens zu mildern versucht. Einzig der Kultur- und Kunstgeschichte gelingt es, ihren Gegenstand verfügbar zu halten, ihn noch in Ruinen und Museen vor Augen zu haben. (Aus dieser Bedeutung der dinglichen, sinnlichen Präsenz des historischen Gegenstandes wird verständlich, weshalb Burckhardt Kulturgeschichte vornehmlich als Kunstgeschichte betreibt.) Einzig in ihr scheint die Macht der Zeit, worin die Revolutionen ihr metaphysisches Potential besitzen, zwar nicht gänzlich aufgehoben, aber dennoch geschwächt. Daß *vergangene* Werke der »Kunst und Poesie« heute noch bestehen, scheint eine sichtbare Grenze gegen das Ausmaß revolutionärer Veränderungen in der Geschichte zu ziehen.[61] Was Rankes historische Forschung nur für die Erinnerung bewahren, nur für das Bewußtsein vergegenwärtigen konnte, ohne jene Präsenz und Wirklichkeit zu erreichen, der doch seine Sehnsucht nach Objektivität galt, das besitzen die Objekte der Kunst- und Kulturgeschichte: greifbare Gegenwart. Sie haben Bestand, wo alles Bestehende gefährdet ist. Sie lassen sich konservieren, während die gesellschaftliche Verfassung, der sie entsprungen sind, nicht mehr zum Leben zu erwecken ist. Kunst und Kultur bilden eine machtlose, aber mit Aussicht auf Dauer versehene Objektivation des Konservativismus. Sie sind die Trophäen seines leichtesten und paradoxesten, vielleicht sogar seines einzigen Sieges. Es ist der gescheiterte Konservative, der zum »Conservator« wird. Die wissenschaftliche Rekonstruktion der Vergangenheit, ihre museale Konservierung, die »restaurierende Tätigkeit«[62] des Kunstbetrachters, das »Mitleben der [...] Kulturgeschichte«[63] sind quasi Ersatzhandlungen für die versagte politische Intention, diese Vergangenheit als gesellschaftliche Realität wiederherzustellen.[64]

Erst der Untergang des politischen Rahmens, innerhalb dessen die vergangene Kultur entstanden war, und die Einsicht, daß auf *seine* Restauration nicht zu hoffen sei, setzen die ästhetische Anschauung der Vergangenheit, die kulturhistorische Erkenntnis frei. Obgleich aus der politischen Geschichte des 19. Jahrhunderts hervorgegangen, kommen diesem kulturhistorischen Restaurationsbegriff eine wissenschaftsgeschichtliche Bedeutung und ein wissenschaftstheoretisches Recht zu. Legitim ist die Restaurierung vergangener Kunst, weil sie *nicht* die Restauration ihrer politischen und sozialen Umgebung mit sich führt. Wenn nicht für ihre Zeit, so doch im Rückblick sind die ästhetischen Gegenstände den praktischen Normen enthoben, welche für alle sozialen Handlungen sonst gelten. Sie sind unanwendbar und deshalb erhaltenswert geworden.[65] Die Entpolitisierung der vergangenen Kunst ist weniger eine Schwäche als eine Leistung des historischen Bewußtseins. Daß mit der Zunahme des Zeitabstandes der politische Aspekt der Kunst abnimmt, erübrigt den Bildersturm, an dem das Falsche nicht die Verletzung des sakrosankten Kunstwerks ist, sondern die Unfähigkeit, zwischen dessen historischer Genese und ästhetischer Geltung zu unterscheiden.

Erst wenn dem Ursprung – was nicht heißt: dem politischen Grund – von Burckhardts »restaurierender Tätigkeit« sein theoretischer Geltungsanspruch im Gebiete der Kunst eingeräumt wird, kann die Kritik ihrer Konkretisierung eine neue

Stufe erreichen. Denn die Eigenständigkeit der ästhetischen Anschauung: die Präsenz einer vom Praxis- und Wahrheitspostulat entlasteten vergangenen Kunst, bietet die legitime Voraussetzung für Burckhardts illegitimen Versuch, diese ästhetische Anschauung auf die Kulturgeschichte zu übertragen, genauer: Kulturgeschichte durch diese Übertragung zu konstituieren. Möglich ist die Übertragung, weil unter ›Kultur‹ der *materielle* Niederschlag und die *ideelle* Spiegelung sozialer Verhältnisse in einem verstanden werden; daher eignen ihr Sinnlichkeit und Geistigkeit in derart täuschender Verbindung, daß sie am Kunstwerk ihr Modell finden kann. Die theoretische Zweideutigkeit der Kulturgeschichte, deren Gegenstände nur die Sozialgeschichte rechtmäßig erschließen könnte, versteckt sich hinter dem Schein einer Quasi-Kunstgeschichte. Statt die sozialgeschichtlichen Bedingungen von Kunstwerken als einen problematischen Anteil an deren Gestalt und Gehalt nachzuweisen, bildet das kulturgeschichtliche Panorama aus diesen Bedingungen selbst den auratischen Hof der Kunstwerke, macht sie zu einem Teil ihres Genusses. Durch diese affirmative Zuordnung von Kunst und historischer Praxis versäumt die Kulturgeschichte die Möglichkeit der Kunstsoziologie ebenso wie die Möglichkeit einer Geschichte des alltäglichen Lebens. Der auf Praxis und Erkenntnis verpflichtete Bereich des wirklichen Lebens erfährt in der Kulturgeschichte seine ästhetische Neutralisierung. Kulturgeschichte ist der rückwärts gewandte Entwurf einer totalen Ästhetisierung des Lebens. Sie gerät deshalb unter die Träume des späten 19. Jahrhunderts. Der Ästhetizismus ist das letzte, verblassende Zeichen des Herrschaftsanspruchs, den der romantische Konservativismus am Anfang des 19. Jahrhunderts gestellt hatte.

In der verschwimmenden Sphäre, welche die Kulturgeschichtsschreibung zwischen Kunst und Praxis, zwischen geltungsindifferenten und geltungsbetroffenen Bereichen ausspannt, vollzieht sich aber ein wechselseitiger Austausch von Eigenschaften. In die Betrachtung des Schönen wandern die Begriffe des Wahren und Guten ein, wie an Burckhardts idealischen Beschreibungen von Bildinhalten abzulesen. So können als Gehalt von Kunst die aufgegebenen Ideen des politischen Konservativismus aufleben. Kunst, die der Restaurator gerade durch den freien Abschied von der politischen Vergangenheit gerettet hatte, wird schließlich – unter der zweifelhaften Gestalt utopischer Idealität – zur Restauration politischer Bedeutungen zurückgeholt. Für die Verkehrung der ursprünglichen Einsicht, für die erneute politische Annexion der Kunst trägt der Kulturbegriff die methodische Verantwortung (indem er sich der strengen methodischen Scheidungen entzieht). Diese theoretischen Wendungen und Widersprüche: Herauslösung der Kunst aus dem politisch-gesellschaftlichen Konnex, Ästhetisierung des Zwischenbereiches ›Kultur‹, Repolitisierung der autonom gesetzten Kunst, sind mit den Resignationen, Sublimationen und Hoffnungen von Burckhardts Konservativismus verknüpft. Die entgegengesetzten Motive und Bewegungen hat das Gedicht *Asyl* zu einem historisch-poetischen, zu einem geschichtsphilosophischen Mythos verbunden: zum Mythos vom Untergang der politischen Welt (»Dann freßt euch auf, ihr Lumpenpack,/Daß wieder Stille wird auf Erden«) und ihrer Auferstehung als Kunstwelt (»Wann wieder jung die Welt geworden ...«). Mit diesem Mythos verbinden sich auch die um den Begriff der Krise gruppierten politischen Prophetien, welche die Verehrer Burckhardts im 20. Jahrhundert eingetroffen wähnten, ohne den befremdlichen Zusammenhang zu bedenken, aus dem sie hervorgegangen sind.

So handfest politisch der Begriff der Krise zunächst erscheinen mag, seine systematische Aufgabe in Burckhardts historischem Denken ist es, den Übergang von der politischen zur Kulturgeschichte zu bewerkstelligen. In Erwartung der Krise – daß »die Welt einmal von einem Tag auf den anderen kurios neu angemalt sein« kann – fragt Burckhardt: »was wird dann aus den Bergeslasten archivalischer Forschungen womit die Geschichte in den letzten Jahrzehnden ist verumständet worden?«[66] Den Untergang alles Materiellen, Faktischen – für den Historiker gesprochen: aller Fakten – in der revolutionären Krise können höchstens die spirituellen Werte der Vergangenheit überdauern, welche der Begriff der Kultur zusammenfaßt. Das Revolutionszeitalter, das Burckhardt von 1789 an datierte und das er in den Krisen seiner Zeit fortgesetzt und in denen der Zukunft gesteigert sah, legitimiert, ja erzwingt eine Form der historischen Betrachtung, die sich nicht von den »Bergeslasten« einer archivalisch aufbereiteten, also auf die festgehaltenen Aktionen der Tagespolitik, der Diplomatie und Verwaltung beschränkten Vergangenheit erdrücken läßt. Um es in einem Bild zu sagen, das den Quellen von Burckhardts Vorstellungswelt nicht fern liegt: die Krise eröffnet nach der Höllenfahrt der politischen Geschichte die Himmelfahrt der Kulturgeschichte. Die »beschleunigten Prozesse«[67], die den konservativen Burckhardt ängstigen, begründen zugleich das Interesse des Kulturhistorikers Burckhardt. Daraus wird auch der Aufbau der *Weltgeschichtlichen Betrachtungen* verständlich: die »drei Potenzen« – Staat, Religion, Kultur – kommen als gleichsam ahistorische Grundmächte der Geschichte in ihren »allmählichen und dauernden Einwirkungen und Verflechtungen«[68] erst durch ihre Gegenbildlichkeit zu den »beschleunigten Prozessen« der »geschichtlichen Krisen« in den Blick. Die Statik der »Potenzen« und ihre gegenseitigen »Bedingtheiten« erläutern Beispiele aus der *Vergangenheit*; das Modell der »echten Krisen« gibt im folgenden Kapitel das *gegenwärtige* Revolutionszeitalter ab.[69] Von der Erfahrung der Krise, die streng das Bedeutende vom Ephemeren im Vergangenen gesondert hat, gehen die weltgeschichtlichen Betrachtungen, unverstellt durch »archivalische Forschungen«, zu den stilleren Tagen der drei Potenzen zurück. Unter ihnen ist die Kultur das beweglichste Element, deshalb am empfindlichsten von der Krise betroffen und dennoch ihr am nächsten verwandt. Burckhardts Diktum: »der Geist ist ein Wühler«[70], rückt Kultur und Umsturz in eine befremdliche Nähe.

Diese Ambivalenz der Krise und – reziprok – der Kultur führt auf eine geheime Spur von Burckhardts eigentümlicher Geschichtsphilosophie, die leicht unter seinen wiederholten Erklärungen gegen die Hegelsche und hegelianisierende Geschichtsphilosophie verdeckt bleibt. Sein Urteil über Gegenwart und Zukunft scheint von dem Pessimismus beherrscht, für den Schopenhauer als »unser Philosoph« schlechthin steht: Steinkohle und Eisenbahnen gelten ihm als »wahres Symbol alles widerlich modernen Lebensbetriebes«[71], in politischen Tagesereignissen erblickt er »die unverkennbaren Vorzeichen innerer Zersetzung«[72], die nach dem »Massendespotismus« eine »künftige Gewaltherrschaft« erwarten läßt[73], revolutionäre Bewegungen endlich verbürgen ihm die Realität des Teufels.[74] Wird dergestalt die Zeitkritik durch theologische Metaphorik verschärft, so ist ihre Aufhebung durch den Übergang in Geschichtsmetaphysik vorbereitet. Burckhardts bekanntester Satz, daß die Macht an sich böse sei, entdeckt im Politischen, ungeschieden nach tradierter Herrschaft oder revolutionären Bewegungen, den Charakter des Weltlichen schlechthin, dem in Krise und Untergang nur das ihm zukommende Schicksal widerfährt. Das Chaos ist die notwendige Voraussetzung für die Epiphanie eines Anderen, das nicht von dieser (politischen) Welt ist. Wenn sich das »Lumpenpack« aufgefressen hat, tritt »wieder Stille« ein »auf Erden«, jene Stille, die der Verjüngung der Welt, der Wiederauferstehung der Kunst vorhergehen muß – so etwa ließe sich Burckhardts poetisch-historische Theologie umreißen.

Ihr frühestes Zeugnis liegt wohl in dem ersten erhaltenen Gedicht des Siebzehnjährigen vor, einer Prophetie des Zustandes *Nach dem Weltgericht*[75]; in späteren Gedichten kehrt das Motiv häufig wieder. Zu den nachhaltigsten Eindrücken von Burckhardts Studienjahren gehört De Wettes Basler Vorlesung über Jesaja (1839), den Eschatologen unter den Propheten des *Alten Testaments*. Später, in den eigenen Vorlesungen, zitiert Burckhardt mit Vorliebe den Propheten, besonders Jes. 60, 1.2: »Mache dich auf, werde Licht, denn dein Licht kommt, und die Herrlichkeit des Herrn geht auf über dir! Denn siehe, Finsternis bedeckt das Erdreich und Dunkel die Völker; aber über dir geht auf der Herr, und seine Herrlichkeit erscheint über dir.« Noch die *Weltgeschichtlichen Betrachtungen* verweilen mit ungewöhnlicher Ausführlichkeit und Zustimmung bei der »großartigen, umständlichen Eschatologie« Ottos von Freising, die einen heilsgeschichtlichen Weg von der »Verfinsterung der sittlichen Mächte« über den »Weltbrand« bis zu einer »neugeborenen Welt« mit einem »verjüngten Menschengeschlecht« vorgezeichnet sehe.[76]

Merkwürdig ist, daß diese scheinbar sehr individuelle Neigung zur Eschatologie in einer Lokal-, sogar in einer Familientradition steht. Bereits zu Ende des 18. Jahrhunderts hatte die Basler Christentumsgesellschaft, damals geleitet von Johann Rudolf Burckhardt, dem Großvater Jacobs, mit solchen Ideen die Zeitgeschichte zu interpretieren versucht: »Es sind die Bilder der Apokalypse, die Vorstellung vom rasch fortschreitenden Verderben der Welt, von der anbrechenden Herrschaft des Antichrist, von der Macht des Teufels in der Welt und in den Herzen der Menschen, mit denen man das Fortschreiten der Aufklärung, die Entwicklung zur französischen Revolution hin, und später den Aufstieg Napoleons in den Zusammenhang biblischer Geschichtsdeutung einzuordnen suchte.«[77] Die Ähnlichkeit der Ideen fußt in der Einheit der Zeit.

Es ist die revolutionäre Beschleunigung des historischen Prozesses, wie sie seit dem Ende des 18. Jahrhunderts auch dem Zeitgenossen fühlbar wurde, für welche einzig der Chiliasmus die angemessenen Bilder bereitzuhalten schien. Aus der Schwierigkeit, den widersprüchlichen Verlauf des Revolutionszeitalters mit den linearen Fortschrittsideen der vorrevolutionären Aufklärung zu vereinbaren, ist auch das Einwandern chiliastischer Vorstellungen in die Geschichtsphilosophie des deutschen Idealismus zu verstehen.[78] Sie rezipierte den Chiliasmus als erste Theorie der historischen Krise, des Umschlagens von Not- in Heilszeit, wie sie die Utopie der Revolution und der Restauration gleichermaßen, wenn auch mit verschiedenen Inhalten, aufeinander folgen sahen. Der Verweis auf die theologische Abkunft dieses (allerdings aus dem häretischen, nicht dem orthodoxen Ideenvorrat des neueren Christentums entnommenen) Krisenbewußtseins liegt nicht mit dem Plädoyer für die »Legitimität der Neuzeit« im Streit. In der Tat stehen deren Begriffe der Selbsterhaltung und des Fortschritts den Vorstellungen der Heilsgeschichte ferner[79] als die Bilder der revolutionären Krise, in denen sich der Ursprung der Moderne vom Geschichtsverständnis der frühen Neuzeit abhebt. Zudem soll der Verdacht der Säkularisierung nicht den theologischen Besitzanspruch wieder geltend machen, vielmehr den bedenklichen, für Ideologien anfälligen Status von Poesie erklären, der den chiliastischen Ideen in der säkularisierten Gestalt revolutionärer und konterrevolutionärer Utopien eignet.

Bereits in der *Zeit Constantins des Großen* ist die eschatologische Struktur einer krisenhaften »Übergangsepoche«[80] ausgebildet: während die antike Kultur ihr apokalyptisches Ende im ironischen »Fortschritt« der politischen Organisation zum barbarischen Zwangsstaat findet, ersteht aus diesem Ende die Verheißung einer besseren Welt, worauf die Erlösungsgedanken des jungen Christentums, besonders der Asketen und Eremiten, wie der heidnischen Mysterienkulte gleichermaßen gerichtet sind. Aus der reichen, aber behäbigen Kultur vertrieben, gewinnt der ›Geist‹ im eschatologischen Denken eine ärmere, aber reinere Gestalt.[81] – Verantwortlich für die endzeitlichen Züge in der *Zeit Constantins* ist letztlich Burckhardts Erwartung des Endes *seiner* Zeit. Sie reicht von dem umfassenden »Grauen, die Zustände Europens möchten einst über Nacht in eine Art Schnellfäule überschlagen, mit plötzlicher Todesschwäche der jetzigen scheinbar erhaltenden Kräfte«[82], von der Furcht über die Wiederkehr gesamteuropäischer oder lokaler Revolutionen über die Prophetie naher ökonomischer Zusammenbrüche[83] bis zur Angst vor den alltäglichen Veränderungen: auch im Bau der Eisenbahnen, im Fallissement einer Basler Modistin, sogar im Wettersturz glaubt er die »Unterminirtheit der Dinge«, die Vorzeichen der großen Krise zu erkennen. Angesichts der lächerlichen Konsequenz des apokalyptischen Denkens verliert der Versuch, Burckhardt als den »wahrsagenden Propheten unter den Historikern des 19. Jahrhunderts« auszuzeichnen[84], an Glaubwürdigkeit.

Gegen diesen Versuch spricht auch die letzte Komponente in Burckhardts Prophetien, die kaum in der geschichtlichen Realität unseres Jahrhunderts, wohl aber in der traditionellen Struktur der Eschatologie wiederzufinden ist: die Hoffnung auf den Anbruch einer neuen, besseren Welt nach dem Untergang der bestehenden. Denn »die eschatologische Zeit ist nicht nur eine Not- und Krisenzeit, sondern auch eine Heilszeit [. . .] Urzeit-Endzeit gehören zusammen, das Geschehen der Urzeit wiederholt sich, aus Chaos entsteht aufs neue Kosmos«.[85] Was in den *Weltgeschichtlichen Betrachtungen* unter dem Begriff der »heilenden Krise« vorgestellt wird – »mitten im allgemeinen Umsturz eine plötzliche Klärung des Horizonts«, eine »Reaction von seiten des frei Idealen«, die »Erneuerung des Lebens«, eine »neue Wohnung« des »Geistes der Menschheit«[86] – läßt sich von den Jugendgedichten bis zu den späten Briefen als einer der festesten Gedanken Burckhardts fassen. »Auf den Trümmern des alten Staates wird die Liebe vielleicht ein neues Reich gründen«[87] – ähnlich beschreibt auch das *Asyl* die Wende, welche aus dem Untergang der politischen Welt das Bild eines verjüngten Zeitalters der Schönheit und Liebe heraufführt: »Vielleicht in später, später Zeit,/Wann wieder jung die Welt geworden [...] wird Helena von Paris Arm umschlungen ...«. Aus der Katastrophe geht das Älteste als das Jüngste hervor, gleichsam »gerettet« wie die Wanddekorationen von Pompeji, »die uns der Ausbruch des Vesuvs im Jahre 79 zum Geschenk gemacht hat«.[88] Erst in dieser Dialektik der Krise sind die geschichtsphilosophische Stellung von Kunst und Kultur sowie die Aufgabe des Kunst- und Kulturhistorikers letzlich zu bestimmen.

Allerdings verengt Burckhardt die Utopien der frühbürgerlichen Geschichtsphilosophie auf ästhetische Ideale: statt der Revolution erhofft er die Verlebendigung von Kunst; nicht im geglückten gesellschaftlichen Verhältnis, sondern in der harmonischen Komposition schöner Gestalten ist das Neue Reich vorgestellt. Aus dem Auftrag der Kunst, im ästhetischen Ideal eines höheren Lebens den eschatologischen Entwurf eines besseren Lebens zu konservieren, leitet sich auch Burckhardts Klassizismus ab. Denn er bewertet Kunstwerke danach, ob ihre Auferstehung, ihre Verlebendigung wünschenswert sei. So argumentiert seine Kritik an Michelangelos Manierismus, am »Ungeheuren«, »Unwahrscheinlichen« und »Bizarren« seiner Gestalten: »Seine Ideale der Form können nie die unsrigen werden; wer möchte z. B. bei seinen meisten weiblichen Figuren wünschen, daß sie lebendig würden?«[89] – während die klassischen Formen eines Raffael »wünschen« lassen, daß sie ins Leben einträten. Burckhardt betreibt historische Kunstkritik unter dem chiliastischen Aspekt des Jüngsten Gerichts, bei dem ihm die Entscheidung obliegt, welche Werke zum neuen Leben berufen sind.[90]

›Klassisch‹ ist, was im Neuen Reich Wirklichkeit werden möge. Im klassizistischen Ideal ist also die eschatologische Idee *präsent* und deshalb nicht länger als politisches Ziel einer anderen Gesellschaft *zukünftig*. Denn dieses ideale Neue Reich der Kunst muß nicht durch politisches Handeln herbeigezwungen werden; in jedem Schönen ist es bereits gegenwärtig und zur Epiphanie im verstehend-genießenden Kunstsinn fähig. Aus der Tradition einer chiliastisch inspirierten

Geschichtsphilosophie gewinnt Burckhardt das prophetische Pathos seiner Kunstanschauung, ohne den Preis der sozialen und politischen Veränderung entrichten zu müssen.

Nur in der Klage, daß die Geschichte dennoch diesen Preis einzutreiben versuche, macht sich die ursprüngliche Logik des geschichtsphilosophischen Modells gegen Burckhardts Intention seiner ästhetischen Sublimierung geltend. Beide Momente, die ewige Gegenwart des in der Anschauung wiedergekehrten Goldenen Zeitalters und die Bedrohung dieser angeschauten Schönheit durch Politik, sind aus der Partikularisierung des eschatologischen Prozesses hervorgegangen. Denn alle Stufen – Urzeit, Krise, Endzeit und Neues Reich – sind im kunst- und kulturhistorischen Bewußtsein gleichzeitig versammelt. Widersprüche, wie sie aus diesem Nebeneinander entstehen, wirken bis ins Detail, etwa in Burckhardts Italienbild. »Italien ist ganz unsäglich schön, und manchmal glaube ich, es habe mir schon bei meiner ersten Studententour etwas sagen wollen was ich erst jetzt verstehe. Salve, magna parens frugum, Saturnia tellus!«[91] – Es ist das saturnische Land des Goldenen Zeitalters, des mythischen Anfangs und – wie auf dem »gold'nen Deck« Helena und Paris versöhnt, wieder vereint sind – der Wiederkehr »in später, später Zeit«, und trotzdem: noch jetzt, schon jetzt sinnlich vor Augen. Aber wegen dieser Unstimmigkeit der geschichtsphilosophischen Sukzession kann die Präsenz nur gleichnishaft, d. h. real nur als Schein der Kunst sein. »Italien ist eigentlich nur ein Gleichniß dessen was es sein sollte und könnte[92]; zwischen die Kunst, das herrlich begabte Volk, die Schönheit auf allen Gassen hinein legt sich nun wie ein schwarzer Qualm das dreckige geschäftliche Leben und Streben, der Verkehr, die eben so dreckige Politik, der Sozialismus etc. etc.«[93]

Wie die schönen Bilder in den politischen Revolutionen überdauern können, ist die Sorge des Kulturhistorikers. Wiederholung, Wiederbringen der Vergangenheit hat sich der Historismus des 19. Jahrhunderts schlechthin als Aufgabe gestellt. Seine positivistische Verfahrensweise und seine programmatische Erklärung, jede Epoche aus sich verstehen zu wollen, schließen eine innere Tendenz zur Aktualisierung der Vergangenheit nicht aus. Gerade die Absicht, ihr Bild unverfälscht, d. h. von den Ablagerungen und Verdunkelungen der

Zwischenzeit gereinigt, *wiederherzustellen*, präsentiert es dem gegenwärtigen Bewußtsein unmittelbar, wie ein restauriertes Gemälde. Daß der Historismus es vermag, den historischen Prozeß als Bild, Geschichte als Kunstwerk darzubieten, verdankt er der gleichen Struktur einer ästhetisch gewendeten Geschichtsphilosophie, wie sie sich bei Burckhardt abzeichnete: die vergangene Schönheit (allgemeiner: die Schönheit des Vergangenen) und die Schönheit einer idealen Zukunft fallen zusammen im erinnernden und erlebenden Genuß der Schönheit in der Gegenwart. Es hat deshalb der Historismus seine Vollendung vielleicht weniger in der Geschichtswissenschaft als in den ästhetischen Reproduktionen, in den Bauten und Inneneinrichtungen des 19. Jahrhunderts gefunden. Hier hat das Vergangene den gegenständlichen Schein zeitgenössischer und zeitenthobener Wirklichkeit angenommen.

In der erinnerten Kultur überdauert die Vergangenheit als anschauliches Bild. Zurückgelassen von der vergänglichen Zeit, wird es angesichts der näherrückenden Endzeit in die Scheuer der Ewigkeit eingebracht. Das Schöne stiftet die geschichtsphilosophische Einheit im Wechsel der Zeitalter: »Wandelt vorbei, Zeitalter der Welt! / Ewige Jugend verbleibt dem Schönen!« Kunstgeschichte und Kunstgenuß führen ins Innere des Heilsplans, weshalb der *Cicerone. Eine Anleitung zum Genuß der Kunstwerke Italiens* formulieren kann: »Mit der Intention, *diese unsterblichen Gedanken zu finden*, muß der Beschauer an Giottos Schöpfungen herantreten.«[94] Mit Hilfe dieser Intention wird die in den Bildmotiven erscheinende reale Welt in eine ideale übergeführt[95]; denn die Künste »haben es nicht mit dem auch ohne sie Vorhandenen zu tun [...], sondern ein höheres Leben darzustellen, welches ohne sie nicht vorhanden wäre. [...] Aus Welt, Zeit und Natur sammeln Kunst und Poesie allgültige, allverständliche Bilder, die das einzig irdisch Bleibende sind, eine zweite ideale Schöpfung, der bestimmten einzelnen Zeitlichkeit enthoben, irdisch-unsterblich [...]. Äußerlich sind ihre Werke den Schicksalen alles Irdischen und Überlieferten unterworfen, aber es lebt genug davon weiter, um die spätesten Jahrtausende zu befreien, zu begeistern und geistig zu vereinigen.«[96] Die Interpretation des Kunsthistorikers wiederholt also den Läuterungsprozeß, durch den das »Bleibende« der Vergangenheit in der Krise der Gegenwart als Rest, als Trost und als Versprechen anwesend ist. Gemeinsam eignet den Gehalten der Kunstwerke, der erinnerten Vergangenheit und der »restaurierenden Fähigkeit«[97] des Interpreten jene Spiritualität, die es ermöglicht, den krisenhaften Verfall der politisch-materiellen Geschichte zu überstehen. Gemeinsam verweisen sie auf das Neue Reich (»eine zweite ideale Schöpfung«), das eines des Geistes sein wird. Die »irdisch-unsterbliche« Präsenz der Kunst partizipiert an der Paradoxie des Historismus: erst durch die Distanzierung der Vergangenheit, wie sie die industrielle Revolution praktisch vollzogen hatte, hat ihre Erkenntnis beginnen können, als Bewußtsein dessen, was nicht mehr ist; in einem zweiten Schritt soll das Vergangene aus dem Bewußtsein wieder ins Leben zurückgeführt werden. Kunstwerke und Dokumente der Kultur, selber Produkte des ›Geistes‹, liefern die greifbaren Beweise für diese Möglichkeit einer Wiedergeburt aus dem Geiste.

Aus der anschaubaren Präsenz des ›Geistes‹, aus der sinnlichen und vorstellbaren Gegenwart dessen, was einst gewesen ist und dereinst sein soll, entspringt das Glück des ästhetischen Historismus. Das Sakrale profanierend und das Profane wiederum sakralisierend, läßt das 19. Jahrhundert die eschatologische Tradition in der Idealität der Kunst enden. In ihr finden sich die geschichtsphilosophischen Stufen des Frühen, des Jetzt und des Letzten zur Einheit. Indem die Kulturgeschichte in eine nach Maßgabe des Kunstwerks begriffene Vergangenheit alle Intentionen der Geschichtsphilosophie einfaltet, bringt sie die Erwartung des Besseren im Schönen zur Ruhe.

Anmerkungen

1 Jacob Burckhardt, *Gedichte*, hg. von Emil Hoffmann, Basel 1926, S. 73. Seine Entstehung läßt sich genau auf den 28. Februar 1847 datieren, denn Burckhardt schickt es am 1. März an Hermann Schauenburg mit dem Vermerk: »Dieses Lied habe ich gestern Abend für Dich gemacht« (Jacob Burckhardt, *Briefe*, hg. von Max Burckhardt, Wiesbaden/Basel 1949 ff., Bd. 3, S. 57 – im folgenden mit Bandzahl zitiert als: *Briefe*).

2 26. 1. 1846, an Eduard Schauenburg (*Briefe* II, S. 198).

3 19. 4. 1845, an Gottfried Kinkel (*Briefe* II, S. 158).

4 22. 3. 1847, an Hermann Schauenburg (*Briefe* III, S. 58).

5 21. 4. 1846, an Karl Fresenius (*Briefe* III, S. 16).

6 9. 3. 1846, an Gottfried Kinkel (*Briefe* II, S. 212). Mit ähnlichen Wertungen empfiehlt Burckhardt am 19. 6. 1864 Paul Heyse einen Dramenstoff »wo nur harmlose Völkerschaften ›hinten weit in der Türkei‹ aufeinanderschlagen, kein Groß- noch Kleindeutschthum, keine Reformation, kein Clerus, überhaupt nichts vorkömmt, woran E. E. Publicum irgendwelchen Parteifanatismus knüpfen könnte« (*Briefe* IV, S. 149 f.).

7 28. 2. 1846, an Hermann Schauenburg (Briefe II, S. 208).

8 6. 11. 1829, an Heinrich Ritter, in: *Deutsche Briefe aus Italien*, hg. von Eberhard Haufe, Hamburg 1965, S. 281.

9 14. 6. 1842, an Willibald Beyschlag: »Mein ganzes Geschichtsstudium ist so gut wie meine Reiselust, meine Landschaftsklekserei und meine Beschäftigung mit der Kunst aus einem enormen Durst nach Anschauung hervorgegangen« (*Briefe* I, S. 204 f.).

10 *Weltgeschichtliche Betrachtungen*, Darmstadt 1956 (= Jacob Burckhardt, *Gesammelte Werke*, Bd. 4), S. 5 und 6.

11 Vgl. Karl Pestalozzi, *Die Entstehung des lyrischen Ich. Studien zum Motiv der Erhebung in der Lyrik*, Berlin 1970, und Heinz Schlaffer, *Das Dichtergedicht im 19. Jahrhundert. Topos und Ideologie, Schiller-Jb.* 10 (1966), S. 297–335.

12 Vgl. etwa die brieflichen Äußerungen gegenüber Paul Heyse: »Ich werde eben allmälig ein alter Kerl [von 46 Jahren!], der froh ist, [...] wenn Alles bleibt wie es ist und wenn kein Unheil den Tag bezeichnet« (13. 12. 1864 – *Briefe* IV, S. 173) und Eduard Paulus: »Ich habe allmälig mein Dasein ins Enge gezogen und wünsche nur noch für das Nächste verantwortlich zu sein« (4. 5. 1866 – *Briefe* IV, S. 220).

13 *Ges. Werke* I, S. 302.

14 Ebd., S. 303.

15 4. 3. 1848, an Andreas Heusler-Ryhiner (*Briefe* III, S. 103).

16 Vgl. *Ges. Werke* III, S. 186 f.

17 *Ges. Werke* V, S. 9 (Einleitung zur *Griechischen Kulturgeschichte*).

18 *Ges. Werke* IV, S. 6 f. (*Weltgesch. Betrachtungen*).

19 *Deutsche Briefe aus Italien*, S. 280.

20 *Ges. Werke* IV, S. 50. Aus ähnlichen Motiven schränkt Burckhardt seine Antipathie gegen die Technifizierung der Lebenswelt im Falle der Photographie ein: denn die extensiv, fast leidenschaftlich gekauften Photographien von Gebäuden und Gemälden verwandeln dem »Betrachtenden [...] die ganze vergangene und jetzige Welt in geistigen Besitz«, in ein Museum exakt erinnerter Abbilder.

21 *Ges. Werke* IV, S. 164.

22 Vgl. die Einschätzung des »Gesamtereignisses« der *Kultur der Renaissance in Italien:* es bestehe »darin, daß neben der Kirche, welche bisher (und nicht mehr für lange) das Abendland zusammenhielt, ein neues geistiges Medium entsteht, welches, von Italien her sich ausbreitend, zur Lebensatmosphäre für alle höher gebildeten Europäer wird.« (*Ges. Werke* III, S. 117).

23 Walter Benjamin, *Paris, die Hauptstadt des XIX. Jahrhunderts*, in: W. B., *Illuminationen*, hg. von Siegfried Unseld, Frankfurt 1961, S. 194.

24 Ebd.

25 17. 4. 1847, an Gottfried Kinkel (*Briefe* III, S. 68).

26 30. 3. 1870, Bernhard Kugler (*Briefe* V, S. 76).
27 *Ges. Werke* V, S. 5 f. und 9.
28 Ebd., S. 28.
29 Ebd., S. 35.
30 Ebd., S. 55.
31 Ebd., S. 27.
32 Vgl. ebd., S. 38: »Die Erinnerungen an Großtaten der historischen Zeit sind [...] so viel als null.«
33 *Ges. Werke* IX, S. 3. Alle Zitate über die Tempel von Paestum finden sich auf derselben Seite.
34 Vgl. ebd., S. 31: »Die Tore der Römer [...] sind hier nur insoweit zu erwähnen, als sich in ihnen eine entschiedene künstlerische Absicht ausdrückt; das gewöhnliche Tor, als Glied der Stadtmauer, gehört in das Gebiet der Altertumskunde.«
35 Man kann mit Hermann Heimpel (*Zwei Historiker*, Göttingen 1962, S. 29), »gewiß vereinfachend, sagen: der Ranke der ›Großen Mächte‹ suche das Schöne in der Geschichte, der ›Kulturhistoriker‹ Burckhardt finde es außer und trotz der Geschichte.«
36 In Wahrheit handelt es sich, wie die spätere Archäologie feststellte, um einen Hera-Tempel, wodurch die mythischen Verbindungen mit dem Namen der Stadt und der Nähe des Meeres entfallen. Einen zweiten Irrtum seiner Zeit teilt Burckhardt, wenn er den sog. Poseidon-Tempel für den ältesten der drei hält: in Wirklichkeit ist er der jüngste. Als der älteste galt er, weil er der schönste ist und man im Schönen eher das Zeichen des Ursprungs, des naiven Anfangs erblickte als das Produkt von Erfahrung und Überlegung.
37 Karl Marx, *Grundrisse der Kritik der politischen Ökonomie*, Frankfurt/Wien o. J., S. 30.
38 *Ges. Werke* I, S. IX (Vorrede zur ersten Auflage).
39 Für ähnliche kompensatorische Leistungen des historischen Romans vgl. Erwin Wolff, *Sir Walter Scott und Dr. Dryasdust*, in: *Dargestellte Geschichte in der europäischen Literatur des 19. Jahrhunderts*, hg. von Wolfgang Iser und Fritz Schalk, Frankfurt 1970, S. 15–37.
40 Burckhardt in der Vorbemerkung zur 2. Auflage (1869) der *Kultur der Renaissance in Italien* (*Ges. Werke* III, S. XX).
41 Georg Wilhelm Friedrich Hegel, *Ästhetik*, hg. v. Friedrich Bassenge, Frankfurt o. J., Bd. 1, S. 21 f.
42 *Ges. Werke* IV, S. 48. An dieser Stelle mag auffallen, wie viele Motive von Nietzsches Zeitkritik bei Burckhardt vorbereitet sind.
43 Ebd., S. 23 und 41.
44 So lautet die Überschrift des ersten Abschnitts des Buchs.
45 *Ges. Werke* IV, S. 153 f. und 151.
46 23. 8. 1848, an Hermann Schauenburg (*Briefe* III, S. 105).
47 *Ges. Werke* IV, S. 11.
48 Hermann Grimm, *Ernst Curtius über Kunstmuseen*, in: H. G., *Essays*, hg. von Rolf Welz, Nürnberg 1964, S. 160.
49 Noch in dieser trivialen Zuordnung von Kunstwerk und Umgebung scheint die abgesunkene Form jenes historischen Kunstverständnisses durch, das Herder begründet hatte, als er für die frühen Stufen der Poesie einen je eigenen geschichtsphilosophischen Ursprung entwarf.

50 12. 9. 1846, an Gottfried und Johanna Kinkel (*Briefe* III, S. 38).

51 17. 3. 1888, an Friedrich von Preen, in: Jacob Burckhardt, *Briefe zur Erkenntnis seiner geistigen Gestalt*, hg. von Fritz Kaphahn, Leipzig 1935, S. 476.

52 Friedrich Nietzsche, *Über die Zukunft unserer Bildungsanstalten*, in: F. N., *Werke*, hg. von Karl Schlechta, 2. Aufl., München 1960, Bd. 3, S. 216.

53 *Götzen-Dämmerung*, in: F. N., *Werke*, Bd. 2, S. 987.

54 Vgl. den ebenfalls an Friedrich von Preen gerichteten Brief vom 27. 4. 1870 (*Briefe* V, S. 85 f.): »die große Menge, in ihrer Zerfahrenheit, braucht einen Rhythmus, in welchem sie dann marschirt und ohne welchen sie gar keine façon haben würde. Inzwischen läßt man *uns* in Frieden und wir können unsern Gedanken nachhängen« – eine paradoxe politische Konsequenz aus der kulturgeschichtlichen Asyl-Vorstellung. Vgl. auch Burckhardts Definition des Kommunisten: »wer ein Almosen durch Störung des Besitzenden in irgend einem physischen oder ästhetischen Genuß erzwingen will, ist ein Communist« (14. 8. 1881, an Robert Grüninger, *Briefe* VII, S. 269).

55 30. 12. 1862, an Wilhelm Vischer, Sohn (*Briefe* IV, S. 127).

56 *Ges. Werke* I, S. 345.

57 Werner Kaegi, *Jacob Burckhardt. Eine Biographie*, Bd. 1, Basel 1947, S. 208.

58 10. 7. 1864, an Otto Ribbeck (*Briefe* IV, S. 154).

59 Vgl. Kaegi, *Burckhardt*, Bd. 3, S. 169 f.

60 Vgl. den Brief vom 13. 6. 1842 an Gottfried Kinkel: »Fast sämmtlichen europäischen Völkern ist das, was man historischen Boden nennt, unter den Füßen weggezogen worden, auch den Preußen. Die völlige Negation, die zu Ende des vorigen Jahrhunderts in Staat, Kirche, Kunst und Leben eintrat, hat solch eine ungeheure Masse von objektivem Bewußtsein in alle einigermaßen regsamen Köpfe hineingeworfen (bei den Bessern: entwickelt) daß an eine Herstellung der alten Unmündigkeit gar nicht mehr zu denken ist [. . .] Alle Restauration, so wohl gemeint und so sehr sie der einzige scheinbare Ausweg war, kann das factum nicht auslöschen, daß das XIX Jahrhundert mit einer tabula rasa aller Verhältnisse begonnen hat« (*Briefe* I, S. 201).

61 Die Möglichkeit des Überdauerns von Kunst und Kultur trotz gesellschaftlichen Umbruchs wird allerdings auch für jede politische Opposition zum Problem. Im Verlauf und nach dem Erfolg von Revolutionen stellt sich der neuen Gesellschaft die Frage, wieweit sie die noch vorhandenen Kunstwerke und Monumente der vergangenen Gesellschaft von ihr abzulösen vermag und sich selbst aneignen darf. Die Antworten des gegenwärtigen Sozialismus reichen bekanntlich von der Kulturrevolution bis zur Theorie des Erbes. Sie wurden ähnlich bereits in der bürgerlichen Revolution am Ende des 18. Jahrhunderts gegeben: vom sog. jakobinischen Vandalismus bis zur Einrichtung von Museen.

62 *Ges. Werke* IX, S. 13.

63 Ebd., S. 303.

64 Obwohl die Wahl des Bereichs Kunst und Kultur von dem Wunsch geleitet ist, den drohenden sozialen Revolutionen zu entgehen, wird – ein weiteres Indiz der Verschiebung – Burckhardt von der Furcht vor

Zerstörung selbst hier verfolgt, s. *Weltgeschichtliche Betrachtungen* (*Ges. Werke* IV, S. 162): »Ihre [= der Meister] Werke, so reichlich sie auch schufen, sind doch nur in beschränkter Zahl über die Erde verbreitet, und wir dürfen für ihr dauerndes Dasein zittern«, ähnlich in einem Brief an Heinrich von Geymüller, 27. 12. 1874 (*Briefe* V, S. 261): »Es läßt sich denken daß der an sich ziemlich prosaische Geschäftsmann Braun in Dornach einer höhern Macht diene, daß der Vatican hat noch müssen photographirt werden bevor etwa ein schauderhaftes Schicksal über seine Fresken geht«. Der Vergänglichkeit der unvergänglichen Werke, dem Eindringen der Zeit (deren zugespitzte Form Revolution heißt) stellt Burckhardt eine noch weiter entwickelte Form der Vergegenwärtigung im Bewußtsein entgegen, die Rettung in der Reproduktion: von daher wird sein leidenschaftliches Sammeln von Photographien verständlich.

65 Diesen Gedanken entwickelt im Anschluß an Marx' berühmtes Problem vom »ewigen Reiz« der griechischen Kunst: Gisbert Ter-Nedden, *Gibt es eine Ideologiekritik ästhetischer Sinngebilde?*, in: *Erweiterung der materialistischen Literaturtheorie durch Bestimmung ihrer Grenzen*, hg. von Heinz Schlaffer, Stuttgart 1974, S. 251–264; s. besonders S. 254: »Fragt man [...] nach den Gründen der Fortgeltung unter veränderten Bedingungen, so zeigt sich ein eklatanter Gegensatz von ästhetischer und praktisch-theoretischer Valenz und der geltungsbegrenzenden Rolle der historischen Bedingtheit. Während nämlich praktische und theoretische Fortgeltung auf Ablösbarkeit von den Ursprungsbedingungen beruht, also auf Verallgemeinerungsfähigkeit und Wiederholbarkeit unter veränderten Bedingungen, kommt die ästhetische Valenz gerade umgekehrt durch ihre Unwiederholbarkeit zustande«.

66 19. 12. 1884, an Friedrich von Preen (*Briefe* VIII, S. 264).

67 So definiert Burckhardt die Krisen in den *Weltgeschichtlichen Betrachtungen* (*Ges. Werke* IV, S. 116).

68 Ebd.

69 Einzig der Völkerwanderung erkennt Burckhardt gleichen Rang zu, ohne sie aber im weiteren für seine Beschreibung der Krise heranzuziehen (ebd., S. 122).

70 Ebd., S. 5.

71 8. 1. 1870, an Friedrich von Preen (*Briefe* V, S. 65; vgl. ebd., S. 154).

72 25. 9. 1841, an Louise Burckhardt (*Briefe* I, S. 182).

73 19. 4. 1845, an Gottfried Kinkel (*Briefe* II, S. 158). Daß Burckhardt, anders als die restaurative Burckhardt-Adaption vor allem nach dem Zweiten Weltkrieg es darzustellen versuchte, in der Diktatur weniger eine apokalyptische Annäherung des Faschismus gesehen hat als vielmehr ein probates Mittel, um eine Revolution der unteren Klassen zu beenden, geht aus allen einschlägigen Stellen hervor, z. B. 19. 2. 1881, an Friedrich Preen, (*Briefe* VII, S. 229): »Ob die ›starke, ernste Herrschaft‹ noch möglich werden wird? jedenfalls würde der ganze rand- und bodenlose Muthwille, welchen das laisser aller in unsern zumal städtischen Volksmassen groß gezogen hat, sich zum Staunen der Welt größtentheils in alle Mauslöcher verkriechen, wenn einmal serios dreingefahren würde«.

74 Z. B. 10. 6. 1844, an Hermann Schauenburg (*Briefe* II, S. 99 f.): »Dazwischen läuft der Enthusiasmus fanatisch durch die Gassen und droht jeden zu fressen, der nicht mitschreit«, politisch und theologisch eindeu-

tiger am 26. 1. 1847, an Wilhelm Wackernagel (*Briefe* III, S. 52): »Als ich meine Audienz bei Eichhorn hatte, war gerade in Basel die größte Revolution los und der Teufel ging herum als ein bröwender Lülle«, verallgemeinert in den *Weltgeschichtlichen Betrachtungen* (*Ges. Werke* IV, S. 191): »das Böse herrscht bisweilen lange *als Böses* auf Erden [. . .]. Der Fürst dieser Welt ist laut der christlichen Lehre Satan«, ähnlich in einem Brief vom 29. 12. 1873 an Friedrich von Preen (*Briefe* V, S. 218): »ich bin nur noch Beamter, lese kein neues Buch mehr und von Zeitungen so wenig als möglich. Die Welt erscheint mir mehr und mehr des Teufels zu sein, wie schon im N. T. deutlich zu lesen.«

75 Vgl. Alfred Lukas Gass, *Die Dichtung im Leben und Werk Jacob Burckhardts*, Bern 1967, S. 13 f.

76 *Ges. Werke* IV, S. 33 f.

77 Kaegi, *Burckhardt*, Bd. 1, S. 88. Die Übereinstimmung der Zeitdiagnose des Großvaters und des Enkels ist verblüffend, etwa wenn Johann Rudolf die Politik der Franzosen in der Helvetischen Republik beurteilt: »sind das nicht demokratische Despoten, so weiß ich keine; und ich fürchte mich ebensowohl vor dieser als der aristokratischen und monarchischen Despotie«, die hergebrachten Formen des Besitzes gefährdet sieht oder resümiert, »die Zeit« sei »krank« (ebd., S. 94–97). In der Restaurationszeit nähert sich die Christentumsgesellschaft folgerichtig der konservativen Gedankenwelt der Heiligen Allianz.

78 Zur chiliastischen Tradition der frühromantischen Utopien s. Hans-Joachim Mähl, *Die Idee des goldenen Zeitalters im Werk des Novalis*, Heidelberg 1965, bes. S. 232–245.

79 S. Hans Blumenberg, *Die Legitimität der Neuzeit*, Frankfurt 1966, S. 23 ff.

80 Vorrede zur 1. Auflage (1853).

81 Karl Löwiths bekannte Abhandlung über die Säkularisation der Eschatologie in der Geschichtsphilosophie des 19. Jahrhunderts nimmt Jacob Burckhardt seltsamerweise (oder erklärlicherweise: weil sich hier der Autor mit seinem Gegenstand identifiziert) von diesem Zusammenhang aus; er habe auf jedes »theologische und metaphysische Ordnungsschema« verzichtet und es durch den Glauben an die »geschichtliche Kontinuität« ersetzt (*Weltgeschichte und Heilsgeschehen*, 5. Aufl., Stuttgart u. a. 1967, S. 12 u. 31). Daran ist richtig, daß die vergangenen Epochen, soweit sie nicht – wie im Fall des *Constantin* – zum Medium für das Bild der eigenen Zeit werden, einen Zustand relativer Ruhe repräsentieren; solche »Kontinuität« jedoch ist eine *vergangene*, also schon nicht mehr Kontinuität, und erst aus der Krisenerfahrung der Gegenwart, aus dem Bruch mit der Kontinuität sowie der Erwartung eines ganz Anderen als historisches Gegenbild verständlich.

82 19. 11. 1881, an Max Alioth (*Briefe* VII, S. 299), im Anschluß an eine Bemerkung über die »Actualität« des »Revolutionszeitalters«.

83 Z. B. 10. 9. 1881, an Max Alioth (*Briefe* VII, S. 287 f.): »Mailand ist aber jetzt überhaupt nicht mehr das alte; Bauten und Geschäfte sind in schwindelhaften Schwung, [. . .] Jeder nimmt so viel er irgend erwischen kann, und eine Ahnung sagt mir, daß so ungefähr gegen 1883 oder 1884 hier ein formidabler Krach diesem Treiben ein einstweiliges Ende machen könnte.«

84 Heimpel, *Zwei Historiker*, S. 38. Daß an dem Bild vom politischen Hellseher Burckhardt, das sich besonders nach dem Zweiten Weltkrieg etablierte, eine konservative, antikommunistische Ideologie interessiert war, geht aus Heimpels Begründung deutlich hervor: »Er, der 1890 die wachsende Gefahr eines ›Weltkrieges‹ mit der ›Aufregung der ganzen Arbeiterwelt‹ in Verbindung bringt, hat die Konsequenzen des Groß- und Machtstaates im Zeitalter der Demokratie und der sozialen Umwälzung bis zu dem bittern Ende hin geahnt und täglich in vorausdenkender Sorge erlitten, das im nächsten Jahrhundert erreicht werden sollte.«

85 Art. *Eschatologie* in: *Religion in Geschichte und Gegenwart*, 3. Aufl., Bd. 2, Tübingen 1958, Sp. 651.

86 *Ges. Werke* IV, S. 143, 100, 119 196.

87 13. 6. 1842, an Gottfried Kinkel (*Briefe* I, S. 202).

88 *Cicerone*, *Ges. Werke* IX, S. 51.

89 *Ges. Werke* X, S. 71.

90 Analoges gilt für Burckhardts Feier der »historischen Größe« in auserwählten Individuen, in den »als Ideale fortlebenden großen Männern« (*Ges. Werke* IV, S. 179).

91 10. 8. 1881, an Robert Grüninger (*Briefe* VII, S. 267). Burckhardt zitiert Vergils *Georgica* (2, 173). Vgl. auch die scherzhafte Erwägung der Wiedergeburt des ursprünglichen Italieners als Basler Kunsthistoriker: »in einem früheren Leben, nach pythagoreischer Lehre, muß ich hier daheim gewesen sein« (ebd.).

92 »Was es sein sollte und könnte« ist auch die kürzeste Formel für Burckhardts Begriff des Idealen in der Kunst (zur Tradition dieser Formel s. Martin Warnke, οἷα εἶναι δεῖ. *Ein kunsttheoretischer Splitter*, in: *Munuscula discipulorum. Fs. Hans Kauffmann*, Berlin 1968, S. 379–392).

93 26. 8. 1878, an Robert Grüninger (*Briefe* VI, S. 281).

94 *Ges. Werke* X, S. 150 (Hervorhebung von mir).

95 S. ebd., S. 149 f., die Beschreibung von Giottos Freskenzyklus in der Arena-Kapelle von Padua: »Die tief in sich versunkene Trauer: Joachim bei den Hirten; er kommt zu ihnen gewandelt wie im Traum. – Der liebevolle Empfang: Joachims Heimkehr zur Anna, welche seinen Kopf ganz anmutig mit beiden Händen faßt und ihn küßt. – Das Harren mit tiefster Erregung: [. . .]« etc.

96 *Ges. Werke* IV, S. 44 f.

97 Ebd., S. 45.

Exkurs: Die Restauration der Kunst in Stifters ›Nachsommer‹

Im Revolutionsjahr 1848 schreibt Stifter an seinen Verleger Gustav Heckenast: »Wenn einmal die Welt im Grimme aufstehen wird, um all das Bubenhafte, das in unseren äußeren Zuständen ist, zu zertrümmern, dann wird die geschändete Schönheitsgöttin auch wieder mit ihrem reinen Antlitz unter uns wandeln, ja statt den bisherigen bloß lieblichen oder naiven Mienen wird sie das höhere, würdigere und siegesreichere Angesicht der wahren Göttin tragen. Geschähe das nicht, so wären wir alle ohnehin verloren, und das Proletariat würde, wie ein anderer Hunnenzug, über den Trümmern der Musen- und Gottheitstempel in trauriger Entmenschung prangen.«[1] Burckhardts *Asyl* ist ein Jahr zuvor entstanden, aber – nimmt man den Schweizer Sonderbundskrieg als Vorläufer der deutschen Märzrevolution – unter der gleichen politischen Konstellation. Darin hat die überraschende bildliche und gedankliche Parallele zwischen Stifters Brief und Burckhardts Gedicht ihr historisches Fundament. Beide entdecken in der bürgerlichen Revolution des 19. Jahrhunderts die poetischen Motive einer geschichtsphilosophischen Dialektik: die Zuspitzung des politischen Untergangs zum Untergang des Politischen schlechthin (»freßt euch auf, ihr Lumpenpack« – »das Bubenhafte [...] zu zertrümmern«), den Übergang von der politischen zur ästhetischen Revolution (die dennoch ihren Beitrag zur gesellschaftlichen Restauration nicht verschweigt: Bannung und Bändigung des Proletariats durch Kultur), die Wiederauferstehung der Schönheit in einer höheren Gestalt (auch Burckhardts verjüngte Helena erscheint wie Stifters neue Schönheit als »wahre Göttin«, auf »gold'nem Deck«, umjauchzt von »Nymphen und Tritonen«), schließlich den Eintritt der Kunst ins Leben.

Während Burckhardt das poetische Motiv in seinem wissenschaftlichen Werk, der Kulturgeschichte, verkleidet fortführt, hat Stifter den historisch-politischen Gedanken in seinem literarischen Werk, dem *Nachsommer*, verklärt dargestellt. Noch in den getrennten Gattungen verbinden wörtliche Anklänge die gemeinsamen kulturphilosophischen Ideen. Burckhardt charakterisiert die Zeit Constantins des Großen an ihrem Verhältnis zur Kunst: »Aber die reine Harmonie der Bauformen, die freie Größe der Götterbilder *redete nicht mehr* vernehmlich genug zu dem Geiste dieser Zeit.«[2] Mit ähnlichen Ausdrücken vermerkt der Freiherr von Risach im Gang der Menschheitsgeschichte »die Erscheinung, daß edle Werke der Kunst ein Zeitalter rühren und begeistern können, und daß dann ein Volk kömmt, dem sie *nicht mehr sprechen*. Sie verhüllen ihr Haupt, und harren, bis andere Geschlechter an ihnen vorüber wandeln, die wieder reines Sinnes sind, und zu ihnen empor blicken. Diesen lächeln sie, und von diesen werden sie wieder wie herübergerettete Heiligtümer in Tempel gebracht.«[3] Es ist die gleiche geschichtsphilosophische Aufgabe, die in der wirklichen Biographie der ehemalige Journalist und jetzige Kulturhistoriker Burckhardt und in der fiktiven Biographie der ehemalige Staatsmann und jetzige Kulturrestaurateur Risach übernommen haben. Beide verstehen sich als Vorläufer jener »anderen Geschlechter«, auf welche die vergangenen, verhüllten, vergessenen »edlen Werke der Kunst [...] harren«, um wieder »vernehmlich genug zu dem Geiste dieser Zeit« zu reden. Abgetrennt und erhöht, konserviert und zu neuem Leben bereit, sind sie »wie herübergerettete Heiligtümer in Tempel gebracht«, ins Museum der kunsthistorischen Anschauung, in dem auch Jacob Burckhardt »Conservator« werden wollte.

Welche zentrale Bedeutung die »restaurierende Tätigkeit«, um einen Ausdruck Burckhardts zu gebrauchen, für Stifters *Nachsommer* hat, läßt sich an den weitgespannten Verbindungen einer unscheinbaren Stelle zeigen. Sie berichtet vom Fortgang der Restauration einer gotischen Landkirche, die auf Anregung und auf Kosten des Freiherrn von Risach unternommen wird: »Wirklich, wenn man die schlanken edlen Gestaltungen der Kirche ansah, welche da einsam auf ihrem Hügel in einem abgelegenen Teile des Landes stand, in dem man sie gar nicht gesucht hätte, und die schon geschehenen Verbesserungen betrachtete, welche ihre feinen Glieder wieder zu Ansehn und Geltung brachten, so konnte man nicht umhin, sich zu freuen, daß die reinen blauen Lüfte wieder den reinen einfachen Bau umfächelten, wie sie ihn umfächelt hatten, als er nach dem Haupte des längst verstorbenen Meisters aus den Händen der Arbeitsleute hervor gegangen war. Und wirklich mußte man sich auch zum Danke verpflichtet fühlen, daß es einen Mann gab, wie mein Gastfreund war, der aus Liebe zu schönen Dingen, und ich muß wohl auch hinzufügen, aus Liebe zur Menschheit, einen Teil seines Einkommens, seiner Zeit und seiner Einsicht opfert, um manch Edles dem Verfalle zu entreißen, und vor die Augen der Menschen wohlgebildete und hohe Gestaltungen zu bringen, daß sie sich daran, wenn sie dessen fähig sind und den Willen haben, erheben und erbauen können. Das alles wußten aber die Gemeindeglieder nicht, sie dankten nur, weil sie meinten, daß es ihre Schuldigkeit sei.« (612 f.)

Ziel der Restauration ist die Wiederherstellung des ursprünglichen Zustandes. Wiederkehr des Gleichen aber ist nicht das Wesen der Geschichte, sondern der Natur. Sie wiederholt und erneuert sich im Wechsel der Jahreszeiten. Deshalb kann die Identität der Natur bezeugen, daß die Restauration gelingt: »daß die reinen blauen Lüfte wieder den reinen einfachen Bau umfächelten, wie sie ihn umfächelt hatten ...« Die innere Ähnlichkeit von Restaurierung und Naturgeschehen begründet auch den Doppelberuf des Freiherrn von Risach, Landmann und Konservator, und die Einheit der beiden Hauptthemen des Romans, Natur und Kunst.[4] Restaurieren bedeutet, »Edles dem Verfalle zu entreißen«, d. h. an den Kunstwerken die Spuren von Zeit und Geschichte zu tilgen; mit verwandter Intention hat Risach seinen anfänglichen Beruf als Staatsmann aufgegeben, der ihn eben an Zeit und Geschichte ausgeliefert hatte. Er wird Kunstsammler – Museum und Sammlung fassen die Verschiedenheit der historischen Zeiten in der Einheit des gegenwärtigen Raumes zusammen. Er wird Kunstrestaurateur – das restaurierte Kunstwerk hebt die verzehrende Sukzession der Zeit in der Identität des konservierten Gegenstandes auf. Behältnisse und darin bewahrte Dinge erfüllen daher eindrücklicher die Welt des *Nachsommer* als die Beziehungen der Menschen. Deren erste Aufgabe ist es, die Dinge zu schonen; die Besucher des Rosenhauses tragen Filzpantoffel, um dem möglichen »Verfall« des Marmorfußbodens zuvorzukommen – er wird präventiv restauriert.

Stifters Versuch, Zeit stillzustellen und sogar die vergangene wieder einzuholen, muß sich schließlich gegen den Roman selbst wenden. So sehr der Roman die Form der verfließenden Zeit ist, so sehr arbeitet Stifters »Erzählung«[5] dieser Bestimmung entgegen. Von Hause aus teilt der Roman das bürgerliche Verständnis der Zeit als Prozeß; der *Nachsommer* jedoch sucht epische Dauer zu restituieren, indem er nur die Zeitpunkte der Wiederkehr (Jahreszeiten) und der Bedeutung (Feste) zuläßt. Stifters *Erzählung* erzählt vom Unveränderlichen: »Der zweite Tag verging wie der erste. Ich hatte die Bilder wieder angesehen, ich war in den Zimmern mit den altertümlichen Geräten gewesen, und hatte den Gängen, Gemächern und Abbildungen des oberen Stockwerks einen Besuch gemacht.« (544) In der Ordnung der Räume und Dinge ist Zeit aufgehalten. Ihr ›Verlauf‹ wird als Wiederholung, als Konvention im Nebeneinander dargestellt. Die Linie der Zeit bildet sich so zur Fläche der Gleichzeitigkeit um, wodurch sie den Charakter irreversibler Eindeutigkeit verliert: »Wir besuchten *manchmal* [...], *oft* befanden wir uns [...], *oder* es wurde [...], *oder* wir waren [...]. *Immer*, *wenn* er ...« (259). Der Nachsommer ist die Zeit, in der keine Zeit mehr vergeht. 1

Es ist von Anfang an ein Problem des Bildungsromans, in dessen Tradition sich der *Nachsommer* stellt, wie er der unverfügbaren Macht der Zeit widerstehen kann. Denn sie gefährdet die Idee der Bildung, welche Zeit ausschließlich in der verfügbaren Form innerer Entwicklung erfordert (deren Bild das Gewächshaus im *Nachsommer* ist). Daß vielleicht durchkommt, aber ungebildet bleibt, wer den Zeitläuften ausgesetzt ist, hatte der Pikaroroman erwiesen, als dessen Verbesserung der Bildungsroman anzusehen ist. Bereits *Wilhelm Meisters Lehrjahre* sichern das Ziel, daß die Jahre lehrreich seien, durch die Organisation der »Gesellschaft vom Turm«. In dem Gebäudekomplex von Schloß und Turm, der erst am Ende des Romans sichtbar hervortritt, besitzen die *Lehrjahre* vom Beginn an ihre unsichtbare, von der Zeit unabhängige, die Zeit dirigierende Leitung. Die geheime Mitte des Zeitverlaufs ist also eine räumliche Ordnung. Seinen vollkommenen Ausdruck hat das dem Bildungsroman eigentümliche Verhältnis von Raum und Zeit im »Saal der Vergangenheit« gefunden: alle bedeutsamen und typischen Begebenheiten des Lebens sind hier auf Wandgemälden festgehalten;

1 Aber die Zeit als Nebeneinander wird gebrochen, und erst durch diesen Bruch hindurch (Nachsommer ohne Sommer) kann die Zeit des Nachsommers entstehen.

in der Typik des Bildes ist das Immergleiche, die Indifferenz von Vergangenheit, Gegenwart und Zukunft erreicht. Der gleichen Idee entspringt die museumshafte Einrichtung des Risachschen Rosenhauses. In der Mitte des Hauses steht eine antike Plastik, die Marmorstatue. Zu ihrer Interpretation wird eine Figur des homerischen Epos, Nausikaa, zitiert. Nur noch das Kunstwerk vermag im bürgerlichen Roman die zeitlose Zeit der episch-archaischen Welt in Erinnerung zu rufen.

Von der Risachschen Restauration der Landkirche führt eine zweite Spur in die griechische Welt zurück. Obwohl hier – wie es dem vorwaltenden Interesse des Historismus im 19. Jahrhundert entspricht – eine gotische Kirche wiederhergestellt wird, erinnert ihre Beschreibung eher an ein antikes Bauwerk. Seit Winckelmann sind die »reinen blauen Lüfte« ebenso die Chiffre der griechischen Natur wie der »reine einfache Bau« die des griechischen Tempels.[6] Ähnlich hatte Burckhardts Beschreibung des Tempels von Paestum die klassizistischen Vorstellungen von der antiken Reinheit der Natur und der Form vereinigt. Der gewöhnliche Gegensatz von Klassizismus und Historismus ist bei Burckhardt und Stifter dergestalt vermittelt, daß sie auch nicht-klassische Kunst in den Kanon der »ewigen« Werke aufnehmen, aber die kanonische Ewigkeit nur mit Hilfe der klassizistischen Normen versichern. Wiederum ist der Grund dieses Widerspruches in der Absicht zu suchen, die Unterschiede kunsthistorischer Epochen in der quasi-räumlichen Einheit des musealen Bewußtseins aufzufangen. Die praktische Seite dieser Vereinheitlichung erscheint im Restaurator, der sich die geschichtlich verschiedenen Kunstwerke – seien sie antiker, mittelalterlicher oder neuerer Herkunft – gleichmäßig aneignet, gerade indem er sie in ihrer Eigenheit wiederherstellt.

Seit Nietzsches Abhandlung *Vom Nutzen und Nachteil der Historie für das Leben* verwechselt die Polemik gegen den Historismus den Historisten mit dem Antiquar. Der Sammeleifer des Antiquars befriedigt seine *curiositas* am Alten, das ihm das tote Alte bleibt; der Antiquar ist eine Figur des vorhistorischen Denkens. Davon hebt sich das Vorhaben des Historisten ab, das Alte zu vergegenwärtigen, wieder ins Leben zu rufen. Um ihnen den Schein des Lebens zu verleihen, restauriert er die alten Werke. Nicht einmal Imitation scheut er, um mit den imitierten Gegenständen – »im alten Sinne neu gemacht« (292) – das Ensemble der aktualisierten Vergangenheit zu vervollständigen. Die »Herstellung alter Bilder« verschafft Risach das »Gefühl [...] eines Wiederbelebens eines Dinges, das sonst verloren gewesen wäre, und das wir selber nicht hätten erschaffen können«. (401) Emphatisch fortgeführt, leitet der Gedanke der Wiederbelebung zur Idee der Auferstehung[7], wie sie bereits am Ende von Burckhardts *Asyl* offenbar wurde. Diese geschichtsphilosophische Würde gleicht das Manko der historistischen Restauration, nicht ursprüngliche Schöpfung zu sein[8], wieder aus. Zwischen Künstler und Kunsthistoriker, zwischen Kunstproduktion und Kunstrestauration besteht demnach ein notwendiger Zusammenhang, den Stifter in sakraler Metaphorik ausdrückt: »Wenn man die Erschaffenden Götter nennt, so sind jene [= denen ein tieferer Sinn für Kunstwerke gegeben ward] die Priester dieser Götter« (703). Nur wenn die Götter der Erde ferngerückt sind, muß es Priester geben, um an die einstige Anwesenheit der Götter zu erinnern und ihre künftige Wiederkehr vorzubereiten. Ebenso hatte Burckhardts poetische Geschichtstheologie dem Kunsthistoriker eine priesterliche Mittlerstellung zwischen den lebendigen Ursprüngen der Kunst und ihrer Auferstehung in einem neuen Leben zugewiesen. Daß auch bei der Restauration der Landkirche Risach priesterliche Aufgaben wahrnimmt, zeigt besonders die untergeordnete Rolle des wirklichen Pfarrers. Und während dessen »Gemeindeglieder« den eigentlichen (d. h. geschichtsphilosophischen) Sinn der Restauration nicht verstehen, handelt Risach »aus Liebe zur Menschheit«. Entsprechend rückt der »längst verstorbene Meister«, dessen Werk Risach wiederherstellt, in die Position eines »erschaffenden« Gottes. Wie es den Schöpfungen des höchsten Gottes zukommt, ist das Bauwerk aus seinem »Haupte [...] hervor gegangen«.

Hervorgegangen aus dem Haupte des Zeus ist Athene. Solch göttlicher Ursprung zeichnet auch das bedeutendste Kunstwerk im *Nachsommer* aus, die Marmorstatue in Risachs Rosenhaus. Wenn Heinrich sie zum ersten Mal erkennt, von Blitzen erhellt, ist mit diesem seinem Zeichen die geistige Vaterschaft des Jupiter bezeugt. Wie es Pallas Athene gebührt, wird die Marmorstatue als »hehre Jungfrau« (683)

apostrophiert. Damit eröffnet sich eine Reihe von Beziehungen zu Natalie, der weiblichen Idealgestalt des Romans. Sie ist – wie die Kirche des alten Baumeisters und die Tochter des Zeus – das *geistige* Kind Risachs. Auf sie hat bereits die Beschreibung der Kirche verwiesen: deren »schlanke edle Gestaltungen«, »feine Glieder« und unvermutete Schönheit »in einem abgelegenen Teile des Landes« sind auch die hervorgehobenen Charakteristika Natalies.

In den Referenzen zwischen Natalie und den Kunstwerken, besonders der Marmorstatue, liegt Stifters geschichtsphilosophische Deutung der Kunst verborgen. Heinrichs Verständnis dieser Plastik wächst, seit er in der *Odyssee* von Nausikaa gelesen hat. Die erhabene griechische Statue scheint ihm ein Abbild heroischer griechischer Lebensform zu sein – ein Gedanke, der sich von Winckelmanns *Gedanken über die Nachahmung der griechischen Werke* herschreibt.[9] Nausikaa ist aus ihrem epischen ›Leben‹ in die plastische Kunst übergetreten und uns in dieser Form nach dem geschichtlichen Untergang des griechischen Lebens als dessen Idee geblieben. Das schöne Kunstwerk hält das vergangene schöne Leben gegenwärtig – und selbst im Kunstwerk nur durch die Sorge des Konservators. Denn die Geschichte hat seit den Zeiten, da die Kunstwerke zu den Völkern »nicht mehr sprechen«, sie mit ihrem Schutt überzogen.[1] Risach entdeckt die vergessene Statue auf einem neapolitanischen Tanzplatz, unter einer Gipsschicht verborgen, aus der er nach langwieriger Restauration den Marmorkern der ursprünglichen Gestalt löst. Nun erst wird das Werk, plebejischer Lustbarkeit entzogen, wie ein »herübergerettetes Heiligtum« in den »Tempel gebracht«, d. h. in Risachs Rosenhaus aufgestellt. Hier kann es, gleich der wiedererrichteten Kirche, die Menschen »erheben und erbauen«. Seine Möglichkeit, wieder ins Leben zu wirken, realisiert sich an keiner Figur vollkommener als an Natalie. Durch die »Betrachtung der edelsten Kunstwerke des menschlichen Geschlechtes« ist sie »befestigt veredelt und geglättet« (781), also selbst zur Marmorstatue geworden. Heinrich, dessen Verständnis der Statue und dessen Liebe zu Natalie sich gleichmäßig entwickeln, vergleicht ihr Haupt, das »so antik erschien«, mehrmals mit einer griechischen Gemme: »Natalie stammte also gleichsam aus einem Geschlechte, das vergangen

1 weniger „Schutt" als vielmehr falsche Einfassung

war, und das anders und selbständiger war als das jetzige« (490) – aus dem heroischen Zeitalter, das eine Nausikaa hervorgebracht hatte. Deshalb heißt sie mit Recht »die Nausikae von jetzt« (686); und deshalb ist es von Bedeutung, daß Heinrich gerade den Homer aus der Hand gelegt hat, ehe er Natalie zu der entscheidenden Aussprache am Brunnen trifft.[10]

Symmetrisch stehen Antike und Moderne zueinander: ging einst aus dem schönen Leben die schöne Kunst hervor, so soll nun aus der Anschauung des wiederhergestellten Kunstwerkes das ihm gemäße Leben wiedergeboren werden. Vermittelt durch die Statue, kehrt Nausikaa in Natalie wieder. Solche Vermittlung ist die oberste Aufgabe des historischen, restaurierenden und sammelnden Umgangs mit der Kunst, wie ihn Risach lebt. Wo zunächst Pedanterie und Verdinglichung des historischen Bewußtseins zu regieren schien, behauptet die Präsentation vergangener Kunst ihren geschichtsphilosophischen Sinn: Wiederherstellung jenes vollkommenen, göttlichen Lebens, dessen ideales Zeugnis im schönen Werk bewahrt ist. Der Blick in die vergangene Kunst eröffnet die Aussicht auf eine bessere Welt: »Oft in trüben Stunden, wenn Sorgen und Zweifel das Leben seines Duftes beraubten, und es dürr vor mich hinzubreiten schienen, bin ich zu dieser Sammlung gegangen, habe diese Gestalten angeschaut, bin in eine andere Zeit und in eine andere Welt versetzt worden, und bin ein anderer Mensch geworden« (454). Von der Marmorstatue in der Mitte der *Nachsommer*-Welt erstreckt sich die ›Restauration des Schönen‹ allmählich bis in die »abgelegenen Teile des Landes«. Die Ästhetisierung von Nutzformen, der der »Conservator« Burckhardt an den Resten der Vergangenheit vornahm, versucht Risach in seiner Gegenwart (d. h. der präsentischen Vergangenheit des Romans) zu verwirklichen. Ihm sind Haus, Garten, Obst- und Feldbau nicht mehr praktische, sondern ästhetische Aufgaben. Das besondere Verhältnis zu den historischen Werken der Kunst und Kultur soll zum allgemeinen Maßstab gegenwärtiger Tätigkeit und Erfahrung werden. Die Restauration der Kunst ist nur der Anfang einer ästhetischen Ordnung der Welt. »Geschähe das nicht, so wären wir alle ohnehin verloren und das Proletariat würde, wie ein anderer Hunnenzug, über den Trümmern der

Musen- und Gottheitstempeln in trauriger Entmenschung prangen.«

Aber gerade in diesem Brief spricht Stifter auch von „Zertrümmerung" (statt Restauration); s. S. 112

Anmerkungen

1 Brief vom 8. 9. 1848, in: Adalbert Stifter, *Sämmtliche Werke: Briefwechsel*, Bd. 1, hg. von Gustav Wilhelm, 2. Aufl., Reichenberg 1929, S. 304.

2 *Ges. Werke I*, S. 350 f. (Hervorhebung von mir).

3 Adalbert Stifter, *Der Nachsommer*, hg. von Max Stefl, Augsburg 1954, S. 703 (Hervorhebung von mir; nach dieser Ausgabe zitiere ich im folgenden mit Seitenzahlen). *Die Zeit Constantins des Großen* erschien 1853, *Der Nachsommer* 1857.

4 Allerdings gehorcht die Natur im *Nachsommer* selbst ästhetischen Normen. Daß Risachs Agrikultur »das Schönheitsgesetz der Stifterschen Landschaft an der widerstrebenden Natur vollstrecke«, hat Horst Albert Glaser (*Die Restauration des Schönen. Stifters ›Nachsommer‹*, Stuttgart 1965, S. 14) gezeigt.

5 *Eine Erzählung*, und nicht ›Roman‹, lautet die Gattungsbezeichnung im Untertitel des *Nachsommer*.

6 Bezeichnend ist auch, daß Stifter der Restauration von Kunstwerken die Aufgabe zuspricht, »herübergerettete Heiligtümer in *Tempel*« zu bringen (703).

7 Wegen der religiösen Assoziation von ›Auferstehung‹ mag sich für Stifter die Darstellung einer Kirchenrestauration nahegelegt haben.

8 Vgl. Risachs Selbstcharakteristik: »Wenn es aber mehr eine Kunstliebe war, was sich in mir äußerte, nicht eine Schöpfungskraft, so war es immerhin auch ein Vermögen der Gestalten, aber nur eines, die Gestalten aufzunehmen.« (702)

9 Bereits in Winckelmanns Abhandlung wird das »griechische Urbild« einer »Bildsäule« mit »Homers Nausikaa« verglichen (s. Johann Joachim Winckelmann, *Kleine Schriften und Briefe*, hg. von Wilhelm Senff, Weimar 1960, S. 30). Auf Winckelmanns *Gedanken über die Nachahmung der griechischen Werke* gehen auch merkwürdige Einzelheiten des *Nachsommer* zurück, etwa die Bedeutung der Leibesübungen, selbst für die Mädchen, oder der Vorzug von schwarzen Augen gegenüber blauen.

10 Wie Stifter die historischen Differenzen der Lebensform durch die Einheit seines Kunstideals auslöscht, könnte ein Vergleich mit der Bedeutung Homers im *Werther* lehren. Goethe hatte Werthers Modernität, den romantischen Charakter des empfindsamen Liebhabers, gerade durch den Gegensatz zu der homerischen Welt heroischer Taten hervorgetrieben.

III. Friedrich Hebbels tragischer Historismus

»Vorgeschichtlich und mythisch« nennt das Vorblatt zu *Gyges und sein Ring* die Handlung. Diese historische, genauer: prähistorische Bestimmung könnten mit gleichem Recht alle Tragödien Hebbels tragen, denn wo nicht die sagenhafte Frühe eines Königreichs Lydien den Schauplatz stellt, ist er durch archaische Tradition auch in historischer Zeit charakterisiert, handle es sich um das vorchristliche Palästina *(Judith, Herodes und Mariamne)*, die dunkle Epoche der Völkerwanderung *(Die Nibelungen)* oder ein legendäres Mittelalter wie in *Genoveva,* deren Zeit summarisch »die poetische« heißt.

Daß Ort und Zeit der Hebbelschen Dramen möglichst weit von der Gegenwart abgerückt sind, ist keine Äußerlichkeit, keine bloße Frage der Kulisse, sondern innere Bedingung des tragischen Aufbaus (daß *Maria Magdalene*, vom Untertitel als »bürgerliches Trauerspiel« klassifiziert, nur eine scheinbare Ausnahme macht, wird noch zu zeigen sein). Wie die Tragödienform aus dem archaischen Inhalt lebt, erhellt exemplarisch die Gestalt Rhodopes, der Hauptverantwortlichen für den tragischen Ausgang von *Gyges und sein Ring*: aus ihrer Heimat, einem Grenzland, das sich aller Zivilisation versperrt hat, ist sie in die bereits aufgeklärtere Sphäre des lydischen Hofs gelangt, beharrt aber streng auf ihren hergebrachten Anschauungen und Sitten. Mythisch sind ihre religiösen Begriffe, ihr hypochondrisches Ehrgefühl und ihr Weiblichkeitskult als objektive Wesenheiten vorgestellt, welche allein die Existenz des Subjekts begründen, so daß Rhodope mit der geringsten Verletzung ihrer persönlichen Gesetze die Grundlagen ihres Daseins zu verlieren glaubt. Mit ihrem und Kandaules' Tod bewahrheitet sie noch im Untergang für sich das Recht ihrer archaischen Gesetze. Aus Rhodopes Zurückgebliebenheit, die Hebbel durch ihre prähistorische Herkunft motiviert hat, gewinnt er die Möglichkeit zu einer ›tragischen‹ Handlung.

Nur wenig abgewandelt, lösen in den anderen Tragödien archaische Motive das Unheil aus: Sippendenken und Blutrache *(Die Nibelungen)*, strikte Andersartigkeit von Mann und Frau, denen keine Verständigung gelingen kann *(Herodes und Mariamne)*, legendäres Gegeneinander von Heiligkeit und Teufelei *(Genoveva)*, mittelalterlicher Hexenwahn *(Agnes Bernauer)*. Solche Motive dominieren noch in der angeblich aktuellen *Maria Magdalene*: ihre Personen sind in Analphabetismus, Bigotterie, Aberglauben, Sündenangst und starren Moralbegriffen gefangen, also in einem Zustand, der die Struktur einer überholten Frühzeit in die Gegenwart fortführt. Die soziale Exotik des Kleinbürgertums hat hier die Funktion der historischen Exotik, der mythischen Zwänge übernommen, die den übrigen Dramen tragische Entwicklung garantiert hatten.

Archaik der Frühe und Archaik der Gegenwart kommen für Hebbel darin überein, daß sie sich außerhalb des zeitgenössischen Bewußtseins halten. In ihm erkennt er eine Denkweise, die der Form wie den inhaltlichen Implikationen der Tragödie nicht günstig gesonnen ist. ›Aufklärung‹ müßten wir dieses gemiedene Prinzip eines untragischen Lebens bereits aus dem entschiedenen Gegensatz zu dem dunkeldumpfen Milieu nennen, in das Hebbel die Figuren seiner Stücke einsperrt, wäre damit nicht in der Tat die zentrale Ideenbewegung der Neuzeit bezeichnet, die mit dem 18. Jahrhundert einen Höhepunkt, aber noch lange nicht ihr Ende erreicht hat. Aufklärung erkennt die prinzipielle Veränderbarkeit aller Verhältnisse und hält die Vernunft zu deren konkreter Veränderung an; selbst angesichts von Leid und Unglück glaubt sie nicht, daß sie unausweichlich seien – keine literarische Form muß solchem Denken fremder sein als die Tragödie.[1] Deshalb sieht Goethe die Möglichkeit von Tragik historisch begrenzt: »Alles Tragische beruht auf einem unausgleichbaren Gegensatz. Sowie Ausgleichung eintritt oder möglich, schwindet das Tragische.«[2] Im gleichen Sinne spricht Hegel vom Ende der Tragödie, wenn – wie in der Moderne – eine »Aussöhnung der Interessen«[3] eingetreten ist. Denn bürgerliche Lebenspraxis bildet das solide Fundament der aufklärerischen Prinzipien. Schlicht und treffend hält sie Hebbels Zeitgenosse Julian Schmidt in der Erkenntnis fest, »daß unsere Zeit nicht für die Tragödie gemacht ist. Wir alle, mehr oder minder, sind [...] zum Vermitteln geneigt, das ›Biegen und Brechen‹ liegt ganz außer unserer Atmosphäre.«[4] In den feudalen Jahrhunderten war eine Art von Tragik halbwegs möglich, weil die aristokratische Gesellschaft – trotz der offiziellen Christlichkeit – im Begriff der Ehre ein ausreichend unvernünftiges Prinzip besaß, um unglückliche Handlungsverläufe zwingend erscheinen zu lassen: das spanische Theater und abgeschwächt die tragédie classique ziehen daraus ihr Leben (und kaum aus der nur vorgewandten Tragödientheorie).[5] Dem Entwurf des bürgerlichen Daseins eignen jedoch untragische Qualitäten: Sicherheit der Existenz, Sinn fürs Nützliche, Glaube an den Fortschritt, stete Veränderung der Produktionsweise, Abgrenzung der Rechte und Interessen; mögliche Konflikte werden intellektuell distanziert und »rationalisiert, den bloßen Kampf dem Disput annähernd, in welchem aber die Ausgleichung, die Überzeugung des Andern, die Einsicht der relativen Richtigkeit seiner Wahrheit vornherein nicht dermaßen ausgeschlossen ist [wie im alten Drama]«.[6] Doch soll hier nicht dem undialektischen Optimismus bürgerlicher Aufklärung das Wort geredet werden: das Ende der Tragödie signalisiert den Gewinn an Vernunft in den sozialen Beziehungen und zugleich den Verlust an relevanten Handlungsmöglichkeiten für das Individuum, das sich einst frei und darum auch tragisch im äußeren Leben verwirklichen konnte. Auf die einsame, unberatene Innerlichkeit beschränkt, fordert eine ›Tragik‹ des bürgerlichen Individuums als literarische Form den Roman, nicht länger das Drama – was bereits zu Beginn des 19. Jahrhunderts Solger erkannte: »Wer seiner Individualität sein Verhältniß zu der Gattung unterwirft, oder dies mit ihr vereinigt, der kommt durch. Und das stellt die Kunst im Roman dar. Alle heutige Kunst beruht auf dem Roman, selbst das Drama (Iphigenia, Tasso).«[7] Der äußere Erfolg der Theaterkultur im 19. Jahrhundert, wie er bereits an den zahlreichen repräsentativen Theaterneubauten sichtbar wird, darf nicht über den inneren Widerspruch der dramatischen Form im bürgerlichen Zeitalter täuschen.[8]

Mehr unter dem Zwang als im Bewußtsein der veränderten historischen Lage nehmen die Dramentheorie und dramatische Praxis des 18. Jahrhunderts die Diskussion über die Möglichkeiten der Tragödie auf. Was Lessing den Franzosen vorwirft, was Herder an Shakespeare rühmt, beruht jedesmal auf der Erkenntnis, daß die sogenannte ›Tragödie‹ der Neuzeit in ihren Grundlagen nicht mit der griechischen übereinstimme, auf die man sie bisher, nur auf die Ähnlichkeit formaler Regeln achtend, als Nachahmung (bei den Franzosen) oder als unerlaubte Abweichung (bei Shakespeare) bezogen hatte. Gegen die gerade der Theorie des Dramas eigentümliche Tendenz, es als verbindliche, ideale, mit sich identische Form aus den Veränderungen der Zeit herauszuhalten, hatte bereits Herder den Unterschied von antiker Tragödie und neuerem Trauerspiel (wie wir es im Anschluß an Walter Benjamins Terminologie und Begriff nennen wollen) im Unterschied des jeweiligen geschichtlichen Orts begründet gesehen. Von der Tragödie trennt das Trauerspiel das Fehlen des Mythos, der jener zur Einheit – Herder sieht sie in den ›Einheiten‹ gespiegelt – und zur Unausweichlichkeit des Geschehens verholfen hatte. Das Unglück des Trauerspiels ist dagegen, angesichts der modernen Vielfalt der Lebensmöglichkeiten, punktuell und zufällig oder – wie im barocken Trauerspiel – in der generellen Verfassung des Lebens begründet, im Wechsel aller Dinge, in der Bestimmung zum Sterben: alles dies kann nur Trauer auslösen, nie Tragik beanspruchen. Zum unglücklichen steht hier immer – im Diesseits oder Jenseits – die Alternative des glücklichen Ausgangs bereit. Im Geist dezidierter Aufklärung haben ihn Lessings *Nathan* und Goethes *Iphigenie* gewählt, bewußt von der ›Tragik‹ abgewandt, die den Figuren der Stücke selbst zunächst unvermeidlich scheinen will.

Indem die Eigenart des neuzeitlichen Dramas aus der Differenz zum antiken begriffen wird, öffnet sich der Blick zu dessen historischer Erkenntnis. Nicht länger um regelrechte Nachahmung bemüht, kann die Theorie das Wesen der griechischen Tragödie hinter dem Schein äußerer Regeln fassen. Deshalb entsteht eben in jenem Augenblick, da die Unwiederholbarkeit der Tragödie eingesehen ist, die Philosophie des Tragischen. Das Verhältnis der idealistischen Spekulation über das Tragische zur alten Tragödie ist ein doppeltes: zum einen ist deren Abgeschlossenheit in geschichtlicher Ferne und die Distanz des erkennenden Subjekts, das in der untragischen Moderne lebt, zum erkannten Objekt Bedingung dafür, daß die bislang unbegriffen tradierte und dem Versuch der Nachahmung jedesmal entglittene Tragödie auf den Begriff gebracht wird; zum anderen läßt gerade diese distanzierte Erkenntnis außer dem Ungenügen der bisherigen Realisierungsversuche im Trauerspiel das Wesen des Tragischen so deutlich und in so allgemeinen Begriffen sehen, daß nun endlich – die wahre Tragödie zu dichten möglich scheint. Die Folge der tragischen Theorie ist also die Umkehr ihrer eigenen Prämisse.

Solche Ambivalenz zeichnet genau den dialektischen Charakter jener Art historischer Reflexion nach, die wir Historismus nennen. Er macht in einem ersten Schritt vergangene Phänomene, die durch die aufgeklärte Moderne gänzlich von der unmittelbaren Tradition abgetrennt worden sind, in ihrem eigentümlichen Wesen offenbar und in einem zweiten Schritt dieser Moderne verfügbar. Die ins historische Bewußtsein überführte Vergangenheit wird dabei aus diesem rein erkennenden Bewußtsein in ursprünglicher Reinheit, ohne die ›Verfälschungen‹ naiver Tradition, angeblich so, »wie es gewesen ist«, wiederhergestellt und dann – zwar wie ein musealer Gegenstand, aber außerhalb des Museums – mitten in der zeitgenössischen Wirklichkeit aufgebaut. Was erst durch den Bruch mit traditioneller Kunstüberlieferung in den Blick historischer Reflexion geriet, behandelt die Kunstpraxis so, als wären auch diese historisch rekonstruierten Gegenstände noch traditionelle. Erschreckt von der Formlosigkeit, welche die historische Reflexion der tradierten Formen ex negativo für die Gegenwart zu fordern schien (und in der romantischen Theorie des Romans auch wirklich forderte), versuchte diese Praxis, die Ergebnisse der Kunstgeschichte in Anleitungen zu einer Produktionsästhetik umzudeuten. Doch der so gewonnenen historischen Form mangelte ein Inhalt, dessen angemessener Ausdruck sie hätte sein können, weshalb sie schließlich trotz genauester Beachtung der Details in eben der absoluten Willkür und Formlosigkeit endete, die sie hatte vermeiden wollen. Aus der Kunst des 19. Jahrhunderts, speziell der Architektur neugotischer Fabriken und neoklassizistischer Postämter, ist dieser Vorgang vertraut. Für die Literatur, die der Historismus verschont zu haben schien, liefert die Tragödie ein erstes Exempel. Die deutsche Tragödie, auf die sich seit Schiller das Hauptinteresse der Literatur und Literaturtheorie gerichtet hat, ist eine Tragödie aus zweiter Hand, aus der Hand der Spekulation, welche die historische Bestimmtheit der Tragödie in die philosophische Allgemeinheit des Tragischen aufgelöst hatte. Im Schein einer *Philosophie des Tragischen* kehrt im 19. Jahrhundert auf spekulativem Niveau die ungeschichtliche *Poetik der Tragödie* zurück, deren Geltung Herders geschichtliches Argument im 18. Jahrhundert beendet hatte. »Die Philosophie der Tragödie ist demgemäß ohne alle Beziehung auf historische Sachgehalte in einem System von allgemeinen Sentiments, das man in den Begriffen ›Schuld‹ und ›Sühne‹ logisch unterbaut sich dachte, als Theorie der sittlichen Weltordnung durchgeführt worden.«[9]

Einige Züge der historistischen Tragödie ließen sich schon an Schillers Werk demonstrieren, das nicht zufällig von zahlreichen theoretischen Abhandlungen über das Tragische begleitet wird. »Der unwiederholbaren Voraussetzung, die der Tragödie im Mythos gegeben war, glaubte er in der Gestalt der Geschichte erneuert sich zu versichern [...], und wie auch sonst das Urteil über seine Dramen als Dichtungen des großen Künstlers lauten mag, unleugbar bleibt, daß er durch sie die Form der Epigonen in die Welt gesetzt hat.«[10] Doch erst bei Hebbel lebt die Tragödie wesentlich aus der Konstellation des Historismus: d. h. aus der reflexiven Zuwendung zu einem prinzipiell Vergangenen und seiner Wiederholung in einer vollständig differenten Gegenwart. Nun schließt sich der doppelte Sinn der anfänglichen Beobachtung auf, daß Hebbel seine Tragödie in archaischen Verhältnissen angesiedelt hat: so vermeidet sie die Berührung mit dem untragischen Geist der Zeit und so lenkt sie scheinbar zu jener Epoche zurück, von der einst die Tragödie eines Aischylos oder Sophokles Rechtens gehandelt hatte. Aber die zweifache Motivation läuft auf einen Widerspruch hinaus: durch die Scheu vor dem aufgeklärten Zeitgeist faßt Hebbel den Charakter der alten Tragödie einseitig aus der Negation des Zeitgeistes, alle die Elemente ausscheidend, die bereits bei den Griechen den Grund von Aufklärung gelegt hatten. Da Hebbel weiß, daß die entscheidende Ursache für die Schwierigkeit der Tragödie in der Neuzeit im Fehlen des Mythos liegt, führt er den Mythos als totale Bestimmung seiner Tragödienwelt ein.

Nun ist zwar die griechische Tragödie dem Mythos entsprungen, jedoch im doppelten Sinne: aus ihm ist sie entstanden, ihm ist sie entronnen. Die Sage erzählt vom dumpfen Zwang des Geschehenen; die Tragödie verhandelt den Fall noch einmal, hellt ihn von innen auf, da sie die am Prozeß Beteiligten zum Reden bringt. Den Ausgang des Geschehens kann sie nicht mehr ändern, aber in der Reflexion des Geschehenen und in der Argumentation gegen das Verhängte befreit sie den Helden zur Individualität, so daß er in Widerspruch zu dem treten kann, was ihm angetan wird. Wie der Held zu seinem Schicksal – ihm erliegend und doch nicht eins mit ihm – verhält sich der Zuschauer zum Mythos, welcher der Tragödie vorausliegt: indem der Prozeß noch einmal aufgenommen wird, kann er auch abgetan werden; durch die Wiederholung in der ästhetischen Gegenwart des Theaters ist zugleich die geschichtliche Vergangenheit des Wiederholten bezeugt. Wie das ordentliche Gerichtsverfahren die Blutrache ablöst, so führt die ihm bereits in der Form verwandte Tragödie das Geschehen des Mythos dem unparteiischen Richtspruch der Erkenntnis zu. Die tragische Darstellung schafft zur mythischen Vorgeschichte jene Distanz, aus der Humanität als eigener, rationaler Bereich des Menschen entworfen wird – darin gründet Kartharsis. Im Gegeneinander der mythisch-dunklen Vorwelt und des sich selbst innewerdenden Helden wirken Notwendigkeit und Freiheit zur tragischen Handlung zusammen. Nicht unmittelbar aus dem Mythos also, vielmehr aus der Spannung zu ihm lebt die griechische Tragödie. Sie hält eine prekäre Mitte zwischen zu großer Nähe, die in der mythischen Welt selbst Reflexion verhindert hatte, und zu großer Ferne, die der Mythos nichts mehr anginge. Hieraus läßt sich das notwendige Ende der Tragödie verstehen: die ihr eigentümliche Mitte ist prekär, fast ephemer, da gerade durch die Darstellung auf dem Theater der Mythos immer mehr aus seinem Dunkel hervorgeholt, reflexiv erhellt und argumentierend befragt wird. So zersetzt sich der Mythos unter dem rationalisierenden Zugriff der Tragödie; dadurch wird aber die Form der Tragödie selbst problematisch, weil sie mit dem Mythos auch den Widerpart verliert, gegen den zu kämpfen ihr Wesen ausgemacht hatte. (Bereits Euripides ist in dieses Dilemma geraten – aus dem einzig der Roman

herausfinden wird, den Nietzsche eben in der »sokratischen Weltsicht« entspringen sah).
Mit den Folgen solcher Aufklärung nur allzugut vertraut, biegt Hebbel die Tragödie in eine mythische Welt strikter Schicksalhaftigkeit zurück, die seine Interpreten unkritisch unter dem Begriff des ›Pantragismus‹ gefaßt haben: als eine Welt, die apriorisch und auswegslos als ›tragisch‹ definiert ist. Aber bei näherem Zusehen gelingt Hebbel nicht einmal dieses Vorhaben, denn der rekonstruierte Mythos imitiert den ursprünglichen nur im Hinblick auf seine tragische Funktion. Er ist bewußt ausgewählt, um vom Begriff des Tragischen in das erforderliche konkrete Material einer Tragödie hinüberzukommen. Durch die Beschränkung auf die tragische Funktion kommen immer nur Teile einer einstmals geschlossen mythischen Welt in Betracht. Für die alte Tragödie hatte sie als mächtiger, rätselhafter Hintergrund insgesamt Geltung, Hebbel verabsolutiert einzelne, genaue Archaismen, mit Vorliebe solche, die rudimentär noch in der modernen Gesellschaft weiterleben und deshalb mit dem täuschenden Anspruch auf Wahrscheinlichkeit vor den zeitgenössischen Zuschauer treten können.

Besonders deutlich tritt dies an dem von Hebbel fast in jedem Drama inszenierten Gegensatz von Mann und Weib hervor. In welch hohem Maß er für die tragische Verwicklung in Hebbels Dramen verantwortlich zeichnet, ist oft bemerkt worden, zwischen Judith und Holofernes, Genoveva und Golo, Mariamne und Herodes, Rhodope und Kandaules. Ideologisch verkleidet, meldet sich hier ein sozialer Sachverhalt des bürgerlichen Lebens, der von jeglicher Aufklärung fast unberührt geblieben war: die Ehe. Hebbels dramatisches Verfahren mit diesem Thema geht aus einer Kritik an Laubes Drama *Monaldeschi* hervor, dem er den Antagonismus von Mann und Frau zu benutzen rät: »dann wäre ein tragischer Konflikt wenigstens möglich gewesen, dann hätten sich beide im Moment der innigsten Vereinigung durch diesen Geschlechtsunterschied getrennt gefühlt und ihn für einen individuellen genommen, sie hätten sich niemals verständigen, also auseinandergehen, bis zur Vernichtung gegeneinander rasen können und doch in ihrer Raserei eben nur die Unauflöslichkeit des überall hervortretenden Dualismus der Welt zur Anschauung gebracht!« (*Tagebuch*, Nr. 4189). Spekulativ erweitert Hebbel den bloßen »Geschlechtsunterschied« zum Beispiel eines »Dualismus«, der – weil tragisch gefaßt – jenen zum tragischen Mythos stilisiert: so beruft sich die Metaphysik der Tragödie auf das factum brutum der Biologie, und zwar in dem Augenblick, da die historischen Verfestigungen des »Geschlechtsunterschieds« immer mehr verfallen, Emanzipation beginnt. Es ist bezeichnend, daß Hebbel die Emanzipation der Frauen ausdrücklich ablehnt[11] und daß er andererseits das Verlassen (Judith) oder Zerstören (Rhodope) weiblicher Beschränkungen selbst wiederum zum tragischen Thema macht.

Die *Monaldeschi-Kritik* weist bereits den Weg, auf dem das Postulat des Mann-Weib-Antagonismus in die Tektonik der Tragödie eingeht: »sie hätte sich niemals verständigen [...] können«, d. h. die behauptete substanzielle Differenz schlägt sich als Unvermögen zur sprachlichen Kommunikation nieder und blockiert damit das Medium, in dem vor allem sich der »Ausgleich der Interessen«, die Auflösung unglücklicher Verwicklungen vollzieht. Nur in der Negation findet zwischen den Figuren bei Hebbel ein ›Dialog‹ statt: im Mißverstehen. Herodes und Mariamne etwa »verzichten im wesentlichen darauf, in ihren Äußerungen auf die jeweiligen Worte und Gründe des anderen unmittelbar einzugehen. [...] Sie begnügen sich vielmehr damit, ihre Forderungen, Schwur oder Vertrauen, die denen des anderen absolut entgegengesetzt sind, in dieser brücken- und beziehungslosen Entgegensetzung immer wieder aufzustellen und zu wiederholen.«[12] Aber in der scheinbar dumpfen Verschlossenheit der Figuren ist die verleugnete Aufklärung – hier in der Form psychologischen Verstehens – anwesend, denn nur das Bewußtsein ihrer Nähe als Alternative erklärt die kunst- und absichtsvolle Technik der Mißverständnisse. Ein Weniges, nämlich poetische Wahrscheinlichkeit, genügte, um den über die Figuren verhängten Bann der Borniertheit zu lösen, das aufklärende Wort zu finden.[13] Das Maß an Schlauheit, das es zum ›tragischen‹ Mißverstehen braucht, an Bewußtheit, mit der Dumpfheit vorgetäuscht wird, greift über die bloße Technik tragischer Darstellung hinaus in die nur allzu gut gekannte, doch gewaltsam unterdrückte Möglichkeit des vernünftigen Ausgangs. In der Auswahl wie in der Inszenierung mythischer Motive und Gebärden ist also nicht der Zusammenhang einer genuin mythischen Welt wirksam, sondern die eigene – wenngleich negierte – Zeit des mythologisierenden Tragikers. Nur aus dem reflektierten Abstand läßt sich die Handlung eines Dramas als »mythisch« bezeichnen; die verschwiegene, aus der Tragödie selbst vertriebene Aufklärung meldet sich in der Perspektive, die den Mythos als nicht-aufgeklärt definiert, dennoch zu Wort. Das Vorblatt decouvriert das angekündigte Drama aus der Vergangenheit als eines, das mit der Gegenwart nichts anderes gemein hat, als daß es deren falsches Bewußtsein, nämlich die Verwechslung des Elementaren mit dem Wiederholbaren, poetisch darstellt. Exemplarisch ist hier das Dilemma aller historistischen Produktion gefaßt, nämlich der fundamentale Unterschied zwischen der Reproduktion und dem historischen Gegenstand, welcher der Reproduktion Modell gestanden hat. Was Ursprünglichkeit vorgibt, wird so zur Ideologie. Nicht mehr Tragik ist am Werk, sondern – gäbe es das Wort – ›Tragismus‹.

Negativ ist die Komposition der mythischen Motive bei Hebbel durch den Ausschluß der Aufklärung bestimmt, positiv durch das Formgebot der Tragödie. Die idealistische Theorie des tragischen Gesetzes, die von historischen Voraussetzungen absieht, mißversteht der Dichter als Möglichkeit und Auftrag zur selbständig gedachten Form, die erst in einem zweiten Schritt den passenden Inhalt sucht. In der Reduktion auf Prinzipien stimmen philosophische Spekulation und formalistische Produktion der Tragödie immerhin überein, so daß Hebbel das Primat der Form mit idealistischen Wendungen postulieren kann: »Ich bin der unerschütterlichen Überzeugung, daß die wahren Kunstformen ebenso notwendig, ebenso heilig und unveränderlich sind, wie die Naturformen«[14]; und unter diesen »wahren Kunstformen« ist »das Drama« wiederum »die höchste Form der Poesie und der Kunst überhaupt«.[15] »Heilig« waren aber nie die Formen an sich gewesen, sondern nur als Ausdruck eines geheiligten Gehalts. Ist er geschwunden, so bleibt die Form höchstens zum spielerischen Gebrauch zurück, den Hegel dem historisierenden Künstler immerhin zugestehen wollte: er steht »über den bestimmten konsekrierten Formen und Gestaltungen und bewegt sich frei für sich, unabhängig von dem Gehalt und der Anschauungsweise, in welcher sonst dem Bewußtsein das Heilige und Ewige vor Augen war«.[16] Hebbels Satz klingt wie der bewußte Widerruf des Hegelschen. Unabhängig von geschichtlichen Bedingungen leben – nach Hebbel – die Formen und Gattungen, unmittelbar nur zu einem Ideenkosmos des Schönen und jederzeit zur Wiederholung bereit, sofern nur der Autor die richtigen Gesetze der Form trifft. Ihm dient die historische Reflexion, die aus der Anschauung vergangener Tragödien deren Begriff konstruiert, zum Ersatz für die entschwundene Tradition der vorherderschen Epochen, die in ungeschichtlicher Reflexionslosigkeit an der Tragödie fortgedichtet hatten. Die fundamentale Differenz von geschichtlichem Bewußtsein und traditioneller Produktion scheint ausgelöscht. So ist ihm auch die ›Tragödie‹ das Erste, für die dann alle Gegenden des vergangenen und jetzigen Lebens auf einen geeigneten Stoff durchforscht werden, unbekümmert darum, ob dieses Leben seinem Wesen nach (und nicht bloß in peripheren Zufälligkeiten) in der apriorisch gedachten Gattung darstellbar ist. Gegen Hebbel griffe der Einwand, er habe die falsche Form gewählt, zu kurz; denn die *Form* Tragödie ist zugleich ihr einziger *Inhalt*. Was immer als Inhalt sich ausgibt, ist nur das Kostüm der Absicht, die tragische Form zu legitimieren.

Das Apriori der vom Inhalt dissoziierten Form verschließt Hebbels Tragödien jener Form-Inhalt-Dialektik, der das neuzeitliche Trauerspiel selbst dort zugänglich blieb, wo es sich irrtümlich als Nachahmung der antiken Tragödie interpretierte. Indem es unter dem Druck der rezipierten zeitgemäßen Inhalte, welche der Antike noch fremd gewesen waren, seine Form veränderte (was Herder bereits an Shakespeare bemerkte, Benjamin am barocken Trauerspiel explizierte), gewann es sein – wenngleich unsicheres – Daseinsrecht aus der Annäherung an den geschichtsphilosophischen Ort der Neuzeit. Selbst die letzte Gestalt des Trauerspiels, die bürgerliche, wird von Hebbel nicht aus ihrem nahen Inhalt begriffen, dem emanzipatorischen Interesse der bürgerlichen Klasse. Denn – wie er theoretisch und praktisch in *Maria Magdalene* zeigte – Hebbel ließ den Sonderfall des bürgerlichen Trauerspiels nur unter der Bedingung zu, »daß auch im eingeschränktesten Kreis[17] eine zerschmetternde Tragik möglich ist, wenn man sie nur aus den rechten Elementen, aus den diesem Kreis selbst angehörigen, abzuleiten versteht« (*Tagebuch*, Nr. 2910).[18] Bereits die Formulierung, »daß [...] Tragik möglich ist«, erhellt das Primat des Willens zur Tragödie, der nach tragischen Stoffresten sucht[19], gegenüber der Frage, ob die Tragödie überhaupt angemessener Ausdruck der geschichtlichen Situation und Bewegung sein könne. Wird aber die Priorität auf die Seite der Form gesetzt, so verliert das bürgerliche Trauerspiel gänzlich seine ihm eigene sozialkritische Tendenz; denn der Autor hat ein zu großes Interesse an der Erhaltung der Enge im Elend – die einzig ihm tragische Umstände liefert –, als daß er eine historische Änderung zum Vernünftigen hin propagieren dürfte.[20] Von Lessing – man denke an den problematischen fünften Akt der *Emilia Galotti* – über Schiller bis zu Hebbel gerät der aufklärerische Ursprung des bürgerlichen Trauerspiels in dem Maß in Vergessenheit, wie es unter dem Gesichtspunkt der reinen Tragödie interpretiert und umgeformt wird; Katharsis stellt sich wieder ein, wo Protest stehen sollte; aufs Schicksal heroischer Gestalten soll sich ein Interesse richten, das anfangs dem sozialen Grund menschlichen Verhaltens gegolten hatte. Mit dem Bösen der Klassengegensätze versöhnt ihr literarischer Vorzug, das Formgebot der Tragödie zu erfüllen.[21] Eher in gattungspoetischen als in politischen Motiven scheint deshalb Hebbels restaurative Einstellung begründet; daß er »die vorhandenen Institutionen des menschlichen Geschlechts, die politischen, religiösen und sittlichen, nicht umstürzen, sondern tiefer begründen, sie also vor dem Umsturz sichern will«, hat seinen Zielpunkt in der Hoffnung auf eine »neue«, in Wahrheit uralte »Form der Menschheit, in welcher alles wieder an seine Stelle treten, in welcher das Weib dem Manne wieder gegenüberstehen wird, wie dieser der Gesellschaft, und wie die Gesellschaft der Idee«[22], wo also tragische Unausgleichbarkeit und damit die Form Tragödie wiedererstanden und Rechtens wären. Hebbel entwirf die konservative Utopie des Mythologen.

Ausgewählt allein im Hinblick auf die tragische Form, verliert der Inhalt von Hebbels Tragödien den Charakter konkreter Inhaltlichkeit und geht in bloße Formalität über. Besonders deutlich verrät sie sich in den Helden der Stücke.

Peter Michelsen hat auf Rhodopes wilde Entschlossenheit hingewiesen, »es unter allen Umständen zur Tragik kommen«[23] zu lassen, selbst wenn sie dabei die Logik ihrer eigenen Gesetze verletzen muß. Es ist ein durchgängiger und notwendiger Zug von Hebbels Tragödie, daß sich die Helden frei zum Untergang entschließen. Nichts anderes als die Aussicht auf das böse Ende läßt etwa Golo stets die schlimmere von zwei Möglichkeiten wählen:

> Wer jetzt noch bleibt, der muß ein Schurke sein.
> Ich bin ein Schurk. Nun hab ich Schurken-Recht!

Und stracks schreitet er zum Grundsätzlichen des Bösen weiter:

> Man wird ein Mörder. Vater-Mörder dann,
> Welt-Mörder! Gottes-Mörder! Schüttelts dich?[24]

Hebbels Interpreten sind in solchen Fällen mit den Stichworten ›Pantragismus‹ oder – moderner – ›Nihilismus‹ zur Hand, ohne des Formzwangs ›Tragödie‹ gewahr zu werden, den der Autor, da er ihn auf keine Weise objektiv begründen kann, dem Willen der Figuren selbst aufladt.[25] Hebbels Charaktere sind tragisch in dem Sinne, daß ihre vorwiegende Eigenschaft der Hang zur Tragödie ist. Golos, Mariamnes oder Rhodopes Wille zur Tragik scheint Hebbels Willen zur Tragödie zu rechtfertigen: Was läßt sich gegen Tragik einwenden, wenn die Helden erklärterweise dafür verantwortlich zeichnen? Doch fehlt ihnen genau die gleiche Motivation wie der Form; das Dilemma ist nicht gelöst, lediglich verschoben und, hat man den Grund der Verschiebung erkannt, um so deutlicher bloßgelegt. Freilich liegt hier ein Dilemma vor, dem keiner der neueren Versuche zur Tragödie hat entgehen können: Wenn, wie in der Neuzeit, sich einerseits die Wirksamkeit historisch-politischer Macht abstrakt unpersönlich darstellt, andererseits das von eben jener Wirksamkeit entlastete und ins Private entlassene Individuum sich als frei und vernünftig wollend denkt, dann hat das tragische Prinzip, das aus der spannungsvollen Einheit von allgemeinem Sollen und individuellem Müssen hervorgeht, keinen Ort mehr. Bereits Goethe hat hieraus die Schwierigkeit und Schwäche einer neuzeitlichen Tragödie abgeleitet: »Durch das

Sollen wird die Tragödie groß und stark, durch das Wollen schwach und klein«[26]; denn der Wollende könnte auch anders wollen und sich aus dem angeblichen Schicksal, das von Anfang an nicht das seine war, wieder herausziehen. Damit ihm dieser Weg verschlossen bleibe, muß der tragische Held das Sollen wollen, zur Tragik also sich entschließen. »Daher ist der Heroismus des neuen Dramas stilisierter, rhetorischer, als es der des alten gewesen ist: das Heldsein des Helden muß bewußt hervorgehoben werden [...], damit sein tragisches Erlebnis zu dem ihm entsprechenden, sich aber nicht in tragischer Form äußernden Geschehnissen des Lebens in der Distanz der Tragödie bleibe«.[27]

Aus dem Willen zur unbedingten Tragödie gewann Hebbel sogar ein weiteres tragisches Motiv für seine Figuren: da auch ihnen der Wille zum Unbedingten eingegeben wird, scheitern sie an der Welt des Bedingten. Der Feststellung, »wir leben aber in der Welt des Scheins«, antwortet Mariamne mit tragischem Entschluß: »Das seh ich jetzt, drum gehe ich hinaus!«[28] Diese programmatische Wiederaufnahme des Gattungsgesetzes von den Figuren der Gattung selbst hat Karl Jaspers richtig als »ein Erkennen der philosophischen Theorie des Tragischen in der Verkleidung der Theaterfiguren« gedeutet und als »Verwandlung des tragischen Wissens in ein ästhetisches Bildungsphänomen« kritisiert.[29]

Die Lücke zwischen Wollen und Sollen, zwischen den »Geschehnissen des Lebens« und der »tragischen Form« füllt besser als der freie Entschluß zum Tragischen, der als freier Entschluß doch immer auf der Seite des Wollens bleibt, ein Zustand, der das Wollen des Helden seinem (freien) Willen entzieht und mit dem Schein des Sollens umgibt: der pathologische. Den pathologischen Helden – und ihnen sind von Judith an fast alle tragischen Personen bei Hebbel zuzuzählen – ist von vornherein der Gebrauch der Vernunft benommen, so daß sie leicht ins Verhängnis geraten und einem ›tragischen‹ Ende verfallen. Aber dies ist bestenfalls die Tragik der Figur, nicht die des Dramas, dem Pathologie ja kein objektives Gesetz sein kann (weshalb Goethe und Flaubert gut beraten waren, die Pathologie der Figuren in ihren oft ›tragisch‹ genannten Werken, den *Wahlverwandtschaften* und der *Madame Bovary*, in der Form darzustellen, welche die kritische Haltung des Autors erlaubt: im Roman). Die psychologischen Kenntnisse des modernen Dramatikers lösen die Pathologie seiner Helden in jene subjektive Zufälligkeit und Verstehbarkeit auf, der er gerade seiner Tragödie zuliebe entfliehen wollte. Hebbel erreicht hier den Endpunkt jener neuzeitlichen Umdeutung des tragischen Grunds, die Shakespeare das Drama ermöglicht hatte, indem er das Schicksal vom Geschehen, dem Mythos, in die Figur, den Charakter, verlegte. Während jedoch Shakespeare zeigen konnte, wie aus dem bestimmten Charakter dieses und kein anderes Geschick hervorgehen mußte – solches Zutrauen zum Ursprung der Ereignisse in der menschlichen Natur hat freilich die Naivität der Renaissance zur Bedingung –, rekonstruiert Hebbel aus dem beabsichtigten tragischen Schicksal die ihm gemäße psychische Verfassung des Helden. Nicht verwunderlich ist es, wenn in dessen Handeln kein Leben, sondern nur die Mechanik zum Vorschein kommt, welche den scheinbaren Helden als Marionette an den Schnüren eines tragischen Puppentheaters hält.

Eine immer gleiche Konstellation liegt den tragischen Elementen von Hebbels Dramen zugrunde: um den prinzipiellen Widerspruch zwischen dem Zeitalter und der Gattung Tragödie zu verdecken, behelfen sie sich mit Konstruktionen, die in ihrer zugleich historischen und literarischen Unhaltbarkeit den anfänglichen Widerspruch nur aufs neue bestätigen. Aber noch das Verfehlen will verstanden sein; Analyse und Kritik müssen deshalb noch eine Antwort auf die Frage finden, was den Autor dazu brachte, sich lieber in solche Widersprüche zu begeben als auf die Tragödie zu verzichten. Daß nicht schlichter Irrtum, naive Anachronismen Hebbel über die Verfassung seiner Zeit getäuscht haben, beweist die Bewußtheit, mit der er seine tragische Welt aus dem reinen Gegensatz zum Jahrhundert entwirft: orientalische Vorgeschichte statt europäischer Gegenwart, Heidentum statt Christentum, Helden statt Bürger, der Einzelne statt der Masse – in jedem Zug stellt er das genaue Gegenteil der Wirklichkeit auf die Bühne; in einer Tagebuchnotiz muß sich Hebbel resigniert eingestehen: »Das ist das Unterscheidendste der jetzigen Zeit gegen die frühere, daß jetzt nur die Masse und ehemals nur der bedeutende Einzelne lebte« (Nr. 46), und dennoch überläßt er sein Drama ganz dem »ehemals« der »bedeutenden Einzelnen«, während die Masse nur den verschwiegenen Punkt bezeichnet, von dem aus die Heroen in ihrer Andersartigkeit gezeichnet sind (in solcher Antinomie von Heros und Masse wird übrigens die Gleichzeitigkeit von Hebbel und Büchner als Antinomie von historistischer Tragödie und zeitgemäßem Drama greifbar).

Hebbels Negation der Gegenwart partizipiert auch politisch an jener Dialektik der Aufklärung, deren ästhetische Konsequenz im Phänomen des Historismus zu fassen ist: erst die Revolution, welche die alte legitime Herrschaft beseitigt oder zumindest angegriffen hatte, ermöglicht das legitimistische Restaurationsdenken der nachrevolutionären Epoche. Diesen politischen Konservativismus, in dessen feudalen Grundton bald das vom Proletariat bedrohte Bürgertum einstimmt, begleitet eine Kunst- und Literaturproduktion, die bewußt den Blick auf die problematische Gegenwart verstellt und mit Hilfe des ästhetischen Scheins Restauration nicht nur als wünschenswert, sondern als bereits gelungen darstellt, so daß Vergangenheit ewige Gegenwart zu haben scheint. Diese historisierende und heroisierende Kunst des 19. Jahrhunderts gewinnt nicht im Ausdruck der, sondern im Unterschied zu den gesellschaftlichen Bedingungen ihre Existenz. Aber diese scheinbare Unabhängigkeit der Kunst, die Hebbels unzeitgemäße, ihr Unzeitgemäßes als ›absolut‹ ausgebende Tragödie vorspiegelt, gilt es in eben die soziale Realität aufzulösen, von der sie sich entfernen will: daß ein gewichtiger Teil der bürgerlichen Kunst und Literatur im 19. Jahrhundert die geschichtlichen Prinzipien der bürgerlichen Gesellschaft, nämlich Aufklärung und Vernunft, verleugnet, hat seinen Grund in der Enttäuschung, seinen Zweck im Verschweigen des Versprechens, das Aufklärung und Vernunft – über eine bloß instrumentelle Rationalität von Technik und Verwaltung hinaus – einmal gegeben hatten und das nicht eingelöst werden kann, ohne die etablierte bürgerliche Klasse zu gefährden. »Von nun an [seit 1848] schien mir nur die Wahl zu bleiben, ob man, unter Aufopferung der gesamten Zivilisation, das Chaos, dem dereinst eine neue Welt entsteigen könne, mit heraufbeschwören helfen oder die paralysierten früheren Gewalten auf die Gefahr hin, sie noch einmal nach wiedererlangter Kräftigung schnöde gemißbraucht zu sehen, bis zu einem gewissen Grade unterstützen wolle. Ich hielt die letztere Gefahr für geringer wie viele andere, das zu bringende Kulturopfer aber für unersetzlich und handelte demgemäß.«[30]

Anmerkungen

1 Vgl. Theodor W. Adorno, *Ästhetische Theorie*, Frankfurt 1970, S. 50: »Worin einst die Pedanterie der Ästhetiker das Tragische vom Traurigen eifrig unterschied, wird zum Urteil über jenes: die Affirmation des Todes; die Idee, im Untergang des Endlichen leuchte das Unendliche auf; der Sinn des Leidens.«

2 Goethe zum Kanzler Müller, 6. 6. 1824 (Goethe, *Gedenkausgabe*, Bd. 23, S. 349).

3 Hegel, *Ästhetik*, hg. von Friedrich Bassenge, Frankfurt o. J., Bd. 2, S. 556.

4 Julian Schmidt, *Bilder aus dem geistigen Leben unserer Zeit*, Bd. 1, Leipzig 1871, S. 426.

5 Ausführlich habe ich diese verschiedenen Chancen aristokratischer und bürgerlicher Tragik aus der Interpretation von Lessings *Minna von Barnhelm* entwickelt: s. Heinz Schlaffer, *Der Bürger als Held*, Frankfurt 1973, S. 86 ff.

6 Georg Lukács, *Zur Soziologie des modernen Dramas, Arch. f. Sozialwiss. u. Sozialpolitik* 38 (1914), S. 681.

7 Karl Wilhelm Ferdinand Solger, *Nachgelassene Schriften und Briefwechsel*, Bd. 1, Leipzig 1826, S. 178. Dieser Situation trägt die Psychologisierung des Dramas im Laufe des 19. Jahrhunderts Rechnung, speziell die Ehetragödie von der Art Ibsens und Strindbergs: sie spielt sich erstens im Privaten ab, bietet zweitens immerhin die Möglichkeit zum Dialog in einer Sozialbeziehung, hat drittens eben die Gehaltlosigkeit und Passivität des bürgerlichen Lebens zum Thema und gestattet es schließlich, dieses Elend aus dem Kontext des Berufs, des Hausfrauendaseins, der Geselligkeit usw. zu begründen.

8 Vgl. Helmut Schanze, *Drama im bürgerlichen Realismus (1850–1890)*, Frankfurt 1973. Schanzes »rezeptionshistorische« Untersuchung protokolliert die »Erfolge« des bürgerlichen Dramas. Aber eine Statistik der Fakten wird dem geschichtsphilosophischen Ausmaß des scheinbar bloß literatursoziologischen Sachverhalts nicht gerecht: die statistisch festgehaltene Zustimmung des Theaterpublikums verrät nur den Atavismus seiner Wünsche, von dem der Anachronismus der dramatischen Form leben kann.

9 Walter Benjamin, *Ursprung des deutschen Trauerspiels*, [3. Aufl.], hg. von Rolf Tiedemann, Frankfurt 1963, S. 101.

10 Ebd., S. 129.

11 Vgl. etwa den Tagebucheintrag Nr. 618; Entwurf und Schicksal von Hebbels Frauenfiguren (s. vor allem Rhodope) sprechen ebenso deutlich gegen Emanzipation.

12 Klaus Ziegler, *Mensch und Welt in der Tragödie Friedrich Hebbels*, Berlin 1938, S. 99 f.

13 Man sehe sich daraufhin III 6 von *Herodes und Mariamne* an. Vgl. auch Michelsens Bemerkung über die Szene zwischen Rhodope, Gyges und Kandaules: »Eine raffinierte Technik des Aneinandervorbeiredens macht die Dialoge nicht selten zu kunstvollen Verzahnungen von Mißverständnissen« (P. M., *Rhodopes Schleier. Betrachtungen zu Friedrich Hebbels »Gyges und sein Ring«*, in: *Fs. f. Klaus Ziegler*, hg. von Eckehard Catholy und Winfried Hellmann, Tübingen 1968, S. 267). Eine »grandiose Verwicklung, Verschlingung, Verknotung« der Sprache mag man das nennen, tragische Notwendigkeit wird aber an solchem Raffinement zuschanden.

14 Ungedruckte Vorrede zu den *Erzählungen und Novellen* (Friedrich Hebbel, *Werke*, hg. von Gerhard Fricke, Werner Keller und Karl Pörnbacher, Bd. 3, München 1965, S. 225).

15 *Über den Stil des Dramas* (ebd., S. 582).

16 Hegel, *Ästhetik*, Bd. 1, S. 579.

17 Vgl. das durchgängige Motiv der Enge, wie es Martin Stern nachgewiesen hat: *Das zentrale Symbol in Hebbels »Maria Magdalena«*, in: *Hebbel in neuer Sicht*, hg. von Helmut Kreuzer, Stuttgart 1963, S. 11–25.

18 Ähnlich äußert sich Hebbel im *Vorwort zu ›Maria Magdalene‹*: das bürgerliche Trauerspiel sei aufzubauen »aus seinen inneren, ihm allein eigenen, Elementen, aus der schroffen Geschlossenheit, womit die aller Dialektik unfähigen Individuen sich in dem beschränktesten Kreis gegenüberstehen, und aus der hieraus entspringenden schrecklichen Gebundenheit des Lebens in der Einseitigkeit« (*Werke*, Bd. 1, S. 326).

19 Daß hier ein generelles Bedürfnis der Dramatiker im 19. Jahrhundert vorliegt, geht aus einer Antwort Jacob Burckhardts auf Heyses Bitte um Tragödienstoffe hervor: »Also, ihr möchtet gern Tragödienstöffer? ja, da wird eigentlich nichts geschnupft. Überhaupt, liebes Brüderlein, ist das eine Recht üble Gourmandise in Eurer ganzen Clique, daß Ihr meint, man müsse für Euch an alle Stauden schlagen, die in der ganzen Geschichte herum vertheilt stehen« (Jacob Burckhardt – Paul Heyse, *Briefwechsel*, hg. von Erich Petzet, München 1916, S. 15).

20 Dies gilt noch für die gegenwärtigen Rekonstruktionsversuche der Tragödie, die vor allem Faßbinder und Kroetz unternehmen. Besonders Kroetz, der auch Hebbels *Maria Magdalene* bearbeitet hat, versucht, in der sprachlosen (also stilisierbaren) Beschränktheit und Brutalität der ländlichen oder proletarischen Verhältnisse die – für das bürgerliche Publikum freilich exotischen – Bedingungen für Tragik wiederzufinden.

21 So kann Hermann Hettner triumphierend auf die günstige Gelegenheit der sozialen Zustände für den tragischen Dichter hinweisen: »In den Kämpfen unserer inneren Charakterentwicklung, in den Geheimnissen des in seinen innersten Grundlagen erschütterten Familienlebens, in dem vulkanisch unterhöhlten Boden unserer sozialen Zustände liegen jetzt gerade die tiefsten Tiefen des sittlichen Geistes. Wo aber tiefe sittliche Kämpfe sind, da ist auch das ›große gigantische‹ Schicksal, und wo ein großes, d. h. ein innerlich notwendiges Schicksal ist, da ist auch reine Tragik.«

(H. H., *Das moderne Drama* [1852], hg. von Paul Alfred Merbach, Berlin/Leipzig 1924, S. 80).

22 Hebbel, *Werke*, Bd. 1, S. 314 und 310 (*Vorwort zur ›Maria Magdalene‹*).

23 Michelsen, *Rhodopes Schleier*, S. 262; allerdings zieht Michelsen aus diesem merkwürdigen Befund keine kritischen Folgerungen.

24 *Genoveva*, III 10 (*Werke*, Bd. 1, S. 131).

25 Nicht allein der Grund, auch die andauernde Wertschätzung von Hebbels Tragödie beruht auf der philosophischen Spekulation, die sich seit Hebbels Wiederentdeckung zu Beginn des 20. Jahrhunderts an ihn geheftet hat (und die selbst von Zieglers Hebbel-Buch nicht beendet, sondern nur in eine andere Richtung gelenkt wurde). Die Interpreten perpetuieren in ihrem Exempel jene tragische Philosophie, welcher als tragischer Schein die objektive Misere der Bourgeoisie im 19. und 20. Jahrhundert zugleich auratisiert und bloßlegt. Z. B. Hans-Georg Gadamer, *Wahrheit und Methode*, 2. Aufl., Tübingen 1965, S. 123: »Was aber als tragischer Ablauf erfahren wird, ist, auch wenn es sich nicht um ein Schauspiel handelt, das auf der Bühne gezeigt wird, sondern um eine Tragödie im ›Leben‹, ein in sich geschlossener Sinnkreis, der von sich aus jedes Eindringen und Eingreifen in ihn verwehrt. Was als tragisch verstanden wird, ist nur hinzunehmen. Insofern ist es in der Tat ein ›ästhetisches‹ Grundphänomen.«

26 Goethe, *Shakespeare und kein Ende* (*Gedenkausgabe*, Bd. 14, S. 762).

27 Lukács, *Zur Soziologie des modernen Dramas*, S. 689. Daß Lukács' Erkenntnisse hier gegen Hebbel gewendet werden, ist nicht im Sinne der Arbeit, deren Einleitung die *Soziologie des modernen Dramas* darstellt: im Hebbel-Kapitel seiner *Entwicklungsgeschichte des modernen Dramas* nimmt Lukács geradezu panegyrisch, wenngleich ohne Argumente, für Hebbel Partei. (Dieses 1911 in ungarischer Sprache erschienene Werk lag mir in einer deutschen Übersetzung von Dénes Zalán als Manuskript vor.)

28 *Herodes und Mariamne*, V 6 (*Werke*, Bd. 1, S. 585).

29 Karl Jaspers, *Über das Tragische*, München 1952, [= Ausschnitt aus: K. J., *Von der Wahrheit*, München 1947], S. 53.

30 Hebbel in seiner Selbstbiographie für F. A. Brockhaus (*Werke*, Bd. 3, S. 770).

IV. Der kulturkonservative Essay im 20. Jahrhundert

I.

»So also, lieber Leser, bin ich selber der Gegenstand meines Buches.«[1] Montaignes Selbstauslegung der *Essais* ist nichts minder als hypertrophe Egozentrik. Der Tradition der Bekenntnisliteratur verpflichtet, zeichnet er sein eigenes Bild, um es einem distanzierten Urteil zu unterwerfen. Nun aber nimmt in dieser zum Essay säkularisierten Form des Bekenntnisses die Stelle des einst strengen göttlichen Richters der »liebe Leser« ein. Die vertrauliche Anrede stiftet zwischen dem ›Angeklagten‹ und seinem ›Kläger‹ eine unerwartete Beziehung. Der Bekennende wandelt sich vom Angeklagten zum Mitglied einer Gemeinschaft Gleicher und Gleichberechtigter, zwischen denen nicht mehr Recht herrscht, sondern Verständnis waltet. Im Akt der Säkularisation wandelt sich der Richter zum Interpreten, der Sünder zum Menschen unter Menschen, zum abweichenden, doch begreifbaren Einzelfall des bürgerlichen Individuums. Dieses ist zu seiner eigenen Verteidigung berechtigt und berufen. Nicht allein die Darstellung persönlichen Verhaltens ist daher Inhalt der Montaigneschen Sammlung, sondern ebenso das Urteil über Umwelt und Mitmenschen. Als Individuum, das Verständnis erwarten darf, vermag er selbst die ›Gesetze‹ jener Welt, von der er ›gerichtet‹ wird, einzusehen und zu akzeptieren: aus Selbstverteidigung entsteht subjektive Meinung, denn sein Fall wird diskutabel. Dergestalt begründet der Essay, indem er den Einzelnen in eine Sozietät denkender Individuen einfügt »die Sphäre der zum Publikum versammelten Privatleute«[2] – bürgerliche Öffentlichkeit.

Montaignes Vorrede *An den Leser* weist die Gattung Essay bereits an ihrem Anfang als genuin bürgerlich aus. Daß die absoluten Normen, die sich vordem im Rechtsspruch über den Sünder manifestierten, zur subjektiven Meinung relativiert werden, ist Voraussetzung gesellschaftlicher Kommunikation. Dabei unterwirft der Autobiograph, als der sich Montaigne vorstellt, sein Verhalten ebenso der Diskussion, wie er beansprucht, das seines Publikums zu prüfen. Doch ist sein Urteil nicht Anmaßung – so etwa, als habe sich das Verhältnis ›Angeklagter-Richter‹ umgekehrt –, sondern der Autor macht sich wie alle anderen für sich und alle anderen zum Gegenstand einer Reflexion, aus der schließlich die Grundsätze einer neuen Gesellschaft hervorgehen werden: »Es ist Selbstbeschränkung, wenn der Gedanke freimütig zur Meinung des Individuums relativiert wird; aber sie bedeutet nicht relativistische Aufhebung, sondern Zuordnung des vom einzelnen Erdachten zur Summe alles dessen, was von allen denkend gefunden wird.«[3] Das lineare, eindimensionale Verhältnis von Bekenntnis und Urteil entfaltet sich zum In- und Gegeneinander von zwar punktuellen Meinungen einzelner Personen, die sich aber letztlich zur Öffentlichkeit als gesellschaftlichem Raum multiplizieren. Die Struktur des Essays ist dialogisch: »eine Neigung zur Form des Dialogs kommt in der kritischen Literatur auf: Erkenntnis wird hier nicht als Resultat statuiert, sondern als Ziel auf sich verzweigenden Wegen verfolgt [...]. Der Gedanke gibt sich den Anschein des Okkasionellen, er verläßt die Höhe der Lehrkanzel und geht unter die Leute, er relativiert sich zur Meinung und Gegenmeinung, färbt sich, als Argument eines Gesprächspartners vorgetragen, individuell ein.«[4]

Realität gerät so perspektivisch in den Blick. Hergebrachte Normen verflüchtigen sich in der spontanen Erfahrung des Individuums. Ihm erscheint eine kontingente Welt, deren Gesetze erst zu erstellen sind. Der Perspektivierung von Erkenntnis korreliert daher ein experimentelles Denken, das erwägt, verwirft und neu beobachtet. Der schnelle Wechsel von Thema und Motiv im Essay, die Liebe zum Detail, zum sinnlich Wahrnehmbaren, zum Augenblick, zum Zufälligen, Unverbürgten hat hierin ihren Grund. Im Prozeß der Meinungsbildung wird das Individuelle und Kontingente einem flexiblen gesellschaftlichen Konnex eingefügt. »Der Essay ist Ausdruck experimentierender Methode des Denkens [...]. Weder die Gegenstände noch die Gedanken über sie erscheinen im Zusammenhang der Ewigkeit oder des Bestandes, sie erscheinen als relative Gegenstände und als relative Gedanken. Infolgedessen werden auch keine Gesetze gewonnen, aber die

Gegenstände und die Gedanken werden langsam in eine Anordnung gebracht, daß sie Thema einer Theorie werden können.«[5]

Die subjektive Perspektive aber macht, indem sie die Welt unter einem individualisierenden Aspekt zerlegt und relativiert, den Weg frei für Kritik. In ihr – der anderen Seite der dialogischen Struktur des Essays – drückt sich die Urteilskraft des Subjekts aus, seine Fähigkeit, die kontingente Welt auf einen humanen Zweck zu beziehen. Im Urteilen und Meinen als dem transzendentalen Vermögen, Welt den Intentionen des Subjekts aufzuschließen, befreit es sich von fremdgesetzten Normen und Zwängen. Kritik als Potenz und Verhalten ist das Korrelat zur Diskussion, in der bürgerliche Gesellschaft sich konstituiert.

Obgleich individuellstes Vermögen, eignet der kritischen Vernunft, da sie sich ihren Zweck im ganzen Menschengeschlecht setzt, ein egalitärer Charakter. »Das Privileg des Erkenntnis-Habens und Erkennen-Könnens wird den wenigen auserwählten Geistern entzogen und im Zeichen des common sense demokratisiert.«[6]

Subjektive Meinung ist von Anfang an das konstitutive Element der Gattung Essay. Dennoch braucht sie sich nicht unmittelbar zu äußern. Der Essayist kann eine spezifische Meinung im Bild eines Dritten figurieren. Deshalb ist das Porträt, besonders in der weiteren Geschichte der Gattung, bevorzugter Gegenstand des Essays. Im Porträt beschaut sich das bürgerliche Publikum und kommt über sich selbst ins Gespräch. Der Übergang von der autobiographischen Äußerung zum Porträt belegt die Entstehung einer räsonierenden Öffentlichkeit, in der das Individuum gesellschaftliches Subjekt und Objekt zugleich ist. Klassisches Beispiel solcher Porträtkunst ist Friedrich Schlegels Aufsatz über Georg Forster[7], insofern in dem vorgeführten Charakter alle Möglichkeiten des Essays personifiziert und thematisiert sind. Aufgeschlossenheit und Erlebnisfähigkeit, experimentelles Denken, Urteilskraft, Kritik und Mut zu subjektiver Meinung – das sind die Vorzüge, die Schlegel an Georg Forster hervorhebt. Die Figur wird der Öffentlichkeit im doppelten Sinn zum Vor-Bild: als Gegenstand des Räsonnements und als beispielgebende Individualität. Der kritische Blick auf das Objekt geschieht im Interesse der eigenen Bildung; nach dem traditionellen Schema der Dichtarten wäre der Essay der didaktischen Gattung zuzurechnen. Forster hätte Schlegels Aufmerksamkeit kaum gegolten, könnte sein Porträt nicht eine erzieherische Aufgabe erfüllen: »Nie beschäftigt er [Forster] die Einbildungskraft, das Gefühl oder die Vernunft allein: er interessiert den ganzen Menschen. Alle Seelenkräfte aber in sich und andern gleich sehr und vereinigt auszubilden, das ist die Grundlage der echten Popularität, welche nicht bloß in konsequenter Mittelmäßigkeit besteht.«[8] »Und in weltbürgerlicher Rücksicht stehen diese, deren Bestimmung es ist, alle wesentlichen Anlagen des Menschen anzuregen, zu bilden und wieder zu vereinigen, obenan.«[9] Trotz der Exzeptionalität, die das Individuum aus der »weltbürgerlichen« Allgemeinheit herauszuheben scheint, steht es dennoch innerhalb der Gesellschaft, da seine Besonderheit als deren potenzierte Möglichkeiten auf sie zurückverweist: »Als eigentümliche Ansicht dagegen ist Forsters Kunstlehre sehr interessant; schon darum, weil sie so ganz eigen und selbst gefühlt ist; vornehmlich aber, weil sie ihren Gegenstand aus dem notwendigen Gesichtspunkt der gebildeten Gesellschaft betrachtet [...], als die deutlich ausgesprochne Stimme einer so ursprünglichen und ewigen Klasse der freien Natur hat Forsters Kunstansicht einen sehr allgemeinen, bleibenden Wert.« Daher ist keiner »so ganz gesellschaftlicher Schriftsteller wie er«[10], der die Bildung des Bürgertums durch sein Beispiel vorantreibt.[11]

Das Postulat des »sapere aude« akzeptiert Vernunft als subjektive Leistung, stellt aber private Erfahrung zugleich unter das Postulat einer noch zu institutionalisierenden Vernunft. Subjektivität, Perspektive, experimentelles Denken, Kritik, pädagogische Intention – diese Kriterien weisen den Essay als adäquates Mittel der sich im Räsonnement zur bürgerlichen Öffentlichkeit vereinenden Privatleute aus.[12] Seit der Essay im 18. Jahrhundert in Wochen- und Monatsschriften publiziert wird – was seine äußere Form bestimmt: er soll nämlich die Länge einer Vorlesungsstunde haben –, ist er einem breiteren Publikum zur Hand. Besonders in Deutschland, wo die Voraussetzungen für halb-öffentliche Versammlungen, Salon und Café fehlen, kommt der literarischen Produktion eine besondere kommunikative Aufgabe zu. Ohnehin ist literarische Bildung der Boden, in dem die politischen Ansprüche des Bürgertums keimen: »Noch bevor die Öffentlichkeit der öffentlichen Gewalt durch das politische Räsonnement der Privatleute streitig gemacht und am Ende ganz entzogen wird, formiert sich unter ihrer Decke eine Öffentlichkeit in unpolitischer Gestalt – die literarische Vorform der politisch-fungierenden Öffentlichkeit. Sie ist das Übungsfeld eines öffentlichen Räsonnements, das noch in sich selber kreist – ein Prozeß der Selbstaufklärung der Privatleute über die genuinen Erfahrungen ihrer neuen Privatheit.«[13] Schlegel expliziert den Konnex von Bildungs- und politischem Anspruch: »Und welche Grundbegriffe sind es, an denen Forster so standhaft aushielt? – Die unerschütterliche Notwendigkeit der Gesetze der Natur und die unvertilgbare Vervollkommnungsfähigkeit des Menschen: die beiden Pole der höhern politischen Kritik.«[14] Seit Beginn der Neuzeit richtet sich die autonome subjektive Entscheidung bewußt und unbewußt an den politischen Zielen der bürgerlichen Klasse aus. – Zunächst war es das Gewissen, das dem in die Privatsphäre verwiesenen Untertan als Refugium seines Selbstbewußtseins diente.[15] Montaignes scheinbar unverbindliche Selbstdarstellung hat darin ihren Stachel gegen die monarchische Gewalt, daß er sich auf persönliche Lauterkeit und Rechtschaffenheit berufen kann. Das Gewissen befreit den Untertan, zumindest im privaten Raum, aus dem Gebot des Fürsten. – Im Essay stellt sich das persönliche Gewissen als Meinung der Öffentlichkeit zur Diskussion. Daß ihr eine explizit politische Thematik fehlt, entspricht den zunächst nur privaten gesellschaftlichen und ökonomischen Zielen des Bürgertums. Literatur stellt die Mittel bereit, um Privatheit und Subjektivität auszudrücken und ihnen öffentliche Beachtung und Geltung zu verschaffen.

Als Form zwischen Theorie und Leben, als eine nämlich, die Subjektivität nicht nur ausdrückt, sondern zugleich thematisiert, übernimmt der Essay im bürgerlichen Räsonnement eine besondere Funktion. Er faßt mehr Realität als andere literarische Formen, die Subjektivität im unmittelbaren Ausdruck vollziehen, sie aber nicht reflektieren. Der Essay gestaltet nicht nur reale und potentielle Möglichkeiten des Subjekts, sondern er überprüft sie auf ihre gesellschaftliche Brauchbarkeit, wobei – dem Charakter bürgerlicher Öffentlichkeit entsprechend – ihr gesellschaftlicher auch ihren ökonomischen Wert ausmacht. Letztlich stiftet ja die literarische Kommunikation den Kontakt der Privatleute als Tauschpartner: Publizität ist der Öffentlichkeit des Marktes analog. Im Tauschakt, in dem der Eigentümer einer bestimmten Ware einem anderen in gleicher Eigenschaft gegenübertritt, verläßt das bürgerliche Individuum den ökonomischen Solipsismus, definiert sich doch der Eigentümer im Blick auf sein Gegenüber; er relativiert sich gemäß den Bedürfnissen seines Partners. Gegenseitige Begutachtung und Abstimmung aufeinander ist jenes Wechselverhältnis, das als dialogisches Element im Essay wiederkehrt. Die Darstellung des Individuums, das Porträt, geschieht zum Zwecke seiner Verstehbarkeit – im nicht bloß gedanklichen ›Austausch‹. Das Experiment des Gedankens korreliert dem Risiko des Marktes. Kritik schließlich, die traditionelle Normen und Verhaltensweisen relativiert, konstituiert die immer veränderlichen Gesetze einer fluktuierenden Gesellschaft aus Produzenten und Kunden. In diesem Sinne ist die Gattung so progressiv und revolutionär, wie es das frühe Bürgertum ist. Ihr historischer Ort liegt im 18. Jahrhundert, ihr gesellschaftlicher Boden ist die zur Herrschaft drängende bürgerliche Öffentlichkeit.[16]

2.

Geht man das Oeuvre von Essayisten im 20. Jahrhundert durch, so fällt das Übergewicht literarischer und ästhetischer Themen auf. Kunst und Künstler, Dichter und Dichtungen sind bevorzugter Gegenstand der Prosa. Konkretes Leben, Inhalt der Essays im 18. Jahrhundert, oder Porträts eines kritischen Geistes, wie das Forsters, sucht man vergebens. Schlegels Intention, einen Menschen vorzustellen, dessen Meinungen sich im Prozeß fortschreitender Bildung überholen, ist vergessen: »Möchten doch Forsters Schriften recht bald so weit übertroffen werden, daß sie überflüssig und nicht mehr gut genug für uns wären; daß wir sie von Rechts wegen antiquieren könnten.«[17] Den Umgang mit dem Klassischen ironisiert Schlegel: »Die meisten können sich das Klassische gar nicht denken ohne Meilenumfang, Zentnerschwere und Äonendauer.«[18] Für Rudolf Borchardt ist eben der klassische Dichter das Faszinosum, an dem sich das Erlebnis des Essayisten, nicht jedoch sein kritischer Geist entzündet: »Erstens, er [der Dichter] wird von den Göttern besucht und erfährt ihren Besuch in der Form des Gesichtes. Zweitens, er wird vom Gotte besessen und beherrscht, und im Augenblick, während der Frist, der Besessenheit und Berauschung spricht er eine Sprache, die in der Gesamtheit und Gemeinschaft kein anderer spricht.«[19]

Die Gestalt, die Borchardt dem Publikum vorstellt, hat eine evokative, aber keine pädagogische Funktion mehr. Gerade daß er sich aller Öffentlichkeit entziehe, daß er ausgenommen von der »Gesamtheit und Gemeinschaft« sei, mache den Rang des Dichters aus. Das Porträt soll nicht länger eine Diskussion eröffnen und damit der Begründung gesellschaftlicher Öffentlichkeit dienen, da »um den Dichter herum eine Art von halluzinativem Fluidum ist, das das Unglaubliche glaublich macht«.[20] Solche Einsamkeit des Dichters stellt Eugen Gottlob Winkler auch an dem essayistischen Werk Ernst Jüngers dar. Dessen Erfahrung gerinnt nicht zur diskutablen Meinung, sondern endet im esoterischen, also unverstehbaren autonomen Erlebnis: »Jünger kann nicht widerlegt, sondern nur überwunden werden. Es wäre müßig, sich kritisch mit seinen Gedanken auseinanderzusetzen. Man fände keine Beweisstücke, die, wenn sie vorgebracht würden, sich unbedingt stichhaltig zeigten. Jüngers Gedankenwelt ist der Raum einer subjektiven Erfahrung, in deren glühender Denkatmosphäre sich jeder objektive Einwurf sogleich verzehrte.«[21] An die Stelle perspektivisch-relativierender Darstellung tritt Auratisierung; Glaube ersetzt die Kritik, Erleben das Denken, Faszination die Diskussion. Solche ›Charakteristiken‹ indizieren einen neuen Stil des Essays. Seine Form wird zunehmend ästhetisiert; der Autor als erster Verehrer seines ›Heroen‹ tritt zu ihm in eine emotionale Beziehung, die sich reflexionslos expliziert. Die Thematisierung des Lebens gerät zur Apotheose des Genies – der Essayist selbst wird zum Dichter, die Prosa zur Poesie. Lukács beschreibt die Poetisierung der Gattung in seinem einleitenden Essay zu *Die Seele und die Formen*: »Das Problematische der Lage [des modernen Essayisten] hat sich fast zu einer notwendigen Frivolität im Denken und im Ausdruck zugespitzt [. . .]. Jetzt muß der Essayist sich auf sich selbst besinnen, sich finden und aus

Eigenem Eigenes bauen. Der Essayist spricht über ein Bild oder ein Buch, verläßt es aber sogleich – warum? Ich glaube, weil die Idee dieses Bildes und dieses Buches übermächtig in ihm geworden ist, weil er darüber alles nebensächlich Konkrete an ihm gänzlich vergaß, es nur als Anfang, als Sprungbrett benutzte.«[22] Das Außen ist nicht mehr Gegenstand kritischer Analyse, sondern Stimulans subjektiven Erlebens. Die Verbindung zwischen dem Essayisten und einer interessierten Öffentlichkeit ist zerschnitten, da er sich »auf sich selbst besinnen« und aus »Eigenem Eigenes« schaffen will. Die Welt ist ihm nur der Spiegel, der sein eigenes Bild zurückwirft.

Die Wendung von der Außen- zur Innenwelt, vom Denken zum Gefühl, von der Kritik zur bloßen Evokation kündigt die Vereinsamung des Kritikers an. Seinen ursprünglichen Beruf, gesellschaftliches Leben exemplarisch zu thematisieren, hat er aufgegeben. Den Verlust von Welt kompensiert er durch intensivierte Empfindung: »Seelenkraft, Seele, Leidenschaft noch einmal! Um die innerste Kraft zu Ruhe und Sturm, um den innersten Reichtum, den innersten Adel, um eine größere Manier, dazusein.«[23] Was ihm an Welt begegnet, verwandelt sich zur Metapher des Gefühls, zur Replik des Selbstbildnisses. Die Metamorphose vom Kritiker zum Dichter belegen literarische Formen, die zwischen Essay und Erzählung stehen, wie etwa Hofmannsthal *Augenblicke in Griechenland*. Griechenland, seit dem deutschen Idealismus Bild einer rückwärtsgewandten Utopie, ist häufiges Thema des Essays im 20. Jahrhundert. Hofmannsthal setzt die utopische Hoffnung mit seinem gegenwärtigen Erleben in eins. Die Antizipation einer besseren Zukunft im Hier und Jetzt gelingt der Autosuggestion des Dichters, der sich den utopischen Entwurf als gegenwärtige Illusion aneignet. Die Anstrengung, Glück trotz Einsamkeit zu imaginieren, bildet den Dichter zum Gott um: »Nur diese brauche ich, die Trägerinnen der Ewigkeit, mit denen ich mich selbst zur Gottheit mache. [...] Wenn das Unerreichliche sich speist aus meinem Innern und das Ewige aus mir seine Ewigkeit sich aufbaut, was ist dann noch zwischen der Gottheit und mir?«[24]

Solche Apotheose vereinsamt das Subjekt, die Form des Essays wird lyrisch. Dennoch bleibt die Publizität der Gattung als Anspruch erhalten. Die fingierten Gespräche entstehen aus der Erinnerung an den dialogischen Charakter der Gattung, so in Borchardts *Gespräch über Formen* oder in Hofmannsthals *Gespräch über Gedichte*. Ihren Vorläufer haben sie in Friedrich Schlegels *Gespräch über die Poesie*. Während jedoch bei Schlegel eine größere Anzahl von Teilnehmern am Gespräch die Atmosphäre des bürgerlichen Salons vorstellt, eine literarische Öffentlichkeit also, ist im modernen Essay das Gespräch der intime Austausch zweier Freunde. So bestätigt die Form, obgleich sie Kommunikation insinuiert, ein weiteres Mal die Isolation des Subjekts: eine ganz intime Beziehung, wie es die Freundschaft ist, dient gegenseitiger Bestätigung, affirmiert schon gefestigte Standpunkte durch bloße Verdoppelung.

Die monologische Struktur des Essays im 20. Jahrhundert nähert ihn der Form der Festrede an. In der Ansprache ist die scheinbare Publizität erreicht, deren der Essay bedarf. Vor dem Redner versammeln sich die vereinsamten Leser zur stummen Öffentlichkeit. Das frag- und antwortlose Verhältnis zwischen dem Redner und seinem Publikum weist die Zusammenkunft als zufällige Quantifizierung intimer Begegnungen je Einzelner aus. Der Mangel an öffentlichem Interesse, der sich in der Marginalität solcher Veranstaltungen beweist, verbirgt sich hinter jenem Ritual, das der Redner im Augenblick des ›Ereignisses‹ zelebriert. Sein Pathos allerdings, das Kommunikation durch Emphase vorzutäuschen sucht, setzt eine unüberbrückbare Kluft zwischen dem Redner und seine Zuhörern, die auch untereinander isoliert bleiben. Gerade im Versuch, Öffentlichkeit zu erreichen, wird Öffentlichkeit, verstanden als Einheit einer Vielfalt räsonierender Meinungen, verfehlt. Obgleich die Festrede essayistische Themen bevorzugt, ist ihr Inhalt der Kritik entrückt. Immerhin vermag die schweigende Menge den Redner an seine Isolierung zu gemahnen. So ist es kein Zufall, daß explizite Anmerkungen zur Situation des Essayisten, der zum einsamen Redner geworden ist, in Hofmannsthals berühmter Ansprache über *Das Schrifttum als geistiger Raum der Nation* zu finden sind. Die Rede beginnt mit der Klage über den Mangel an Öffentlichkeit, der im Mangel an literarischem Interesse begründet sei. Das geistige Erbe ruhe in der Hand des ungeistigen »deutschen Bildungsphilisters«, dessen Stolz sich auf

das »Fundament einer Bildung« gründe, »die man besitze, geschaffen wie sie nun einmal sei durch die Leistung unserer Klassiker, die man ja habe, als einen festen Besitz, der nicht verlorengehen könne und der zusammen mit anderen irdischen Besitztümern eben die Wirklichkeit ausmache«.[25]
Nietzsche verpflichtet, beschreibt nun Hofmannsthal den »Suchenden [...], unter welchem Begriffe er [Nietzsche] alles Hohe, Heldenhafte und auch ewig Problematische in der deutschen Geistigkeit zusammenfaßte und es gegenüberstellte allem Satten, Schlaffen, Matten, aber in der Schlaffheit Übermütigen und Selbstzufriedenen«. »Diese Geistigen« sind anonyme, isolierte Mitglieder einer körperlosen Gemeinschaft, die überall und nirgends haust: »Aber zuvor wollen wir sie doch selber vor uns sehen, wir wollen diese Geister zitieren [...]. Auf Schritt und Tritt begegnen wir ihnen, niemals aber als einem dichten Haufen, sondern einzeln schweifend durchdringen sie diese Nation der Einzelnen.«[26] Wegen ihrer Allgegenwart haben sie keinen konkreten gesellschaftlichen Ort, sie sind die »Unbehausten«, ein »außer der Literatur stehendes, ringendes Sektierertum«.[27] Kaum der Dichter gehört dieser Gemeinschaft ›absoluter‹ Geister an, da sogar sein Werk ihn in die Welt verstricken kann. Der »Suchende« hingegen ist ohne jegliche Möglichkeit gesellschaftlicher Äußerung: »Das Werk würde ihn in die Ordnung hineinbeziehen, um ihn aber in seiner empedokleischen Nacktheit schlägt unrealisierte Dichtung ihren Mantel, sein Hauptwerk ist ein nie geschriebenes, dem alles was er von sich gibt nur Prolegomena sind«.[28] Der »Suchende« ist einer, der den Kategorien der Verstehbarkeit entzogen ist und sein will.

Im frühbürgerlichen Essay wurde eine Individualität vorgeführt, um gesellschaftliche Normen, die ihr Verhalten trifft, aber auch übertrifft, zu entwickeln. In seiner Exzeptionalität lag zugleich sein kommunikatives Vermögen: einen gesellschaftlichen Konnex zu konstituieren durch Beispielhaftigkeit. Zu diesem Zweck konfrontiert der Essayist seine Figur konkreten Situationen, wobei sie sich handelnd als Individualität nach außen kehrt; der gesellschaftliche Rahmen verleiht ihren Bewegungen Prägnanz, Eindeutigkeit, Originalität und Verbindlichkeit zugleich. Solche Bestimmtheiten schießen im bestimmten Namen zusammen: Georg Forster. Hofmannsthals

Unbekannter hingegen bleibt stets ein Namenloser, muß es bleiben, da sein wesentliches Charakteristikum, »Suchender« zu sein, ihn per definitionem einem vertrauten Raum enthebt. In der Verinnerlichung, die seine gesellschaftliche Ortlosigkeit kompensiert, findet er einen paradoxen Bezug zur Welt: sie intensiviert das Erlebnis von Welt zur Erfahrung ihres angeblich inneren Sinnes: »Deuter sind sie in ihren höchsten Augenblicken, Seher – das witternde, ahnende deutsche Wesen tritt in ihnen wieder hervor, witternd nach Urnatur im Menschen und in der Welt, deutend die Seelen und die Leiber, die Gesichter und die Geschichte, deutend die Siedlung und die Sitte, die Landschaft und den Stamm; Schriftleser, Handleser, Sternleser.«[29] Im Gegensatz zur konturierten, im Handeln sich entfaltenden und nach außen wirkenden Individualität, wie sie das essayistische Porträt gezeichnet hatte, ist Hofmannsthals »Suchender« der Schemen einer Geist-Gestalt, reines intelligibles Ich, spirituelle Autonomie, ohne gesellschaftliche Resonanz. In ihr ist persönliche Freiheit, die im herkömmlichen Porträt den originellen Charakter eines Menschen als Variation verbürgter Verhaltensweisen demonstrierte, ins Absolute transzendiert. Ein räsonierendes Publikum kann eine solche Figur, da sie den Kategorien der gesellschaftlichen Öffentlichkeit von vornherein enthoben ist, nicht finden. Darum pervertiert die Vorbildfunktion des Porträts zur Selbstgefälligkeit, die schließlich auch Hofmannsthal als »Hybris« des »Suchenden« eingestehen muß: »Wunderbar pathetisch vollzieht sich diese Hybris als die Gebärde eines kraftvollen, von Fesseln und Banden umschnürten raumlosen Gefangenen.«[30] Hier verliert die gestaltlose Gestalt alle Verbindlichkeit: die unwirksame Gebärde gegen eine paradoxe Gefangenschaft im Raumlosen verrät die zur Tugend stilisierte Einsamkeit des autonomen Subjekts endlich doch als Isolation. Das Verhältnis von Publikum und pädagogischem Exemplum kehrt sich um: nicht mehr die Gesellschaft bedarf des Vorbildes, sondern dieses bedarf der gesellschaftlichen Anerkennung. In einer mystischen Gemeinschaft vereinen sich die raum- und körperlosen Wesen: »Hier bricht dieses einsame, auf sich gestellte Ich des titanisch Suchenden durch zur höchsten Gemeinschaft, indem es in sich einigt, was mit tausend Klüften ein seit Jahrhunderten nicht mehr zur Kultur gebundenes Volkstum spaltet. Hier werden diese Einzelnen zu Verbundenen, diese verstreuten wertlosen Individuen zum Kern der Nation [...] mit wahrhaft religiöser Verantwortung beladen [...], muß ein so angespanntes Trachten, woanders der Genius der Nation es nicht im Stiche läßt, zu diesem höchsten gelangen: [...] zu der politischen Erfassung des Geistigen und der geistigen des Politischen, zur Bildung einer wahren Nation.«[31] Hofmannsthals »wahre Nation« wäre nur nach einer vollständigen Metamorphose ihrer Mitglieder denkbar. Denn vorerst sind diejenigen Bürger, die Hofmannsthal als »Bildungsphilister« bezeichnet hatte. Der Zustand der Vereinsamung des ästhetischen Subjekts und jener der kulturlosen Nation sind komplementär, und zwar in Form unaufhebbarer Gegensätze, was der abschließende Einfall einer Vergeistigung von Politik zu verdrängen versucht.

Bei aller Emphase, bei allem Pathos, das im ›Porträt‹ des »Suchenden« die Hoffnungslosigkeit seiner Lage verschleiert, thematisiert doch Hofmannsthal die reale Situation des Intellektuellen, wodurch er noch einmal aus der Rolle des Festredners zu der des früheren Essayisten zurückkehrt. Die Form hält selbst hier die Mitte zwischen subjektivem Ausdruck und Reflexion und unterscheidet sich dadurch von anderen literarischen und nicht-literarischen Äußerungen der Jahrhundertwende: der Lyrik etwa, die die Situation des Künstlers in chiffrierten Bildern wiedergibt, die der Übersetzung bedürfen; oder einer Kulturphilosophie, welche die Problematik des Künstlers und Intellektuellen zum Untergang des Abendlandes schlechthin stilisiert. Die Hermetik der Dichtung und der Pessimismus der Historie sind korrelierende Äußerungsformen der Ratlosigkeit. Hingegen führt die ehemals dialogische, d. h. öffentliche Funktion des Essays, die als Postulat bestehen bleibt, indem sie ihren Adressaten: Öffentlichkeit, verfehlt, Erkenntnis mit sich. Die Form selbst, ihre dialogische Struktur im Verhältnis von Publikum und Autor, inhaltlich begriffen als Problematik des unberatenen Subjekts, wird Thema der essayistischen Produktion: Kunst, Kultur, Politik sind Projektionen der gleichbleibenden Problematik des introvertierten literarischen Subjekts. Selbst ein so temperierter Essay wie Thomas Manns Bild des *Alten Fontane*, der sich der autistischen Vergottung des Subjekts enthält, konzentriert die Aufmerksamkeit auf das Problem des unverstandenen Künstlers, das zugleich das seiner Produktivität ist. Die exzeptionelle Bescheidenheit jenes »auf nichts eingeschworenen Geistes«, dessen »künstlerische Frömmigkeit jenem Kunstfleiß verbunden ist, den Fontane [. . .] beinahe mit dem Genie identifizierte«, führt zu dem »groben Unverständnis, dem seine Natur bis ans Ende ausgesetzt blieb«.[32]

Wenn öffentliche Resonanz ausbleibt, kreist das Denken manisch um sich selbst, da der Intellektuelle, der Dichter, der Essayist sich für die Welt nehmen muß, die ihn im Stich gelassen hat. Das Räsonnement endet im Selbstgespräch. Reflexion über Realität als konstitutives Element bürgerlicher Öffentlichkeit schlägt um in Selbstreflexion des isolierten bürgerlichen Subjekts. Vom kritischen Anfang bleibt nichts als Unzufriedenheit, von der pädagogischen Intention nichts als Werbung um Publizität. Zwar ist die Gattung als Form zwischen Poesie und Wirklichkeit, Gefühl und Gedanke, Ausdruck und Reflexion erhalten geblieben, ihre inhaltlichen Motive jedoch, obgleich sie dem Wortlaut nach ähnlich sind: Kultur und Politik, Kunst und Leben, haben ihre Bedeutung verändert.

3.

Voraussetzung dafür, daß der Künstler oder Schriftsteller im 18. Jahrhundert als Partner im öffentlichen Gespräch akzeptiert und ernst genommen werden konnte, war seine Gleichberechtigung mit allen andern Mitglieder der räsonierenden Öffentlichkeit. Aus der Abhängigkeit vom feudalen Mäzenatentum mußte er sich emanzipieren, denn: wollte er ein diskutables ›Konzept‹ anbieten, so mußte er aus eigenständiger Kompetenz urteilen, sich auf persönliche Erfahrung berufen, d. h. letztlich seine Gedankenfreiheit auf seine ökonomische Unabhängigkeit gründen. ›Unabhängigkeit‹ aber heißt in diesem Falle nichts anderes, als sich auf den literarischen Markt zu begeben, also einer Konkurrenz sich auszusetzen, in der sich Freiheit und Abhängigkeit ineinander verschlingen. Die Chance, sich frei äußern zu dürfen, ist nur unter der Voraussetzung gewahrt, daß die Äußerung akzeptabel ist, also sich an die Spielregeln der räsonierenden Öffentlichkeit hält. Die Grenze literarischer Freiheit ist daher der Geschmack des Publikums. Dieser unterlag unkontrollierbaren, irrationalen Bewegungen. Die Möglichkeit, den Geschmack des Publikums zu beeinflussen, macht die virtuelle Freiheit des Literaten aus. Die Absicht, sie zu wahren, wenn möglich auszuweiten, ist der Grund der ausgedehnten Debatten über den ›guten Geschmack‹ im 18. Jahrhundert. Der Bildungsgedanke vermittelt die Freiheit des Schriftstellers mit seiner Abhängigkeit vom Publikum. »Die neue Profession, die dem entspricht, erhält im zeitgenössischen Jargon den Namen des Kunstrichters. Dieser übernimmt eine eigentümlich dialektische Aufgabe: er versteht sich als Mandatar des Publikums und als dessen Pädagoge zugleich«.[33] In diesem Sinne äußert sich Schiller: »die Rohigkeit auf der einen und die Kraftlosigkeit auf der andern Seite erwecken mir, ich gestehe es, einen solchen Eckel vor dem, was man öffentliches Urtheil nennt, daß es mir – vielleicht zu verzeihen wäre, wenn ich in einer unglücklichen Stunde mir einfallen liesse, diesem heillosen Geschmack entgegen wirken zu wollen [. . .]. Wenn ich gleich aus äussern Gründen, die ich mit noch mehr Schriftstellern gemein habe, nicht gleichgültig seyn kann, ob mich ein großes oder kleines Publikum kauft, so habe ich mich wenigstens auf dem einzigen Wege darum beworben, der meiner Individualität und meinem Charakter entspricht – [. . .] dadurch daß ich es durch die lebhafte und kühne Aufstellung meiner Vorstellungsart zu überraschen, anzuspannen und zu erschüttern suchte.«[34]

Den Geschmack zu bilden, fällt dem Essay leichter als anderen literarischen Formen, da er von allen Bereichen des Lebens handelt, einen gebildeten Abnehmerkreis also umfassend erzieht. Dabei involviert die pädagogische Arbeit die kritischen Intentionen, indem sie Verbürgtes befragt und neue Erfahrungen präsentiert (was sich schließlich nicht nur auf Literatur zu beschränken braucht, sondern auch anderen Marktteilnehmern nützen kann, man denke an die Abhandlungen über Gartenbau, Möbel, Toilette usw.). Die Einwirkung der gesellschaftlichen Partner aufeinander, der Autoren untereinander wie das wechselseitige Verhältnis von Autor und Publikum konstituieren eine gesellschaftliche Totalität dennoch selbständiger Individuen.

Es scheint, als stelle der Künstler zugunsten des pädagogischen Erfolgs sein Marktinteresse hintan – denn: wollte er sein Kunstprodukt verkaufen, müßte er nur dem durchschnittlichen Geschmack gehorchen. Allzu eng tangiert dies Unterfangen jedoch das Bemühen um Anerkennung seiner eigenen Fähigkeiten. Die Klage über mangelnde Bildung beim Publikum geht Hand in Hand mit jener über das Unverständnis für die Qualität seines Werks. Indem er sich über das Niveau seines Publikums erhebt, befreit er sich vom Anspruch, sich dem herrschenden Geschmack, d. h. den Verbindlichkeiten des Marktes, zu unterwerfen. Das Insistieren auf der Qualität seiner Leistung ist – hinsichtlich des ökonomischen Gebarens – der Mißbrauch der ihm zugestandenen freien Entfaltung im Rahmen der allgemeinen Konkurrenz. Er setzt einen Standard, den zu unterschreiten er sich von keiner Öffentlichkeit bewegen lassen will. Kunstphilosophisch nennt sich solches Mißverständnis des ökonomischen »laisser faire« zugunsten einer absoluten persönlichen Freiheit die Autonomie des Künstlers und seiner Kunst. Diese Autonomie setzt ihn in den ausschließlichen Genuß jener Vorteile, die ihm die Emanzipation aus der feudalen Abhängigkeit geschenkt hat und macht sie total.[35]

Für die Literaturgeschichte stellt sich dieser Vorgang dar als Trennung von hoher und niederer oder Trivialliteratur. Jene gedeiht im exklusiven Raum einer Künstleraristokratie, diese im Bereich des Marktes. Zu fragen bleibt, welche Voraussetzungen es dem Künstler gestatten, dem Publikum uneinholbar voranzugehen, ohne daß er dabei seine materielle Existenz aufs Spiel setzt. Der Grund mag darin liegen, daß der Künstler eine Einheit von Unternehmer und Produzent darstellt. Dadurch wird sein Werk grundsätzlich inkommensurabel. Denn in sein Produkt investiert er ausschließlich seine unquantifizierbare Arbeitskraft; sein einziges Produktionsmittel ist er selbst, sein Wert ist ohne Maß, da er nicht, wie andere Arbeitskraft, auf dem Markt ›gehandelt‹, also verglichen wird. Hinzu kommt, daß sein Werk keinen gesellschaftlichen Gebrauchswert hat, sofern es die unvergleichliche Entäußerung eines Einzelnen ist, während die Not, die sonst ein Gebrauchsgegenstand behebt, einem Mittelmaß an gesellschaftlich möglichen Bedürfnissen entspringt. Im Falle absoluter Einmaligkeit ist aber die Differenz von Angebot und

Nachfrage unendlich: ein Kunstwerk ist schlechthin unbezahlbar. Der materielle Wert transzendiert in einen immateriellen, in die metaphysische Aura der idealen Kunst. Jener dem Publikum vorgehaltene Unverstand ist das Argument, es aller gewohnten Handhaben des ökonomischen Vergleichens und Messens zu berauben. So entwaffnet, bestaunt es die Irrealität der unbrauchbaren Kunst als ihren Sinn und ihr Wesen.

In der manischen Betonung der Autonomie des Subjekts einerseits, im monotonen Verdikt über eine verständnis-, weil geistlose Leserwelt andererseits kehrt diese seit dem Ende des 18. Jahrhunderts formulierte kunstsoziologische Problematik im 20. Jahrhundert wieder. Die nun theoretisch gesicherte Idealität der Kunst, die Besonderheit der ästhetischen Leistung begründet die Superiorität des Künstlers über sein Publikum und damit seine angebliche ökonomische Unabhängigkeit.[36] Die verdrängte Gesellschaft kehrt im Feindbild, das der Essayist sich von ihr macht, in sein Denken zurück. Im Essay, so evokativ und poetisch sein Stil auch wird, erscheint das Ideal der hohen Kunst nur vor dem Hintergrund des ›niederen‹ Lebens. So behauptet sich gesellschaftliche Herkunft in der poetisierten Form dennoch: der Essay ist nicht selbst ›hohe Kunst‹, wie es bei oberflächlicher Betrachtung des emphatischen Stils scheinen mag, sondern entwickelt eine ästhetische Theorie aus dem Antagonismus von Kunst und Leben. Der Essayist kann nur in eigener Sache urteilen, indem er das, was er ›die Welt‹ nennt, verwirft. So inthronisiert sich das absolute ästhetische Subjekt selbst zum Richter. Zwar scheint dies Amt jenem früheren des Kritikers zu gleichen; im Gegensatz zum hypothetischen Urteil des gesellschaftlich integrierten Kritikers entspricht dem absoluten Subjekt aber der apodiktische Richtspruch. Zivilisationskritik und Kunstenthusiasmus sind daher die parallelen Inhalte des Essays im 20. Jahrhundert. Beide übernehmen die im 18. Jahrhundert einsetzende ›Publikumsbeschimpfung‹ als Verdikt über eine gegenüber der Kunst unverständige Gesellschaft oder als Selbstdarstellung künstlerischer Überlegenheit.

4.

Zwei vorherrschende und voneinander abhängige Themen hat also der Essay im 20. Jahrhundert: Zivilisationskritik und Kunstverehrung.

Die Zivilisationskritik wiederholt Motive, die seit dem späten 18. Jahrhundert bekannt und auch in entwickelte Theorien der bürgerlichen Gesellschaft wie jene von Hegel und Marx eingegangen sind. Die Beschränkung der Themen im modernen Essay sticht von der Mannigfaltigkeit der Stoffe ab, die im 18. Jahrhundert konstitutives Moment der Gattung war. Nun erscheint Leben lediglich im Gegensatz zur Kunst, in welcher das isolierte ästhetische Subjekt, das der Fixpunkt der Kritik ist, sich wiederzufinden hofft. Der Innerlichkeit des vereinsamten Künstlers erscheint alle gesellschaftliche Realität als Außenwelt, als Dezentralisation, »Zentrifugalität, d. h. Entgeistigung«.[37] Zwar werden »die Dinge [...] vollendeter, geistiger, gewissermaßen einer innerlich sachlichen Logik folgend«, doch »die definitive Kultivierung, die der Subjekte«[38] bleibt aus. Das Phänomen der Entfremdung, bei Marx Resultat des gesellschaftlich-ökonomischen Prozesses, erscheint im kulturkritischen Essay als Unerfülltheit des Individuums in einer feindlichen Welt. Zivilisation und Kunst treten einander gegenüber wie Verstand und Gefühl, Funktion und Leben, Depravation und Entfaltung, Entfremdung und Erfüllung. Auf Kosten seiner Identität existierte, so heißt es, für den Menschen die Möglichkeit, sich der Sachlogik der äußeren Welt zu fügen. Mit Hilfe des Verstandes vermag er es, den formalen Gesetzen sich anzugleichen. »Der Ort des Verstandes dagegen sind die durchsichtigen bewußten, obersten Schichten unserer Seele, er ist die anpassungsfähigste unserer inneren Kräfte; er bedarf, um sich mit dem Wechsel und Gegensatz der Erscheinungen abzufinden, nicht der Erschütterungen und des inneren Umgrabens, wodurch allein das konservative Gemüt sich in den gleichen Rhythmus der Erscheinungen zu schicken wüßte. So schafft der Typus des Großstädters [...] sich ein Schutzorgan gegen die Entwurzelung, mit der die Strömungen und Diskrepanzen seines äußeren Milieus ihn bedrohen: statt mit dem Gemüt reagiert er auf diese im wesentlichen mit dem Verstande, dem die Steigerung des Bewußtseins, wie dieselbe Ursache sie erzeugte, die seelische Prärogative verschafft. Damit ist die Reaktion auf jene Erscheinungen in das am wenigsten empfindliche, von den Tiefen der Persönlichkeit am weitesten abstehende psychische Organ verlegt.«[39] Der Verstand reduziert den Menschen auf eine nach Naturgesetzen funktionierende Physis: »alle Gemütsbeziehungen zwischen Personen gründen sich auf deren Individualität, während die verstandesmäßigen mit den Menschen wie mit Zahlen rechnen, wie mit an sich gleichzeitigen Elementen«.[40] Was er retten kann, ist seine Existenz, nicht seine Substanz. Das Leben in der Großstadt, jener geographisch-ökologischen Einheit des modernen Menschen, seine Exaktheit des Lebensrhythmus, Berechenbarkeit des persönlichen Verhaltens, Pünktlichkeit »muß auch die Inhalte des Lebens färben und den Ausschluß jener irrationalen, instinktiven, souveränen Wesenszüge und Impulse begünstigen«.[41] Der Mensch mißbraucht seinen Geist im Dienst einer äußerlichen Funktionalität, Kultur depraviert zur Zivilisation, dem »Widergeist wider allen Geist«.[42] Denn: »Die Erforschung und Geschichte des menschlichen Geistes abdizierte an den Ungeist der Zeit und nannte ihren internen Zerfallsprozeß das Zeitalter der Naturwissenschaften: als ob es für den menschlichen Geist irgendwelche Bedeutung habe, ob seine Körperlichkeit gehe, fahre oder quer oder hoch sause, schneller oder noch schneller, über Wasser oder durch die Luft; aber auch das ›Zeitalter der Geschichte‹ benannte sie diese ihre eigene Anarchie: nicht um Geschichte zu schreiben: das Schreiben begann sie so zu verlernen wie das Lesen; sondern um durch das Mittel der historischen Bedingung und Abstellung alle absoluten Werte der Menschenseele fraglich zu machen, zu relativieren und schließlich aufzuheben.«[43] Wer auf der Autonomie des Individuums beharrt, muß bereits seine Interpretation fürchten. Denn jede Interpretation des Menschen, jedes psychologische und historische Verstehen relativiert Individualitäten aneinander. Gegen die »Anarchie« eines solchen Relativismus sollen die »absoluten Werte der Menschenseele« gerettet werden, gegen das Verlernen von »schreiben und lesen«, also gegen den Verlust literarischer und ästhetischer Fähigkeiten, soll angegangen werden. War der Essay einst den Wissenschaften von der Geschichte und der Psychologie attachiert, so sehen sich seine modernen Nachfolger nun gezwungen, die verstehenden Intentionen der Gattung zugunsten von irrationalen Wertsetzungen zu paralysieren. Es beginnt die Wiedereinsetzung des Vorurteils. Um der relativierenden Analyse zu entgehen, muß intellektuelle Tätigkeit diffamiert werden als »skeptisch, einsam, atheistisch, pazifistisch, antiheroisch, zerrissen, genialisch, pessimistisch, dämonisch, Geist des tiefen [...] Nihilismus, Krise«.[44] ›Denken‹ soll sich reduzieren auf kreative Intuition, die sich aller Erkenntnis entzieht. Die Konstitution des Subjekts geschieht aus dem Gemüt, das dem Zugriff der Wissenschaft entzogen ist. Dies meint Hofmannsthal, wenn er sagt: »Wir aber sind reicher an Gedanken, als der endlose Meeresstrand an Muscheln. Was uns not tut, ist der Hauch«.[45] »Versperrt ist dem Kulturkritiker die Einsicht, daß die Verdinglichung des Lebens selbst nicht auf einem Zuviel, sondern einem Zuwenig an Aufklärung beruhe und daß die Verstümmelungen, welche der Menschheit von der gegenwärtigen partikularistischen Rationalität angetan werden, Schandmale der totalen Irrationalität sind«.[46]

Da dem Essayisten, anders als dem Dichter, eine vollkommene Flucht in das autonome Reich der Kunst versagt ist, da er, dem Gattungskonstituens verpflichtet, der Realität konfrontiert bleibt, kehrt seine problematische Situation als Schriftsteller in der kapitalistischen Gesellschaft wieder als Haß gegen die Zivilisation, die den Menschen nur in marktgerechter Zurichtung akzeptiert. Aus dieser Phobie heraus drängen sich dem Essayisten selbst bei poetischen Themen Bilder aus dem ökonomischen Bereich auf: »Nun sollte es [Homers Gedicht] als eine anonyme Klitterung gelten, Erzeugnis einer GmbH von Einzeldichtern«[47]; oder: »›Traditionen, Programme, Weltanschauungen und Bindungen‹ – das alles wird leichten Herzens aufgeopfert, genau so leichten Herzens wie der Währungsstandard.«[48] Die der Poesie feindliche Wirklichkeit, die verdrängt werden soll, macht sich als poetisches Stilmittel wieder geltend.

Das apodiktische Urteil des autonomen Kritikers wird nicht durch Argumente belegt; sie würden bereits eine erste Relativierung bedeuten. Ein solches Urteil, das ausschließlich dem Vermögen des Subjekts entstammt, ist ästhetisch in dem Sinne, wie es Kants *Kritik der Urteilskraft* bestimmt: »Wenn nun diese Allgemeingültigkeit sich nicht auf Stimmensammlung und Herumfragen bei andern, wegen ihrer Art zu empfinden, gründen, sondern gleichsam auf einer Autonomie des über das Gefühl der Lust (an der gegebenen Vorstellung) urteilenden Subjekts, d. i. auf seinem eigenen Geschmacke, beruhen, gleichwohl aber doch auch nicht von Begriffen abgeleitet werden soll: so hat ein solches Urteil – wie das Geschmacksurteil in der Tat ist – eine zwiefache und zwar logische Eigentümlichkeit: nämlich erstlich die Allgemeingültigkeit a priori, und doch nicht eine logische Allgemeinheit nach Begriffen, sondern die Allgemeinheit eines einzelnen Urteils; zweitens eine Notwendigkeit (die jederzeit auf Gründen a priori beruhen muß), die aber doch von keinen Beweisgründen a priori abhängt, durch deren Vorstellung der Beifall, den das Geschmacksurteil jedermann ansinnt, erzwungen werden könnte.«[49] Das Verhältnis von Individuum und Öffentlichkeit, wie es sich im Frühbürgertum als räsonierende Einheit von Privatleuten vollzieht, findet in Kants Philosophie des Geschmacks ihre theoretische Formulierung, nämlich im Apriori des subjektiven Urteils, das dennoch allgemeine Gültigkeit beansprucht. Der Verzicht auf Richtigkeit der Erkenntnis bei den Essayisten des 20. Jahrhunderts zugunsten einer formalen Stimmigkeit erhebt Kants immanente Zweckrationalität des Kunstwerks zum einzigen Kriterium des Urteilens, wobei mit dem autonomen Kritiker auch der kritisierte Gegenstand dem gesellschaftlichen Konnex enthoben ist. Letztlich bereitet Kant diesen abstrakten Formalismus vor, indem er, obgleich er nach dem Geltungshorizont des Urteils fragt, ihn doch wiederum im Subjekt allein verankert; denn die Allgemeingültigkeit ist zwar apriorisch, aber doch die »Allgemeinheit eines einzelnen Urteils«.[50] In der ästhetischen Urteilskraft entwirft damit das frühe Bürgertum schon die Wesensbestimmung für jenen Typus des Kritikers, der sich uns im Essayisten des 20. Jahrhunderts vollendet. Die ästhetische Form als zweckfreie Zweckhaftigkeit ist ihm das normsetzende Gegenbild zu jener chaotischen, weil auf divergente Zwecke hin orientierten Wirklichkeit. Das Kunstwerk besteht per se: »Stil ist der Wahrheit überlegen [. . .], Wahrheit muß nachgeprüft werden, Fortschrittsinstrumentarium. ›Der Gedanke ist immer der Abkömmling der Not‹, sagt Schiller, bei dem wir ja ein sehr bewußtes Umlegen der Achse vom moralischen zum ästhetischen Weltbild wahrnehmen, er meint, der Gedanke steht immer nahe bei den Zweckmäßigkeiten und der Triebbefriedigung [. . .], er ist Natur, aber in der Form ist Ferne, ist Dauer.«[51]

In der Konsequenz dieses Entwurfes liegt es, »daß Kritik eine Kunst und keine Wissenschaft sei«.[52] Wenn dies auch nicht meint, daß der Essay zum Kunstwerk werde – obgleich er tatsächlich zunehmend artifizieller wird, obgleich stilistische Fertigkeiten ein größeres Gewicht bekommen –, so wird doch Kunst zu seinem eigentlichen Thema. »Das Schicksalsmoment des Kritikers [. . .] ist der mystische Augenblick der Vereinigung des Außen und des Innen, der Seele und der Form [. . .]. Die Form ist die Wirklichkeit in den Schriften des Kritikers, sie ist die Stimme, mit der er seine Fragen an das Leben richtet: das ist der wirkliche, der tiefste Grund dessen, daß Literatur und Kunst die typischen natürlichen Stoffe der Kritik sind.«[53] Bildung, von Hause aus die intellektuelle Erfahrung des Bürgers von seiner Welt, reduziert sich auf das Erlebnis von Kunst, die als Konzentrat von Welt gedacht wird: »Wo das Dichterische heute unter Ihnen auftritt, ist es wie zu Solons oder Amos' Tagen eine Integrale, in der sich das Gesetz, die Religion, die Musik, in der sich schließlich fast der Zauberspruch ebenso findet wie das lebendige Leben, ein Alles-in-Allem, eine Enzyklopädie der Welt, die von der wissenschaftlichen Enzyklopädie der Welt grundverschieden ist.«[54] Im Kunsterlebnis erfährt das Subjekt sich selbst als Kosmos. Die Kunstbetrachtung, Nachkomme der räsonierenden Kunstkritik, isoliert Subjekt und Objekt im ›reinen‹ Gegenüber, so daß im betrachteten Gegenstand der Betrachter nur sich selbst und in sich die ganze Welt wiederfindet. Solches Kunstverständnis lokalisiert Kunst nicht in der Welt, sondern die Welt in ihr. Die kritische Aufgabe des Essayisten beschränkt sich darauf, einen Kanon der Kunstwerke zu erstellen, indem er Qualität von Nicht-Qualität scheidet. Dies normative Denken reproduziert im Bereich der Kunst jenen Dualismus, der zwischen Realität und Kunst zunächst gesetzt wurde, so nämlich, daß der Rang von Kunst proportional mit der Entfernung ihrer Inhalte von der Realität wächst. Der Interpretationskunst des Essayisten bleibt es anheimgestellt, alle Realität, die dem Verdikt verfallen ist, aus der Kunst zu verbannen. In dies Unterfangen, das Kunstwerk fürs pure Erleben herzurichten, fließen Rudimente seiner ehemals interpretierenden Tätigkeit ein, dergestalt gewendet, daß sie das Publikum der Realität entrückt, es zu einer Versammlung interesseloser, also isolierter Genießer macht. Entkonkretisierung der Dinge ist das Ziel der essayistischen Deutung, »ein geistiges Höchstes an leiblichen Spuren zu erkennen«.[55] Solche Entmaterialisierung ereignet sich etwa im grellen Licht Griechenlands: »aber darüber ist ein Licht, dessengleichen das Auge nie zuvor erblickt hat und in dem es sich beseligt, als erwache es heute erst zum Sinn des Sehens. Dieses Licht ist unsäglich scharf und unsäglich mild zugleich. Es bringt die feinste Einzelheit mit einer Deutlichkeit heran, einer sanften Deutlichkeit, die einem das Herz höher schlagen macht, und es umgibt das Nächste – ich kann es nur paradox sagen – mit einer verklärenden Verschleierung. Es ist mit nichts zu vergleichen, als mit Geist.«[56] Nur scheinbar widersprechen einander, die Wirkungen des Lichtes, die Dinge scharf zu umreißen und sie zugleich zu verschleiern. Das Licht modelliert die Individualität des Dings, die seine geistige, nicht seine konkrete, seine abgegrenzte, aber räumlich nicht bestimmte Gestalt ist. »Das Einzelne hat keine Aspiration, sich mit dem Ganzen zu vermischen, es lebt für sich, aber in diesem Licht ist Für-sich-sein nicht gleichbedeutend mit Einsamkeit. Hier oder nirgend ist das Individuum geboren.«[57] Solche Spiritualisierung macht die Dinge eindeutig, aber immateriell.

Die Vorliebe mancher Essayisten für Partikel der Dingwelt, ein Interesse, das zunächst an das Konzept des frühbürgerlichen Essays erinnert, alle Bereiche des Lebens, auch seine dingliche Realität, dem Räsonnement zu unterziehen, diese Vorliebe ist nur auf den ersten Blick aus der Liebe zum Detail geboren. An Simmels Essay *Brücke und Tür,* dessen Titel bereits solch feinsinnige Ding-Interpretation verspricht, erscheint ebenso deutlich wie an Hofmannsthals Lichtmetaphorik die Intention einer Entkonkretisierung der Konkreta: »Die bloße Dynamik der Bewegung, in deren jeweiliger Realität sich der Zweck der Brücke erschöpft, ist zu etwas Anschaulich-Dauerndem geworden, wie das Porträt den körperlich-seelischen Lebensprozeß, mit dem die Realität des Menschen sich vollzieht, sozusagen zum Stehen bringt und in einer einzigen, zeitlos stabilen Anschauung, die die Wirklichkeit niemals zeigt und zeigen kann, die ganze in der Zeit fließende und verfließende Bewegtheit dieser Wirklichkeit sammelt. Die Brücke verleiht einem letzten, über alle Sinnlichkeit erhabenen Sinn eine einzelne durch keine abstrakte Reflexion vermittelte Erscheinung, die die praktische Zweckbedeutung der Brücke so in sich einzieht und in eine ausdrückliche Form bringt, wie das Kunstwerk es mit seinem Gegenstand tut.«[58] Die Brücke wird zu einem Essential des Lebens: sie ist Energie, Dynamik, Beweglichkeit, zu »zeitlos stabiler Anschauung« gebracht. Nicht einmal mehr als Symbol hat das Ding verweisende Qualität, es selbst ist Substanz geworden, ist Erscheinung eines »letzten über alle Sinnlichkeit erhabenen Sinns«. Das Ding, zum Kunstgegenstand stilisiert, ist das an die Oberfläche tretende Wesen.[59] Wie bei Hofmannsthal das Licht das chaotische Dunkel der Dingwelt erhellt und reinigt, so ist bei Simmel die Disparatheit aufgehoben in einer substantiellen Ordnung. Die Kategorien sinnlicher Anschauung, Raum und Zeit, gelten nicht mehr: Hofmannsthals Licht, das die Dinge scharf umreißt, hebt dennoch die räumliche Relation zwischen ihnen auf, so daß sie nicht mehr als konkrete, kubische Dinge aufzufassen sind, sondern nur noch als Projektionen seines Geistes-Blicks. Ähnlich löscht die Essentialisierung zeitlicher Prozesse bei Simmel Zeit als Koordinate des Wahrnehmungssystems aus. Nicht die zeitliche Bewegung der empirischen Dingwelt, sondern »Dynamik« als temporales Potential kommt im Gegenstand zur »zeitlos stabilen Anschauung«.

Die Essentialisierung des Dings zum Kunstgegenstand korrespondiert seiner Abstraktion im Tauschvorgang. Dieser oktroyiert Momente, wie sie auch die Kulturkritik an den Dingen wiederfindet: sie erscheinen zunächst als räumliche Gegenstände, erhalten Qualität und Charakter jedoch nur durchs monetäre Äquivalent. Das Wertgesetz abstrahiert von ihrer Wirklichkeit wie die ästhetische Anschauung. Der Gebrauchswert, der die Dinge einem temporären Konnex einfügt, dem Verschleiß, wird auf dem Markt von der notorischen Innovation überholt. Die essayistische Substantialisierung der Dinge zum Kunstwerk, die ihnen den Schein von Ewigkeit verleihen soll, ist das Komplement der ›ewigen‹ Erneuerung und vernichtet gleichermaßen ihre Konkretheit. So bleibt die ästhetisierende Metaphysik der Kulturkritik der zivilisatorischen Welt, die sie auszutreiben sucht, dennoch verhaftet. »Solches kritisches Bewußtsein bleibt der Kultur hörig insofern, als es durch die Befassung mit dieser von dem Grauen ablenkt, aber es bestimmt sie auch als Komplement des Grauens.«[60] Die Strukturhomologie von Waren- und Kunstmarkt führt dem Essayisten ein Publikum zu, dem abstrahierendes Denken habituell geworden ist. Indem sich der Schriftsteller im behaupteten Rang seiner Leistung dem Warenmarkt entzieht, schafft er sich einen imaginären, der nach ähnlichen Gesetzen funktioniert. So beliefert der Essayist, wie sein frühbürgerlicher Vorfahr, zwar noch immer einen Markt mit seiner Kunstphilosophie, jedoch einen, der die Abnehmer dem ökonomischen entfremdet. Solche Trennung des ökonomischen vom imaginären Markt spaltet die bürgerliche Gesellschaft in Warenkonsumenten und intellektuelle Kunstgenießer. Nicht an eine gesellschaftliche Öffentlichkeit, in der beide Gruppen integriert wären, adressiert der Essayist, sondern nur mehr an eine privilegierte Elite.[61] Das esoterische ›Gespräch hoher Geister‹, das im elitären Kreis statthat, ist ein später Abkömmling der räsonierenden Diskussion, ihr formal verwandt, sofern diese wie jene im privaten Raum, Salon oder Zirkel, sich vollzog. Was einst aber sich dort entfaltete, und mit Hilfe des Essayisten, muß sich nun in verwandelter Gestalt behaupten: Individualität als spezialisierte Intellektualität, Kritik als Polemik; Pädagogik als Kult; Reflexion als Selbstgenuß; Verständnis und Einfühlung als esoterischer Kunstgenuß. – Gerettet hat der Essayist durch die Jahrhunderte hindurch alle seine Mittel; gebrauchen kann er sie nur vor einem privilegierten Publikum. Die erstrebte absolute Freiheit bezahlt er mit seiner öffentlichen Belanglosigkeit.

5.

Aus der Vereinsamung, in die das moderne ästhetische Subjekt geraten ist, wendet es sich zurück in Zeiten, in denen es noch in die Gesellschaft integriert war. Sein Werben ums Publikum, das ihm nur eine elitäre Gemeinde zuführt, beschwört Bilder einer besseren, weil gesellschaftlicheren Vergangenheit. Der Kult frühbürgerlicher Kunst und Künstler ist das Produkt einer Sehnsucht nach der historischen Heimat: »Die geistige Geschichte Deutschlands, am neuen Aste verdorrend, bildete am alten plötzlich ihre Krone.«[62] »Im Augenblick des Zusammenbruchs der traditionellen Orientierungen des Bürgertums suchte man Halt in der ›Macht des Urbildes‹ (Kracauer) des Individuums aus heroischen Zeiten des Bürgertums.«[63] Bereits die Betrachtung heroischer Zeiten vermittelt ein heroisches Selbstbewußtsein jenen Gebildeten, die sich »vor dem Untergang in aristokratischem Genuß der Betrachtung vergangener Größe hingeben. [...] Sie sind die Stillen im Lande und können trotz ihrer individualistischen Absonderung, trotz ihrer Zerstreuung eine wichtige Aufgabe für das Ganze erfüllen, indem sie sich begreifen als Traditionsträger, die unser gefährdetes Erbgut bergen und einer späteren Zeit übermitteln.«[64] Hofmannsthal faßt die Notwendigkeit einer ästhetisch-politischen Restauration der Vergangenheit in den Begriff der »konservativen Revolution«. Im Unterschied zur kontemplativen und elegischen Kunstbetrachtung anderer Essayisten projiziert er die Vergangenheit in eine revolutionäre Zukunft.[65] Die Formel akzeptiert eine gewaltsame Veränderung, um »eine neue deutsche Wirklichkeit, an der die ganze Nation teilnehmen«[66] soll, zu begründen. Mystischer und eindeutig genug denkt sich Borchardt die Renaissance als Resultat des völligen Zusammenbruchs: »So könnte sich der Unmut fast zu dem Wunsche nach einem beschleunigteren Hereinbrechen der Geschichtsnacht versucht fühlen, in der die kostbaren Bände, klösterlich verbucht, und sonst verschollen, ihrer Wiedergeburt entgegenträumen dürften.«[67] Ähnlich rechtfertigt Hofmannsthal den Krieg als Menschheitsdämmerung: »Der wahre Baugeist ist der Geist eines glücklichen Krieges [...]. Sollen wir es aussprechen, was wir uns von dem schöpferischen Geist erhoffen, der nach einem glücklich überstandenen Kriegsgewitter aufwehen wird: so ist es die besonnene und mutvolle Erhaltung des ehrwürdigen Bestehenden ebensosehr als ein edleres und würdigeres Gepräge des Neuen.«[68] Aus der Vision des Untergangs nährt sich die Hoffnung auf eine Zukunft, die dem Künstler, dem Individuum wieder seinen angestammten Lebensbereich zurückgibt, wenn das »Dichterische« aus seiner gegenwärtigen Randstellung wieder ins Zentrum der öffentlichen Bedeutung eingetreten ist: »In Deutschland lebt das Dichterische ungebrochen fort. Nicht in starken Formen, aber immerhin in Formen, nicht in vollendeten Lösungen, aber mit dem geheimen Pochen unter der Decke, das anzeigt, daß Frühlinge bevorstehen.«[69]

In Lebensbildern bedeutender Männer ist festgehalten, was kommen soll. Die Bevorzugung biographischer Motive – wobei wechselseitig das Kunstwerk verlebendigt und das Leben des Autors poetisiert wird – erwächst aus der historischen Reflexion der bürgerlichen Individualität. »Wenn es eine Bestätigung für das Ende des Individualismus gibt, ist sie in dem Museum der großen Individuen zu erblicken, das die Literatur der Gegenwart hochführt [...]. Es gilt einen Bildersaal einzurichten, in dem sich die Erinnerung ergehen kann, der jedes Bild gleich wert ist. Wie fragwürdig immer die eine oder andere Biographie sei: der Glanz des Abschieds ruht auf ihrer Gemeinschaft.«[70] Dieser »Glanz des Abschieds« umgibt die Figuren mit einer Aureole, die sie zu einer vorbildlichen Gemeinschaft von Heiligen und Halbgöttern versammelt, zur Synthese dessen, was das bürgerliche Subjekt sich erhofft: Autonomie und Geselligkeit zugleich. Das Qualitätssiegel der Ursprünglichkeit und Einzigartigkeit, anfängliches Mittel, den Künstler dem Anspruch des Marktes zu entziehen, wird nun allen porträtierten Künstlerheroen verliehen; Individualität aber verschwindet hinter diesem Wappen. Die Gestalt, zu kosmischer Größe angewachsen, ist Ur-Bild jener Autonomie, der »Welt und Idee« immanent sind: »Die typische Entwicklung des Menschen überhaupt, die sich in Goethe so unvergleichlich rein und treu vollzieht, von der Funktion zum Gehalt, vom Subjektiven zum Objektiven, wird nun noch einmal von jenem kosmischen und metaphysischen Geheimnis seiner Individualität umfaßt oder durchwachsen: daß er, soweit es einem Menschen beschieden sein kann, in seinem bloß subjektiven Leben das Leben von Welt und Idee ausdrückte«.[71] Das zum Idol stilisierte Subjekt vereint, was in Wahrheit unvereinbar ist: absolute Freiheit und Bindung.

Die Einsamkeit des Subjekts, die dominante Erfahrung des

konservativen Essayisten, ist bereits in den geschichtsphilosophischen Entwürfen des 18. Jahrhunderts angelegt. Schon Schillers Kritik gilt der mechanisierten, technisierten Zivilisation, dem »kunstreichen Uhrwerke [...], wo aus der Zusammenstückelung unendlich vieler, aber lebloser Teile ein mechanisches Leben im ganzen sich bildet«.[72] Den idealischen Hintergrund, vor dem sich im 18. Jahrhundert die Erziehung einer öffentlich wirkenden Individualität im Widerstand gegen die ökonomische Verfassung der Zeit vollzog, bildete die Antike. Im 20. Jahrhundert, da die heroischen, antikisierenden Illusionen des Bürgertums gescheitert sind, versucht der vereinsamte Schriftsteller in der Beschwörung der fernsten Vergangenheit eine evokative Rechtfertigung seiner problematischen Existenz. Die Geschichtsphilosophie, ein Konzept für die hoffnungsvolle Frühzeit einer emporsteigenden Klasse, wird obsolet, wenn deren Geschichte abgelaufen ist. Das Vergangene bedeutet nur noch den Fluchtpunkt einer Sehnsucht, die aus der Erfahrung der antagonistischen Realität entsteht, in der – enthistorisiert – Vergangenheit und Gegenwart wie Ideal und Wirklichkeit aufeinandertreffen. Die geschichtsphilosophische Dialektik wird auf einen Dualismus reduziert, der Vergangenheit akzeptiert als das schlechthin Bessere, das keinen Richtwert mehr für die Gegenwart besitzt, die man flieht. Nostalgie restauriert das Vergangene. Historisch-genetisches Denken verstockt sich im konservativen Historismus.

Griechenland, dem Frühbürgertum Medium der Selbstreflexion im Fremden, ist den modernen Essayisten eine mythische Steigerung ihrer hypertrophen ›Individualität‹: »Hier oder nirgend ist das Individuum geboren: aber zu einem göttlichen und geselligen Geschick. In dieser Luft ist man herrlich ausgesondert – aber man ist nicht verlassen«.[73] Der Rückschritt in die Vergangenheit konkretisiert sich in der Bildungsreise: beim Besuch historischer Orte nimmt die Vergangenheit einen Schein von Gegenwärtigkeit an: »Aber es ist keine Reise nach dem Pittoresken [...]. Wir suchen hier einen höchsten Moment der Menschheit. Wir wollen Feste mitfeiern, die in ihrer Strenge und Schönheit an das Erhabene streifen.«[74] Nicht neue, sondern bekannte, durch die einstige Anwesenheit bedeutender Männer geweihte Plätze werden aufgesucht. Gleich dem Kanon rezipierbarer Kunstwerke und Künstlerviten existiert ein Cicerone der historisch bedeutsamen Orte. Die Reise wird zur ritualisierten Wallfahrt. Die verschiedenen Orte reihen sich diesem geographischen Historismus zum Museum, in welchem sich, wiederbelebt durch Imagination, die verstorbenen Geistesheroen versammeln: »Diese Insel [Sizilien] ist für uns dramatischer als irgendein Punkt der Welt. Der Geist spannt sich von Pythagoras zu Kolumbus ohne Anstrengung; ihn regiert das Gefühl einer großartigen Gegenwart. Hier landet Platon. Hier schlägt der Karthager. Hier baut der Byzantiner. Hier schläft unter arabischen Kuppeln der Staufer in einem porphyrenen Sarg. Hier reitet Goethe einen Pfad meerentlang. Hier haucht Platon seine Seele aus«.[75]

Durch Imagination schafft sich das verlassene Individuum eine ›gesellschaftliche‹ Umgebung von bedeutenden Männern, deren wiederbelebte Größe die eigene Isolierung rechtfertigt und erträglich macht. Die Bewegung im Raum, die Reise, zaubert die Gleichzeitigkeit aller ›großen Geister‹ herbei, hebt mit der Verlassenheit auch Vergänglichkeit auf. Der Rückweg in die Geschichte ist nicht nur ein Rückzug aus der Gegenwart. Wo sich die Geistesgrößen versammeln, in jenem Lande, das der nordischen Zivilisation zeitlich wie räumlich fernliegt, ist Zeit überhaupt aufgehoben. Da Zivilisation als Resultat eines Prozesses verstanden wird, der dem Individuum seinen angestammten Lebensbereich entfremdet, fungiert die Rückkehr in die Vergangenheit als Aufhebung von Geschichte überhaupt. Einst zurückgeworfenes Bild einer begrifflich nicht faßbaren Zukunft, wird Griechenland nun das Land zeitloser Kultur. Ihre ewige Sphäre nimmt alle Träume des konservativen Kritikers auf: seine Flucht aus der Gegenwart, die Verdrängung von Zeit schlechthin, die Intensivierung der Empfindung, die Reanimierung einer unsterblichen, weil allen zeitlichen Bedingungen enthobenen esoterischen Gesellschaft: »Getümmel einer ewigen geistigen Schlacht, worin Zukunft und Vergangenheit sich vermischt und in der an irgendeiner Stelle auch wir stehen«.[76] Geschichte wird nicht mehr als fortschreitende Entwicklung verstanden, deren genetische Analyse die Erkenntnisfähigkeit produktiv beleben könnte. Vergangenheit wird zum verlorenen und zurückgewonnenen Ursprung. Geschichte ist ewige Gegenwart: »Nichts in seinem Bereich [des Geistes der Antike] ist so alt, daß es nicht morgen als ein Neues, strahlend vor Jugend, hervortreten könnte.«[77] Geschichte wird ein in punktuelle Stationen im Raum auseinandergelegtes Ewig-Gleiches: »Dies ist das Licht Kleinasiens, das Licht von Palästina, von Persien, von Ägypten, und ich verstehe die Einheit der Geschichte, die seit Jahrtausenden unser inneres Schicksal bestimmt.«[78]

Für den Essayisten gilt analog, was Bloch für die Soziologie feststellt: »Was bei Mannheim die verschiedenen soziologischen Strukturen in der Zeit, das leisteten die Kulturkreise Spenglers, die isolierten Landschaftsgärten jeweiliger Kultur im Raum: nämlich die Zersprengung der Geschichte, die Aufhebung dialektisch durchgehender Glieder. Überhaupt ist der Primat des Raumes über die Zeit ein untrügliches Kennzeichen reaktionärer Sprache«.[79] Konservativ ist solche Motivwahl, nicht weil sie das Szenarium und Personal der Vergangenheit heraufbeschwört, konservativ ist sie, weil in ihr Vergangenheit zu statischen Bildern gerinnt, die – museal – in vollkommener Unterschiedslosigkeit nebeneinander stehen. Solche Gleichheit eliminiert den geschichtlichen Prozeß, dessen Entdeckung das frühbürgerliche geschichtsphilosophische Konzept gerade ausgezeichnet hatte. Die Geschichte illustrer Geister und Augenblicke versteht Vergangenheit nicht als das andere, sondern als dasselbe, so nämlich, daß das zeitlich Ferne, als Ursprung gedacht, mit dem Gegenwärtigen eine Wesenseinheit bildet. Die Vergangenheit wird zum Erbe im Sinne von Vererbung. Bildung als Verwaltung dieses Erbes meint nur seine ewige Wiederholung. »Der Bourgeois findet natürlicherweise in der Bildung als kultivierter Natur und naturgewordener Kultur das einzig mögliche Prinzip der Legitimation seines Privilegs: Da er sich weder auf das ›Recht des Blutes‹ [...] berufen kann noch auf die ›Natur‹, die entsprechend der ›demokratischen‹ Ideologie die Universalität darstellt, d. h. das Gebiet, auf dem alle Distinktionen aufgehoben sind, noch auf die asketischen Tugenden, die es den Bürgern der ersten Generation erlaubt hatten, auf ihr Verdienst zu pochen, beruft er sich auf die kultivierte Natur und die zu Kultur gewordene Natur [...] ›die Erziehung‹ im Sinne eines Erziehungsproduktes, das der Erziehung nichts zu verdanken scheint, die ›Distinktion‹, eine Begnadung, die Verdienst, und ein Verdienst, das Begnadung ist, ein nicht erworbenes Verdienst, das seine nicht verdienten Erwerbungen rechtfertigt, d. h. das Erbe«.[80] Im Bildungsprozeß vergewissert sich der Bourgeois des legitimierenden Erbes. Entwicklung und Veränderung, Folgen, die Erziehung zunächst zu implizieren scheint, entfernen vom behaupteten Ursprung. In der Wiederbelebung des antiken Erbes ist die schuldbeladene Geschichte des Bourgeois versöhnt. Angesichts der mythischen Einheit wirkt jede Gegenwart ornamental und kontingent.

Die Formgeschichte des Essays belegt nicht nur die Problematik von Kunst und Bildung in der Gesellschaft des 20. Jahrhunderts; sie ist selbst ein Kapitel Ästhetik. Sobald die Gattung ihre historische Funktion eingebüßt hat, konserviert sie ihre eigenen Stilelemente, Motive, Inhalte, wird sich also selbst zum ›historischen Gegenstand‹. In einer Gesellschaft, der Geschichte konstitutiv ist, bedeutet jede Verfestigung einer literarischen oder ästhetischen Form den Weg aus der Geschichte. Ihr Inhalt ist nun die Erinnerung an den geschichtsphilosophischen Ort, der durch die Reproduktion abgelebter Themen und Formen zitiert wird. An Stelle ihrer geschichtlichen Entwicklung betreibt sie selbst ihre historische Konservierung.

Anmerkungen

1 Michel de Montaigne, *Die Essais*, hg. von Arthur Franz, Stuttgart 1969, S. 34.

2 Jürgen Habermas, *Strukturwandel der Öffentlichkeit*, 4. Aufl., Neuwied 1969, S. 38.

3 Kurt Wölfel, *Friedrich von Blanckenburgs »Versuch über den Roman«*, in: *Deutsche Romantheorien*, hg. von Reinhold Grimm, Frankfurt/Bonn 1968, S. 30.

4 Ebd., S. 29 f.

5 Max Bense, *Über den Essay und seine Prosa*, in: *Deutsche Essays*, hg. von Ludwig Rohner, Bd. 1, Neuwied 1968, S. 59.

6 Wölfel, *Blanckenburg*, S. 30. Wie die Bestimmungen des Essays zugleich Prinzipien des bürgerlichen Schriftstellers darstellen, erhellt Knigges Verallgemeinerung: »Ich würde hinzusetzen, daß sie [Kenntnisse des Schriftstellers] auch wahr seyn müssten; allein da die Begriffe der Menschen über Wahrheit sehr verschieden sind; so kann man mit Recht von einem Schriftsteller nichts mehr fordern, als daß er selbst glaube, und zu beweisen suche, was er sagt.« (Adolph Freyherr von Knigge, *Ueber Schriftsteller und Schriftstellerey*, Hannover 1793, S. 20).

7 Friedrich Schlegel, *Georg Forster. Fragment einer Charakteristik der*

deutschen Klassiker, in: F. S., *Kritische Schriften*, hg. von Wolfdietrich Rasch, München 1964, S. 323–345. – Einige Gedanken und Formulierungen zu Schlegels Essay entlehne ich meinem Aufsatz *Friedrich Schlegel über Georg Forster*, in: *Literatursoziologie*, hg. von Joachim Bark, Bd. 2, Stuttgart 1974, S. 120 ff.

8 Schlegel, *Forster*, S. 327.

9 Ebd., S. 336.

10 Ebd., S. 341 und S. 337.

11 Bei Montaigne hatte sich der pädagogische Charakter des Essays noch nicht herausgebildet: »Auch hier gebe ich meine Ansichten und meine Stimmungen wieder; ich gebe sie so, wie ich sie für wahr halte, nicht wie ich sie für vorbildlich halte [...] Ich erhebe durchaus nicht den Anspruch, daß alles, was ich sage, als Evangelium aufgenommen wird; das wünsche ich auch gar nicht; fühle ich doch die Unvollkommenheit meiner Erkenntnis zu deutlich, als daß ich andere belehren könnte.« (*Essais*, S. 76 f.) Seine ›Bescheidenheit‹ steht dem Schuldbewußtsein des Sünders der Bekenntnisliteratur noch nahe; sein Streben nach Wahrhaftigkeit entspricht der Beichtsituation jener Literatur mehr als dem späteren Bedürfnis nach Authentizität von Erfahrung.

12 Bei der Herleitung der Gattung aus ihrer gesellschaftlichen Funktion folge ich den Arbeiten von Habermas und Reinhart Koselleck (dessen Ergebnisse Habermas' *Strukturwandel* übernimmt und durch eine polit-ökonomische Theorie unterbaut), *Kritik und Krise. Ein Beitrag zur Pathogenese der bürgerlichen Welt*, 2. Aufl., Freiburg/München 1970.

13 Habermas, *Strukturwandel*, S. 40.

14 Schlegel, *Forster*, S. 333.

15 Vgl. Koselleck, *Kritik und Krise*, S. 11 ff.

16 Über die Abhängigkeit des Künstlers vom Publikum als Konsumenten und die Beeinflussung der Kunstproduktion durch dieses Verhältnis vgl. Alfred Dresdner, *Die Kunstkritik*, Teil 1: *Die Entstehung der Kunstkritik im Zusammenhang der Geschichte des europäischen Kunstlebens*, München 1915, hier v. a. das Kapitel: *Die Entwicklung der französischen Kunstkritik*, S. 180–234.

17 Schlegel, *Forster*, S. 339.

18 Ebd., S. 338.

19 Rudolf Borchardt, *Über den Dichter und das Dichterische*, in: R. B., *Gesammelte Werke*, hg. von Marie Luise Borchardt, *Prosa*, Bd. 1, Stuttgart 1957, S. 40.

20 Ebd., S. 54.

21 Eugen Gottlob Winkler, *Ernst Jünger und das Unheil des Denkens*, in: E. G. W., [*Auswahl*], hg. von Walter Jens, Frankfurt/Hamburg 1960, S. 114 f.

22 Georg Lukács, *Über Wesen und Form des Essays*, in: G. L., *Die Seele und die Formen* [1911], Neuwied 1971, S. 27 f.

23 Borchardt, *Gespräch über Formen*, in: *Prosa*, Bd. 1, S. 347.

24 Hugo von Hofmannsthal, *Augenblicke in Griechenland*, in: H. v. H., *Gesammelte Werke*, hg. von Herbert Steiner, *Prosa*, Bd. 3, Frankfurt 1964, S. 41 f.

25 Hofmannsthal, *Das Schrifttum als geistiger Raum der Nation*, in: *Prosa*, Bd. 4, Frankfurt 1966, S. 398.

26 Ebd., S. 400 f.
27 Ebd., S. 399.
28 Ebd., S. 402.
29 Ebd., S. 406.
30 Ebd., S. 404.
31 Ebd., S. 412.
32 Thomas Mann, *Der alte Fontane*, in: Th. M., *Werke*, hg. von Hans Bürgin: *Schriften und Reden zur Literatur, Kunst und Philosophie*, Bd. 1, Frankfurt/Hamburg 1968, S. 36–55; hier S. 50, S. 44 und S. 49.
33 Habermas, *Strukturwandel*, S. 52.
34 Friedrich Schiller an Johannes Gottlieb Fichte, 4. 8. 1795. Im Briefwechsel zwischen Goethe und Schiller häufen sich die Klagen über den schlechten Geschmack des Publikums, vgl. z. B. Goethe an Schiller, 7. 7. 1796 oder 2. 1. 1798.
35 »Daß die Sakralisierung des Dichters zum Sprachrohr der Gottheit, zum Organ des Weltgeistes, zum geschichtlichen Erben der Priester, Heiligen und Propheten im 18. Jahrhundert zeitlich zusammenfiel mit der beginnenden Professionalisierung des Dichters zum freien Schriftsteller und mit der Ökonomisierung des Kunstwerks zur Ware, erzeugte eine Spannung zwischen der Idee und der gesellschaftlichen Wirklichkeit des Dichtertums, die aus zahlreichen Dichterklagen der Säkularisierungsepoche vernehmbar wird. Das der neuen Ästhetik und dem neuen Dichterbild entspringende Postulat einer Emanzipation der Kunst von außerkünstlerischen Zwecken und Schranken, einer absoluten Selbstbestimmung des Künstler-Ich bedeutet soziologisch eine praktische Emanzipation des Künstlers von der Kontrolle durch Geschmacksträger außerhalb der künstlerisch-intellektuellen Welt. Die Orientierung an einer normativen Regelpoetik, am Geschmack des Hofes oder an den Erwartungen eines gebildeten Publikums wird in periodisch wechselndem Ausmaß ersetzt durch die Orientierung an Normen der Produktion und Kriterien des Urteils, die in abgesonderten Zirkeln in einem rein intellektuellen Milieu kreiert oder propagiert werden.« (Helmut Kreuzer, *Die Bohème*, Stuttgart 1968. S. 45).
36 Gert Mattenklott, *Bilderdienst. Ästhetische Opposition bei Beardsley und George*, München 1970, S. 191 f. und S. 219 f., beschreibt am späten Beispiel Georges diesen Zusammenhang zwischen der anerkannten Qualität des Werkes und einer vom Künstler postulierten Unabhängigkeit vom Markt.
37 Georg Simmel, *Die ästhetische Bedeutung des Gesichts*, in: G. S., *Brücke und Tür*, hg. von Michael Landmann, Stuttgart 1957, S. 155.
38 Georg Simmel, *Vom Wesen der Kultur*, in: *Brücke und Tür*, S. 94.
39 Georg Simmel, *Die Großstädte und das Geistesleben*, in: *Brücke und Tür*, S. 228 f.
40 Ebd., S. 229.
41 Ebd., S. 231. Das Großstadtleben als durchgängiges Motiv des kulturkritischen Essays beschreibt Roy Pascal in *Georg Simmels »Die Großstädte und das Geistesleben«. Zur Frage der Moderne*, in: *Gestaltungsgeschichte und Gesellschaftsgeschichte*, hg. von Helmut Kreuzer, Stuttgart 1969, S. 450–460.
42 Rudolf Borchardt, *Eranos-Brief*, in: *Prosa*, Bd. 1, S. 113.
43 Ebd., S. 105.

44 Gottfried Benn, *Dorische Welt*, in: G. B., *Gesammelte Werke*, hg. von Dieter Wellershoff, Bd. 1, Wiesbaden 1959, S. 279.

45 Hofmannsthal, *Gespräch über Gedichte*, Prosa, Bd. 2, S. 93 f.

46 Theodor W. Adorno, *Kulturkritik und Gesellschaft*, in: Th. W. A., *Prismen*, Neuwied 1969, S. 15.

47 Rudolf Alexander Schröder, *Homer*, in: R. A. S., *Gesammelte Werke*, Bd. 2: *Die Reden und Aufsätze*, Bd. 1, Frankfurt 1952, S. 86.

48 Ernst Robert Curtius, *Nationalismus und Kultur*, in: *Die Neue Rundschau* 42 (1831), Bd. 2, S. 741.

49 Immanuel Kant, *Kritik der Urteilskraft* (= I. K., *Werke*, hg. von Wilhelm Weischedel, Bd. 8), Darmstadt 1968, S. 374.

50 Ebd., S. 376.

51 Benn, *Dorische Welt*, S. 292 f. Die Lebensphilosophie, in deren Zusammenhang die Essayisten der Jahrhundertwende stehen, setzt das Erlebnis als Medium der Wahrnehmung an die Stelle der transzendentalen Verstandestätigkeit. Georg Lukács, *Die Zerstörung der Vernunft*, 2. Aufl., Neuwied 1960, zeigt in dem Kapitel *Die Lebensphilosophie im imperialistischen Deutschland*, S. 351–473, insbesondere an Simmel die Entstehung des Irrationalismus im Zusammenhang mit der Kantrezeption. Ähnlich skizziert diese historische Erscheinung Manfred Riedel in seiner Einleitung zu Wilhelm Dilthey, *Der Aufbau der geschichtlichen Welt in den Geisteswissenschaften*, Frankfurt 1970, S. 9–81.

52 Lukács, *Essay*, S. 8.

53 Ebd., S. 17.

54 Borchardt, *Über den Dichter und das Dichterische*, S. 69.

55 Hugo von Hofmannsthal, *Griechenland*, in: *Prosa*, Bd. 4, S. 159.

56 Ebd., S. 153.

57 Ebd., S. 155.

58 Georg Simmel, *Brücke und Tür*, in: *Brücke und Tür*, S. 2 f.

59 »Zu einem ästhetischen Wert wird die Brücke nur, indem sie die Verbindung des Getrennten nicht nur in der Wirklichkeit und zur Erfüllung praktischer Zwecke zustande bringt, sondern sie unmittelbar anschaulich macht.« (Ebd., S. 2).

60 Adorno, *Kulturkritik*, S. 21.

61 »Der Zerfall der literarischen Öffentlichkeit faßt sich in dieser Erscheinung noch einmal zusammen: der Resonanzboden einer zum öffentlichen Gebrauch des Verstandes erzogenen Bildungsschicht ist zersprungen; das Publikum in Minderheiten von nicht-öffentlich räsonierenden Spezialisten und in die große Masse von öffentlich rezipierenden Konsumenten gespalten. Damit hat es überhaupt die spezifische Kommunikationsform eines Publikums eingebüßt.« (Habermas, *Strukturwandel*, S. 192).

62 Borchardt, *Eranos-Brief*, S. 127.

63 Helmut Lethen, *Neue Sachlichkeit 1924–1932. Studien zur Literatur des »Weißen Sozialismus«*, Stuttgart 1970, S. 100.

64 Ernst Robert Curtius, *Der Abbau der Bildung, Die Neue Rundschau* 42 (1931), Bd. 2, S. 345.

65 Möglicherweise verwendet Hofmannsthal den Begriff der Revolution im astronomischen Sinne, was bei seinem kosmologischen Geschichtsverständnis nicht ausgeschlossen ist. Dort nämlich bedeutet Revolution den Eintritt einer Himmelsfigur in einen neuen Zyklus, eine Wiederholung

also von schon ein- oder mehrmals Abgelaufenem. So verstanden, träfe dieser Terminus genau das Bestreben der konservativen Essayisten, noch einmal an ihren angestammten historischen Ort zurückzukehren.

66 Hofmannsthal, *Schrifttum*, S. 413.

67 Rudolf Borchardt, *Lessing*, in: *Prosa*, Bd. 3, S. 291.

68 Hugo von Hofmannsthal, *Aufbauen, nicht einreißen*, in: *Prosa*, Bd. 3, S. 235.

69 Borchardt, *Über den Dichter und das Dichterische*, S. 68.

70 Siegfried Kracauer, *Das Ornament der Masse. Essays*, Frankfurt 1963, S. 79.

71 Georg Simmel, *Goethe und die Jugend*, in: *Brücke und Tür*, S. 192.

72 Friedrich Schiller, *Über die ästhetische Erziehung des Menschen*, in: F. S., *Sämtliche Werke*, hg. von Otto Güntter und Georg Witkowski, Bd. 18, Leipzig o. J., S. 22.

73 Hofmannsthal, *Griechenland*, S. 155.

74 Ebd., S. 158.

75 Hugo von Hofmannsthal, *Sizilien und wir*, in: *Prosa*, Bd. 4, S. 289.

76 Hofmannsthal, *Griechenland*, S. 159. – Nicht im ›Entwurf‹ Griechenlands allein greift man das geschichtsphilosophische Konzept wieder auf. Im *Eranos-Brief* projiziert Borchardt ihn auf seine Biographie: von der idyllischen Kindheit (Landleben, Provinzgymnasium) über die Studienzeit, wo er sich mühsam gegen die gefährdende Zerstreuung wehrt (Zivilisation, politische Wissenschaften) zur ›Dichterzeit‹, wo er sich im »Geisterraum der Dichterfreundschaften« quasi ›sein‹ Elysium schafft. Jenen Schutz vor dem Zeitgeist, der einer Aufhebung von Zeit gleichkommt, bot ihm die humanistische Schulbildung: »Unberührt von dem Aberwitze, der Entwicklung, der später auch diese ruhenden Fundamente der geistigen Existenz des Volkes durcheinander warf, verschonten diese Institutionen das sich erst bildende Seelen- und Gemüthafte mit aller Beziehung auf Gegenwart und Zeit. Zeitlos zu sein war ihr Stolz und ihr Lehrziel. Nur Unwandelbares wurde mitgeteilt, in ungewandelten Formen; man verwaltete ein unabsehbares eisernes Erbe: das der klassischen deutschen Humanität. Man überlieferte deutschen Geist, deutsche Form und deutsche Geschichte als eine unmittelbare Diadochie der antiken.« (S. 92 f.).

77 Hugo von Hofmannsthal, *Vermächtnis der Antike*, in: *Prosa*, Bd. 4, S. 317.

78 Hofmannsthal, *Griechenland*, S. 154. – Ähnlich nivelliert er Gegenwart und Vergangenheit: »In der Tat, das, was fünfzehn Jahre hinter uns liegt, ist so fern von uns, so unerreichbar wie Sesostris und Nimrod. Wir sind ganz allein.« (*Vermächtnis*, S. 313) – Die Aufhebung der Zeit leistet die Dichtung. Sie hat daher, wie die vergangene antike Kultur, Ewigkeitswert: »Sie [die Literatur als das Dichterische] ist Zukunftsvoraussagung wie früher, in ihr ist wie der ewige Schöpfungstag auch die Zukunft, nicht, wie von den Literaten vorgegeben wird, als politische Revolution, sondern als Heimkehr zu Gott für Gotteskinder, wie in den alten Tagen des Dichters, der den Kranz und den Stab trug.« (Borchardt, *Über den Dichter und das Dichterische*, S. 69 f.).

79 Ernst Bloch, *Erbschaft dieser Zeit*, 2. Aufl., Frankfurt 1962, S. 322.

80 Pierre Bourdieu, *Zur Soziologie der symbolischen Formen*, Frankfurt 1970, S. 195 f.

Von Heinz Schlaffer
erschien in der *edition suhrkamp*

Der Bürger als Held
Sozialgeschichtliche Auflösungen literarischer Widersprüche

es 624

Inhalt:

»Eine bahnbrechende Studie zu drei Hauptwerken der klassischen deutschen Literatur und den Widersprüchen zwischen bürgerlicher Poesie und bürgerlicher Gesellschaft.« *Westdeutscher Rundfunk*

Bibliothek Suhrkamp

Verzeichnis der letzten Nummern

305 Ramón José Sender, Der König und die Königin
306 Hermann Broch, James Joyce und die Gegenwart
307 Sigmund Freud, Briefe
309 Bernard Shaw, Handbuch des Revolutionärs
310 Adolf Nowaczyński, Der schwarze Kauz
311 Donald Barthelme, City Life
312 Günter Eich, Gesammelte Maulwürfe
313 James Joyce, Kritische Schriften
314 Oscar Wilde, Das Bildnis des Dorian Gray
315 Tschingis Aitmatov, Dshamilja
316 Ödön von Horváth, Kasimir und Karoline
317 Thomas Bernhard, Der Ignorant und der Wahnsinnige
318 Princesse Bibesco, Begegnungen mit Marcel Proust
319 John Millington Synge, Die Aran-Inseln
320 Bernard Shaw, Der Aufstand gegen die Ehe
321 Henry James, Die Tortur
322 Edward Bond, Lear
323 Ludwig Hohl, Vom Erreichbaren und vom Unerreichbaren
324 Alexander Solschenizyn, Matrjonas Hof
325 Jerzy Andrzejewski, Appellation
326 Pio Baroja, Shanti Andía, der Ruhelose
327 Samuel Beckett, Mercier und Camier
328 Mircea Eliade, Auf der Mântuleasa-Straße
329 Hermann Hesse, Kurgast
330 Peter Szondi, Celan-Studien
331 Hans Erich Nossack, Spätestens im November
332 Wenjamin Alexandrowitsch Kawerin, Das Ende einer Bande
333 Gershom Scholem, Judaica 3
334 Ricarda Huch, Michael Bakunin und die Anarchie
335 Bertolt Brecht, Svendborger Gedichte
336 Francis Ponge, Im Namen der Dinge
337 Bernard Shaw, Wagner-Brevier
338 James Joyce, Stephen der Held
339 Zbigniew Herbert, Im Vaterland der Mythen
341 Nathalie Sarraute, Tropismen
342 Hermann Hesse, Stufen
343 Rainer Maria Rilke, Malte Laurids Brigge
344 Hermann Hesse, Glück
345 Peter Huchel, Gedichte
346 Adolf Portman, Vom Lebendigen
348 Knut Hamsun, Mysterien
350 James Joyce, Ein Porträt des Künstlers

351 Franz Kafka, Die Verwandlung
352 Hans-Georg Gadamer, Wer bin Ich und wer bist Du?
353 Hermann Hesse, Eigensinn
356 Werner Kraft, Spiegelung der Jugend
357 Edouard Roditi, Dialoge über Kunst
358 Miguel Angel Asturias, Legenden aus Guatemala
359 Bernard Shaw, Der Kaiser von Amerika
360 Bohumil Hrabal, Moritaten und Legenden
361 Ödön von Horváth, Glaube Liebe Hoffnung
362 Jean Piaget, Weisheit und Illusionen der Philosophie
363 Richard Hughes, Ein Sturmwind über Jamaika
365 Wolfgang Hildesheimer, Tynset
366 Stanisław Lem, Robotermärchen
367 Hans Mayer, Goethe
368 Günter Eich, Gedichte
369 Hermann Hesse, Iris
370 Paul Valéry, Eupalinos
371 Paul Ludwig Landsberg, Die Erfahrung des Todes
372 Rainer Maria Rilke, Der Brief des jungen Arbeiters
373 Albert Camus, Ziel eines Lebens
375 Marieluise Fleißer, Ein Pfund Orangen
376 Thomas Bernhard, Die Jagdgesellschaft
377 Bruno Schulz, Die Zimtläden
378 Roland Barthes, Die Lust am Text
379 Joachim Ritter, Subjektivität
380 Sylvia Plath, Ariel
381 Stephan Hermlin, Der Leutnant Yorck von Wartenburg
382 Erhart Kästner, Zeltbuch von Tumilat
383 Yasunari Kawabata, Träume im Kristall
384 Zbigniew Herbert, Inschrift
385 Hermann Broch, Hofmannsthal und seine Zeit
386 Joseph Conrad, Jugend
388 Ernst Bloch, Erbschaft dieser Zeit
389 Thomas Mann, Leiden und Größe der Meister
390 Viktor Šklovskij, Sentimentale Reise
391 Max Horkheimer: Die gesellschaftliche Funktion der Philosophie
392 Heinrich Mann, Die kleine Stadt
393 Wolfgang Koeppen, Tauben im Gras
394 Cesare Pavese, Das Handwerk des Lebens
395 Theodor W. Adorno, Noten zur Literatur IV
397 Ferruccio Busoni, Entwurf einer neuen Ästhetik der Tonkunst
398 Ernst Bloch, Zur Philosophie der Musik
399 Oscar Wilde, Die romantische Renaissance
400 Marcel Proust, Tage des Lesens
402 Paul Nizan, Das Leben des Antoine B.
403 Hermann Heimpel, Die halbe Violine
404 Octavio Paz, Das Labyrinth der Einsamkeit

405 Stanisław Lem, Das Hohe Schloß
406 André Breton, Nadja
407 Walter Benjamin, Denkbilder
409 Rainer Maria Rilke, Über Dichtung und Kunst
410 Ödön von Horváth, Italienische Nacht
411 Jorge Guillén, Ausgewählte Gedichte
412 Paul Celan, Gedichte I
413 Paul Celan, Gedichte II
414 Rainer Maria Rilke, Das Testament
415 Thomas Bernhard, Die Macht der Gewohnheit
416 Zbigniew Herbert, Herr Cogito
417 Wolfgang Hildesheimer, Hauskauf
418 James Joyce, Dubliner
419 Carl Einstein, Bebuquin
420 Georg Trakl, Gedichte
421 Günter Eich, Katharina
422 Alejo Carpentier, Das Reich von dieser Welt
423 Albert Camus, Jonas
424 Jesse Thoor, Gedichte
425 T. S. Eliot, Das wüste Land
426 Carlo Emilio Gadda, Die Erkenntnis des Schmerzes
427 Michel Leiris, Mannesalter
428 Hermann Lenz, Der Kutscher
430 Ramón del Valle-Inclán, Tyrann Banderas
431 Raymond Queneau, Zazie in der Metro
433 William Butler Yeats, Die geheime Rose
434 Juan Rulfo, Pedro Páramo
435 André Breton, L'Amour fou
436 Marie Luise Kaschnitz, Gedichte
437 Jerzy Szaniawski, Der weiße Rabe
438 Ludwig Hohl, Nuancen und Details
439 Maric Vargas Llosa, Die kleinen Hunde
440 Thomas Bernhard, Der Präsident
441 Hermann Hesse – Thomas Mann, Briefwechsel
442 Hugo Ball, Flametti
443 Adolfo Bioy-Casares, Morels Erfindung
444 Hermann Hesse, Wanderung
447 Giuseppe Tomasi di Lampedusa, Der Leopard
448 Robert Musil, Törleß
449 Elias Canetti, Der Überlebende
451 Alfred Döblin, Berlin Alexanderplatz
452 Gertrude Stein, Paris Frankreich
453 Johannes R. Becher, Gedichte
454 Federico García Lorca, Bluthochzeit/Yerma
456 Boris Pasternak, Kontra-Oktave
458 Anna Seghers, Die schönsten Sagen vom Räuber Woynok
467 Gershom Scholem, Walter Benjamin

edition suhrkamp

570 Werner Hecht, Sieben Studien über Brecht
571 Materialien zu Hermann Brochs »Die Schlafwandler«
572 Alfred Lorenzer, Gegenstand der Psychoanalyse
573 Friedhelm Nyssen u. a., Polytechnik in der Bundesrepublik Deutschland?
574 Ronald D. Laing / David O. Cooper, Vernunft und Gewalt
575 Determinanten der westdeutschen Restauration 1945-1949
581 Gisela Brandt, Johanna Kootz, Gisela Steppke, Zur Frauenfrage im Kapitalismus
582 Jurij M. Lotman, Struktur d. künstler. Textes
584 Über Ödön von Horváth
585 Ernst Bloch, Das antizipierende Bewußtsein
586 Franz Xaver Kroetz, Vier Stücke
587 Johann Most, Kapital und Arbeit. Herausgegeben von Hans Magnus Enzensberger
589 Gesellschaftsstrukturen. Herausgegeben von Oskar Negt und Klaus Meschkat
590 Theodor W. Adorno, Zur Metakritik der Erkenntnistheorie
591 Herbert Marcuse, Konterrevolution und Revolte
592 Autonomie der Kunst
593 Probleme der internationalen Beziehungen. Herausgegeben von Ekkehart Krippendorff
594 Materialien zum Leben und Schreiben der Marieluise Fleißer
595/596 Ernest Mandel, Marxistische Wirtschaftstheorie
597 Rüdiger Bubner, Dialektik und Wissenschaft
598 Technologie und Kapital. Herausgegeben von Richard Vahrenkamp
599 Karl Otto Hondrich, Theorie der Herrschaft
601 Norbert Weber, Über die Ungleichheit der Bildungschancen in der BRD
603 Bertolt Brecht, Der Tui-Roman
604 Bertolt Brecht, Schweyk (im zweiten Weltkrieg). Editiert und kommentiert von Herbert Knust
607 Wolfgang F. Haug, Bestimmte Negation
610 Tankred Dorst, Eiszeit
611 Materialien zu Horváths »Kasimir und Karoline«. Herausgegeben von Traugott Krischke
613 Marguerite Sechehaye, Tagebuch einer Schizophrenen
614 Walter Euchner, Egoismus und Gemeinwohl
617 Probleme einer materialistischen Staatstheorie. Herausgegeben von Joachim Hirsch
618 Jacques Hochmann, Thesen zu einer Gemeindepsychiatrie
620 Peter Szondi, Über eine freie Universität

622 Gert Ueding, Glanzvolles Elend über Kitsch
623 Jürgen Habermas, Legitimationsprobleme im Spätkapitalismus
624 Heinz Schlaffer, Der Bürger als Held
626 Ulrich K. Preuß, Legalität und Pluralismus
627 Marina Neumann-Schönwetter, Psychosexuelle Entwicklung und Schizophrenie
628 Lutz Winckler, Kulturwarenproduktion
629 Karin Struck, Klassenliebe
630 Alfred Sohn-Rethel, Ökonomie und Klassenstruktur des deutschen Faschismus
631 Bassam Tibi, Militär und Sozialismus in der Dritten Welt
632 Aspekte der Marxschen Theorie I
633 Aspekte der Marxschen Theorie II
636 Paul A. Baran, Paul M. Sweezy, Monopolkapital. Ein Essay über die amerikanische Wirtschafts- und Gesellschaftsordnung
637 Alice Schwarzer Hrsg., Frauenarbeit – Frauenbefreiung
638 Architektur und Kapitalverwertung
639 Oskar Negt, Alexander Kluge, Öffentlichkeit und Erfahrung
640 Probleme des Sozialismus und der Übergangsgesellschaft. Herausgegeben von Peter Hennicke
642 Martin Walser, Wie und wovon handelt Literatur
643 Arzt und Patient in der Industriegesellschaft. Herausgegeben von Otto Döhner
644 Rolf Tiedemann, Studien z. Philosophie Walter Benjamins
646 H. J. Schmitt, Expressionismus-Debatte
647 Über Peter Huchel
648 Information über Psychoanalyse
649 Renate Damus, Entscheidungsstrukturen und Funktionsprobleme in der DDR-Wirtschaft
650 Hans Ulrich Wehler, Geschichte als Historische Sozialwissenschaft
651 Segmente der Unterhaltungsindustrie
652 Peripherer Kapitalismus. Herausgegeben von Dieter Senghaas
655 Basaglia (Hrsg.), Die negierte Institution
657 Warenästhetik. Beiträge zur Diskussion, Herausgegeben von W. F. Haug
658 Frank Böckelmann, Theorie der Massenkommunikation
659 Heinar Kipphardt, Stücke I
660 Peter v. Oertzen, Die soziale Funktion des staatsrechtlichen Positivismus
661 Kritische Friedenserziehung
662 Hennig, Thesen z. dt. Sozial- und Wirtschaftsgeschichte 1933/38
663 Gerd Hortleder, Ingenieure in der Industriegesellschaft
664 Hans Setzer, Wahlsystem und Parteienentwicklung in England
665 Alexander Kluge, Lernprozesse mit tödlichem Ausgang
670 Peter Bulthaup, Zur gesellschaftl. Funktion der Naturwissenschaften
671 Materialien zu Horváths ›Glaube Liebe Hoffnung‹. Herausgegeben von Traugott Krischke
672 Reform des Literaturunterrichts. Eine Zwischenbilanz. Herausgegeben von H.

Brackert und W. Raitz
673 Boris A. Uspenskij, Poetik d. Komposition
674 Ebbighausen (Hrsg.), Monopol und Staat
675 Autorenkollektiv Textinterpretation und Unterrichtspraxis, Projektarbeit als Lernprozeß
677 Heinar Kipphardt, Stücke II
678 Erving Goffman, Asyle
679 Dieter Prokop, Massenkultur und Spontaneität
680 Die Kommune in der Staatsorganisation
681 M. Dubois-Reymond / B. Söll, Neuköllner Schulbuch, 2 Bände
682 Dieter Hoffmann-Axthelm, Theorie der künstlerischen Arbeit
683 Dieter Kühn, Unternehmen Rammbock
685 Frerichs/Kraiker, Konstitutionsbedingungen des bürgerlichen Staates und der sozialen Revolution bei Marx und Engels
687 Rossana Rossanda, Über die Dialektik von Kontinuität und Bruch
688 Evsej G. Liberman, Methoden der Wirtschaftslenkung im Sozialismus
689 Martin Walser, Die Gallistl'sche Krankheit
694 Schule und Staat im 18. u. 19. Jahrhundert. Herausgegeben von K. Hartmann, F. Nyssen, H. Waldeyer
695 Gesellschaft, Beiträge zur Marxschen Theorie 1
696 Hans Magnus Enzensberger, Palaver
697 Psychoanalyse der weiblichen Sexualität. Herausgegeben von Janine Chasseguet-Smirgel
699 Wolfgang Lempert, Berufliche Bildung als Beitrag zur gesellschaftlichen Demokratisierung
700 Peter Weiss, Gesang vom Lusitanischen Popanz
701 Sozialistische Realismuskonzeptionen.
702 Claudio Napoleoni. Ricardo und Marx. Herausgegeben von Cristina Pennavaja
704 Joachim Hirsch, Staatsapparat und Reproduktion des Kapitals
705 Neues Hörspiel O-Ton. Der Konsument als Produzent. Herausgegeben von Klaus Schöning
707 Franz Xaver Kroetz, Oberösterreich, Dolomitenstadt Lienz, Maria Magdalena, Münchner Kindl
708 Was ist Psychiatrie? Herausgegeben von Franco Basaglia
709 Kirche und Klassenbindung. Herausgegeben von Yorick Spiegel
710 Rosa Luxemburg oder Die Bestimmung des Sozialismus. Herausgegeben von Claudio Pozzoli
711 Rudolf Rocker, Aus den Memoiren eines deutschen Anarchisten
712 Hartwig Berger, Untersuchungsmethode und soziale Wirklichkeit
713 Werkbuch über Tankred Dorst. Herausgegeben von Horst Laube
715 Karsten Prüß, Kernforschungspolitik in der Bundesrepublik Deutschland
718 Perspektiven der kommunalen Kulturpolitik. Herausgegeben von Hilmar Hoffmann
719 Peter M. Michels, Bericht über den polit. Widerstand in den USA
720 Lelio Basso, Gesellschaftsformation u. Staatsform

722 Jürgen Becker, Umgebungen
724 Otwin Massing, Politische Soziologie
726 Ernst Bloch, Ästhetik des Vor-Scheins 1
727 Peter Bürger, Theorie der Avantgarde
728 Beulah Parker, Meine Sprache bin ich
729 Probleme der marxistischen Rechtstheorie. Herausgegeben von H. Rottleuthner
730 Jean-Lux Dallemagne, Die Grenzen der Wirtschaftspolitik
731 Gesellschaft, Beiträge zur Marxschen Theorie 2
732 Ernst Bloch, Ästhetik des Vor-Scheins 2
733 Alexander Kluge, Gelegenheitsarbeit einer Sklavin
735 Paul Mattick, Spontaneität und Organisation
736 Noam Chomsky, Aus Staatsraison
737 Louis Althusser, Für Marx
738 Spazier/Bopp, Grenzübergänge. Psychotherapie
739 Gesellschaft, Beiträge zur Marxshen Theorie 3
740 Bertolt Brecht, Das Verhör des Lukullus. Hörspiel
741 Klaus Busch, Die multinationalen Konzerne
742 Methodologische Probleme einer normativ-kritischen Gesellschaftstheorie. Herausgegeben von Jürgen Mittelstraß
744 Gero Lenhardt, Berufliche Weiterbildung und Arbeitsteilung in der Industrieproduktion
745 Brede/Kohaupt/Kujath, Ökonomische und politische Determinanten der Wohnungsversorgung
746 Der Arzt, sein Patient und die Gesellschaft. Herausgegeben von Dorothea Ritter-Röhr
747 Gunnar Heinsohn, Rolf Knieper, Theorie des Familienrechts
758 Brecht-Jahrbuch 1974. Herausgegeben von J. Fuegi, R. Grimm, J. Hermand
760 Lodewijk de Boer, The Family
761 Claus Offe, Berufsbildungsreform
762 Petr Kropotkin, Ideale und Wirklichkeit in der russischen Literatur
764 Gesellschaft, Beiträge zur Marxschen Theorie 4
769 Jahoda/Lazarsfeld/Zeisel, Die Arbeitslosen von Marienthal
770 Herbert Marcuse, Zeit-Messungen
772 Th. W. Adorno, Gesellschaftstheorie u. Kulturkritik
773 Kurt Eisner, Sozialismus als Aktion
776 Reichert/Senn, Materialien zu Joyce »Ein Porträt des Künstlers«
775 Horn, Luhmann, Narr, Rammstedt, Röttgers, Gewaltverhältnisse und die Ohnmacht der Kritik
777 Caspar David Friedrich und die deutsche Nachwelt. Herausgegeben von Werner Hofman
815 Giselher Rüpke, Schwangerschaftsabbruch und Grundgesetz
817 Bertolt Brecht, Drei Lehrstücke: Badener Lehrstück, Rundköpfe, Ausnahme und Regel

Alphabetisches Verzeichnis der edition suhrkamp